周禮爲國政之大端

秀軒　趙英俊

「수헌(秀軒) 조영준(趙英俊)」

예학禮學 강의

『주례(周禮)』편

공병석 지음

學古房

| 머리말 |

일반적으로 말하는 '예(禮)'는 사람 간의 일종의 불문율적이며 관습적인 상호작용 형태를 가리킨다. 그것은 의식(儀式)을 통해 이루어질 수도 있고, 혹은 일상적인 말과 행동을 통해 표현될 수도 있는 외재적이면서 구체적이라 할 수 있다. 모든 내면적 성숙과 추상적 개념이 외재적이고 구체적인 방식으로 구현되지 않으면 공허한 말이라는 비난을 면치 못할 것이다. 그러므로 삶의 태도가 매우 입세관(入世觀)적인 유가(儒家)가 '예악(禮樂)'을 중시하는 것은 필연적이다.

'예(禮)'란 무엇인가? 예란 사람이 지켜야 할 '마땅한바[宜]'를 형식으로 나타낸 행동 규범이다. 즉 예는 인간 생활의 도(道)의 규정이며, 사회질서의 준칙이다. 따라서 예라는 형식이 성립되려면 반드시 '마땅한바'가 전제되어야 하며 합리적이어야 한다. 그리고 그것은 과거형이 아닌 현재 진행형이어야 한다.

'예(禮)'란 인간이 살아가는 형식의 모든 것, 외적인 가치의 총체적인 것을 말한다. 자신을 수양하는 것에서부터 부모·형제·부부·가족·이웃, 인간관계의 형식과 내용에 이르기까지, 그리고 의식주 등 일상생활의 문화와 정치·경제·사회·습속·관혼상제 등 한 사회의 바탕을 이루는 정신적 골격에 이르기까지 그 범위는 무한하다. 그러므로 고금을 막론하고 예가 없는 사회를 상정하기란 쉽지 않다.

'예(禮)'는 유가(儒家) 사상의 중심이다. 이른바 예교(禮敎)라는 것은 예의 교육이며, 예를 통해 국가 통치와 사회질서를 구축하고 인간 관계를 조율하는 데 큰 역할을 하였다. 그러므로 유학(儒學)의 전수 과정에서 예는 중요한 비중을 차지하고 있다.

유학은 중국 전통 사상의 주류일 뿐만 아니라, 동아시아 사회와 문화의 주류를 이루어 왔다. 특히 한자 문화권의 생활 속에서 빼놓을 수 없는 중요한 위치를 차지하고 있다. 그러나 현대인들은 유학의 기본 관념과 이론에 대해 이해가 부족하다. 더욱이 '예(禮)' 관념에 대해 이해가 부족할 뿐만 아니라, 예의 본의와는 점점 괴리되는 혼돈된 사회에 이르고 있다. 만약 유가(儒家) 예(禮)의 본의를 정확하게 이해한다면 그동안 동아시아 사회를 지켜 온 예에 관한 바른 이해는 쉽게 해결되리라 생각한다.[1]

'예악(禮樂)'에 대한 유가의 주장과 이론은 『주례(周禮)』·『의례(儀禮)』·『예기(禮記)』·『대대예기(大戴禮記)』·『악경(樂經)』 등의 서적에 집중되어 있다. 비록 『악경』은 이미 망실되었고, 『대대예기』도 완전하지 못하지만, 여전히 유가의 '예교관(禮教觀)'이 잘 반영되어 있고, 오랫동안 사람들의 관념과 생활에 영향을 미쳤으며, 그 영향력은 오늘날까지 이어지고 있다. 그러므로 경학(經學) 연구자, 고대사 연구자, 문화인류학 연구자, 혹은 한 시민의 관점에서도 예서(禮書)에 대한 어느 정도의 이해는 필수적이다.

『주례(周禮)』·『의례(儀禮)』·『예기(禮記)』는 본래 각기 따로 전승되었으나, 한말(漢末) 정현(鄭玄)이 이들 서적에 주석하여 세상에 성행하면서 '삼례(三禮)'라는 명칭을 얻게 되었다. 한대(漢代) 학관(學官)

---

1) 공병석, 『예학강의—공자편』, 학고방, 2021년 6월, p8.

에서 금문(今文)『의례』를 강학하였는데, 예서(禮書) 중 단독으로 '경(經)'의 지위를 차지하였다. 그리고 왕망(王莽) 시기에 고문(古文)『주례』 박사가 세워졌고, 이로 인해『주례』도 마침내 '경(經)'의 지위를 얻었으나, 왕망이 패배하면서 폐지되었다.『예기』는 원래 일반적인 예서(禮書)였으나, 당대(唐代) 이르러 오경(五經)의 하나로 포함되고 공식적인 '경(經)'의 지위를 얻게 되었다.『대대예기』는 원래『예기』와 동등한 존재였으나, 한대(漢代) 이후에 전승이 매우 미약해져 13경(經)의 목록에 포함되지 않았지만, 일부 사람들은 이를 추가하여 14경(經)으로 주장하기도 했다.

『주례(周禮)』는 현존하는『십삼경(十三經)』중 중요한 저작물 중의 하나로, 다학제적(多學制的)인 역사적 가치를 가진 고대 서적이다. 전서는 4만 5천여 문자로 이루어진 설관분직(設官分職)을 중심 구조로 삼고, 6대 직관(職官) 및 그 속관(屬官)의 360여 개 관직 기능을 기술함으로써 중국 고대의 정치 · 경제 · 군사 · 법률 · 문화 · 교육제도를 종합적으로 집약하고 있다. 그리고 중국 고대 과학기술 성과를 실제로 기록하고 있고, 고인들의 재능과 지혜를 담고 있으며, 고대 정치가와 사상가들이 국가 체제에 대한 구상과 통치의 전략을 충분히 반영하고 있을 뿐만 아니라, 고대 전통문화의 중요한 구성 요소이다. 그러므로『주례』는 고대 봉건국가 체제의 확립과 완성에 대해 역사적으로 깊은 영향을 끼쳤으며 오늘날 국가 통치에도 여전히 일정한 참고 가치가 되고 있다.

중국의 역사가 유구(悠久)한 만큼 그 문화도 매우 풍부하다. 따라서 그로 인해 형성된 사상과 이론 역시 매우 다양하고 복잡하여 그 형태가 각양각색이다. 그러나 그 근원을 추론해 보면 모두 수양·도리·통치·관리·다스린다는 의미인 '치(治)'로 귀결된다.

행복한 삶을 추구하는 이상적 목표를 위해, 공허한 말보다는 실천이 중요하다는 것은 대다수 사람들이 오랜 경험을 통해 명백히 알고 있다. 그러므로 『주례(周禮)』는 기타의 경서와 다른 가치를 가지고 있다. 그것은 정치 이상을 실제 행동 방식으로 표현한다는 데에 있으며, 절대 이론적인 공론(空論)에 머물지 않는다는 것이다. 선성(先聖)과 선현(先賢)들의 이상은 모두 관직과 사회 조직에 포함되어 있다. 따라서 백관(百官)들은 저마다의 업무를 실천하며 망각하지 않고, 백성들은 즐거운 마음으로 자신의 생업을 영위해 나갈 수 있다면 자연히 지선지미(至善至美)의 경지에 이르게 될 것이다. 그러므로 『주례』는 중국 최초의 정치와 행정의 원칙과 표본 및 규범을 담은 정전(政典)이며 유가 정치사상과 지혜의 보고(寶庫)이다.

고대 성현과 선왕들은 '예(禮)'를 통해 백성들을 구제하고 다스리려는 지혜와 사람 간의 연민과 사물을 포용하는 사랑과 배려의 마음을 품고 있었다. 이러한 마음과 지혜는 모두 『주례』 문장 속에 담겨 있다. 그러므로 깊은 탐구와 연구 없이는 『주례』 직관(職官)의 풍부함과 역할 및 유가의 정치사상을 이해하기는 부족할 것이다.

본서는 이전 『예학강의―공자편』에 뒤이어 두 번째 『예학강의―주례편』으로 고대 예학과 정치사상의 보고인 『주례』를 통해 그 속에 담긴 풍부한 철학적 의미와 현대적 의미를 독자들과 나누고자 한다. 따라서 내용은 총 3부분으로 구성하였으며 각 주제의 내용은 『주례』의 주요 내용을 기본적으로 개괄하고 있다. 작성 과정에서 경문에 충실함을 원칙적으로 하되 경문의 내용을 요약, 분류하여 체계적인 표현을 도모하였다.

본서는 3가지 부문으로 구성되어 있다.

첫째 부문에서는 『주례』의 명칭과 성서 시기를 논하였다. 『주례』라는 용어의 의미부터 시작하여 작자와 성서 시기, 그리고 『주례』의 발생에 대한 깊은 이해를 제시하였다.

둘째 부문에서는 『주례』의 체재와 내용에 집중하였다. 내용부분은 『주례』 경문의 순서와는 달리 6관(官) 소속의 각 직관과 그 속관(屬官)들의 직무 담당 종류에 따라 분류하고, 그 관장업무 중 특징적인 부분을 경문에 충실하며 그 대략을 설명해 독자들의 이해를 도왔다.

셋째 부문에서는 『주례』 설관분직(設官分職)의 특징, 『주례』의 현대적 가치 및 그 교화사상, 『주례』 중의 예(禮)의 함의, 『주례』의 중요 주석본과 연구방향 등을 소개하였으며, 이를 통해 『주례』가 현대 사회에 미치는 영향을 사려(思慮)해 보았다.

고대 유학자들은 '예(禮)'를 통해 인간관계와 사회질서를 조율하고 인간 본성의 선을 이끌어내어 이상적인 국가경영을 위해 노력하였다. 그들은 '예'를 통해 자신을 다스리고, 공동체 안에서 조화를 이루며, 공정한 사회를 모색하였다. 따라서 고전, 특히 유가 경전은 단순한 지식의 전달뿐만 아니라, 그 속에 담긴 깊은 지혜와 통찰 및 '예'의 가치를 연구하고자 하는 후학들에게 귀한 지침서가 되기도 한다.

본서는 필자의 의도로 보면 『주례』을 심층적으로 연구하고자 한 것이지만, 본서의 목적은 선진(先秦) '예학(禮學)'의 의미를 보급하는 것이다. 따라서 필자는 내용의 구성과 표현 등에서 일반 독서물의 특징인 평이성에 주의해야 했다. 독자들의 요구를 충족하기 위해, 전체 책은 『주례』의 내용을 설명할 때, 원문의 문언 표현 형식을 의도적으로 일반적이고 이해하기 쉬운 현대어 표현으로 바꾸었으며, 주석 형식으로 내용과 출처를 명시하여 독자가 경문을 참고할 수 있도록 하였다.

필자의 게으른 탓으로 『예학강의—공자편』에 이어 이제 두 번째 『예학강의—주례편』을 보인다. 아둔함으로 인해 오류가 발생할 수밖에 없다. 그러나 선진(先秦) '예학(禮學)'의 정수를 탐구하고 고대와 현대를 아우르는 지혜를 발견하려는 여정에 도움이 되기를 바라며, 독자의 질정을 겸허히 기다린다.

2024년 3월
光正齋에서 孔 炳奭 삼가 쓰다.

I

『주례(周禮)』의 명칭과 성립

『주례(周禮)』는 현존하는 유가(儒家) 경전 중의 하나로 주(周)나라 왕실의 관직 제도를 기록한 책이며, 후대 중국과 한국에서 관직제도의 기준이 된 정법서(政法書)이다. 『주례』의 원이름은 『주관(周官)』혹은 『주관경(周官經)』이라고 불렸는데, 전한(前漢) 말에 이르러 유가 경전에 포함되었다. 현존하는 『의례(儀禮)』・『예기(禮記)』와 함께 삼례(三禮)로 일컬어지고 있으며, 당대(唐代) 이후 13경(十三經)의 하나로 포함되었다. 본서는 약 4만 5천여 문자로 이루어져 있는 중국 상고시대 정치와 경제 제도에 관한 구체적이며 체계적으로 서술된 유일한 고대 전적(典籍)이다. 그 내용은 '설관분직(設官分職)'을 그 주요한 구성으로 하여 6대 분직, 즉 천관(天官)・지관(地官)・춘관(春官)・하관(夏官)・추관(秋官)・동관(冬官)의 6대 조직의 3백여 개 직관 기능에 관한 기술을 통해 중국 고대 정치・경제・군사・법률・문화・교육제도를 전방위적으로 종합해 놓은 유가(儒家) 경전이다.

서한(西漢) 말기부터 이따금 일부 학자들은 『주례』를 정치제도와 경제 제도의 이론 근거로 삼기도 하였으며 역대 중국 왕조로부터 명(明)・청(淸) 양대의 정치기구 설치에 이르기까지 여전히 『주례』를 참고하였다. 『주례』는 유가 경전으로 성립된 이후 지식인의 필독서가 되었을 뿐만 아니라, 고대 정치가와 사상가들이 국가 체제의 구상과 치국(治國)의 방략(方略)을 충분히 반영해 놓은 서적이라 할 수 있다. 또한 고대 봉건국가 체제의 확립과 보완에 대해 역사에 끼친 심대한 영향은 오늘날까지 국가경영에 참고적 가치가 되고 있다.

『주례』는 주(注)와 소(疏)의 도움 없이는 읽기 어려운 서적으로 그 주소(注疏)가 복잡하고 이견이 많으며 내용도 서로 괴리(乖離)되는 부분도 있다. 따라서 『주례』의 성서(成書) 시대 문제부터 내용의 구체적 구성에 이르기까지 그 논쟁이 지금까지 이어지고 있으나 여러 설에 대해 일치하는 점은 취하고 그 이견(異見)들은 보류해 둔다.

① 『주례(周禮)』의 명칭

『주례(周禮)』가 처음 출현한 서한(西漢) 시기부터 명칭과 저자 및 저작 시기에 관한 논쟁은 계속됐으며 지금까지도 의견이 분분하여 일치된 명료한 주장은 없다. 고문학파(古文學派)는 주(周)나라 초기 주공(周公)이 지은 것이라 하고, 금문학파(今文學派)는 전국(戰國) 시기에 이루어진 것이라 하며, 한대(漢代) 유흠(劉歆, BC 53?~AD 23)의 위작이라고 하는 등 많은 논란이 있었다.

『주례』는 고문경(古文經)에 속하는 경전으로 처음 명칭은 『주관(周官)』이었다. 그 뜻은 주(周)나라가 천하를 통치하기 위해 설치한 직관(職官) 기록을 가리킨다. 『사기(史記)』「봉선서(封禪書)」에 다음과 같은 기록이 있다.

> 『주관(周官)』에 "동지(冬至)가 되면, 남쪽 교외에서 하늘에 제사 지내고, 장일(長日)의 도래를 맞았으며, 하지(夏至)가 되면 땅의 신에게 제사 지냈다. 모두 음악과 춤을 사용하여 신이 흠향(歆饗)하니 이에 예를 행할 수 있었다."
>
> 周官曰, "冬日至, 祀天於南郊, 迎長日之至 ; 夏日至, 祭地祇. 皆用樂舞, 而神乃可得而禮也."

위 인용문은 제사와 악무(樂舞)에 관한 문장이 인용되었는데 학자들은 여기에서 나타나는 『주관』이 곧 『주례』를 가리킨다고 여겼다. 그리고 동한(東漢)의 학자인 순열(荀悅, 148~209)은 반고(班固, 32~92)의 『한서(漢書)』를 편년체(編年體)로 고쳐 엮은 『한기(漢紀)』에서 유향(劉向, BC 77~AD 6)이 도서를 정리한 일을 기록하며 다음과 같이 말하고 있다.

> 유흠이 『주관』 6편을 『주례』라 하고 왕망 때에는 예경(禮經)으로 삼아 박사를 설치 할 것을 주청하였다.
>
> 劉歆以周官十六篇[1]爲周禮, 王莽時, 歆奏以爲禮經, 置博士.
>
> 『前漢紀』 「成帝紀」

또한 육덕명(陸德明)의 『경전석문(經典釋文)』에도 다음과 같은 기록이 있다.

> 왕망 시기 유흠이 국사가 되어 『주관경』을 학관에 세우고 『주례』라고 하였다.
>
> 王莽時劉歆爲國師, 時建立周官經, 以爲周禮. 『經典釋文』 「敍錄」

이 기록들은 서한(西漢)시기 『주관(周官)』으로 불렸던 것이 왕망 시기에 『주례(周禮)』로 명칭이 바뀌고 예경(禮經)의 반열에 오르게 되는 경위를 보여주고 있다. 그리고 이 이후로 『주관』·『주례』 두 명칭은 병행되었으며 『주관례(周官禮)』라 칭하기도 하였다.

---

1) 여기의 '十六篇'은 '六篇'의 오기이다.

『주례』의 명칭과 기원에 대한 곡절은 한대(漢代) 『주례』가 출현하는 과정과 관련이 있다. 서한(西漢) 경제(景帝, BC 188~BC 141)의 아들이자 무제(武帝, BC 156~BC 87)의 형제로서 하간(河間)지역에 분봉 된 하간헌왕(河間獻王, BC 171~BC 130) 유덕(劉德)이 학문을 좋아하여 이름만 전해지고 실물은 전해지지 않는 유서(遺書)들을 수집하게 하였는데 이때 수집된 문헌들이 모두 고문(古文)으로 쓰인 선진(先秦) 구서(舊書)들이었다. 이 가운데 『주관』·『예기』 등을 얻어 조정에 헌상했는데2) 이때 이씨(李氏)라는 사람이 하간헌왕에게 『주관(周官)』 5편을 바칠 때 「사관(事官：冬官)」 1편이 유실된 것이었다. 이 유실된 1편을 구할 수 없어 결국 「고공기(考工記)」로 보충하여3) 6편을 조정에 헌상한 것이다.4) 결국 『주례(周禮)』는 진(秦)나라의 분서(焚書)를 피하여 민간에 감추어져 있던 선진(先秦)시기 고문(古文) 전적인데 서한(西漢) 경제(景帝)와 무제(武帝)시기 하간헌왕(河間獻王) 유덕(劉德)에 의해 조정에 헌상된 것이다. 이후 동한(東漢) 말엽 정현(鄭玄, 127~200)이 금문(今文)학자와 고문(古文)학자의 견해는 물론 여러 학설을 종합하여 『주례』, 『의례』, 『예기』에 주를 달면서 『주례』라는 명칭은 '삼례(三禮)'의 하나로서 지위를 얻게 되었다.

---

2) "河間獻王劉德, 以孝景前二年立, 修學好古, 實事求是. 從民得善書, 必為好寫與之, 留其真, 加金帛賜以招之. 故得書多, 與漢朝等.……獻王所得書, 皆古文先秦舊書, 『周官』·『尚書』·『禮』·『禮記』·『孟子』·『老子』之屬, 皆經傳說記, 七十子之徒所論." 『漢書』 「景十三王傳·河間獻王傳」.

3) "景帝時, 河間獻王好古, 得古禮獻之. 或曰：河間獻王開獻書之路, 時有李氏上 『周官』五篇, 失東官一篇, 乃購千金不得, 取『考工記』以補之瑕." 『經典釋文』 「敍錄」.

4) "漢時有李氏, 得『周官』. 『周官』蓋周公所制官政之法, 上于河間獻王. 獨闕「冬官」一篇. 獻王購以千金不得, 遂取「考工記」以補其處, 合成六篇奏之." 『隋書』 「經籍志」.

그리고 『주관』이 왕망 때에 이르러 학계의 주목을 받으며 『주례』
로 개칭되는 정황은 가공언(賈公彦)이 동한(東漢)시기 마융(馬融, 79
~166)의 『주관전(周官傳)』을 인용한 기록, 즉 「서주례폐흥(序周禮廢
興)」에서 볼 수 있다.

『주관』은 효무제 때에 처음 출현했으나, 비밀리에 보관되어 전해지
지 못했기 때문이 다. 『주례』가 뒤늦게 나왔던 것은 시황제가 이
책을 특히 혐오했기 때문이다. 그러므로 마융은 『주관전(周官傳)』에
서 다음과 같이 말하였다.
"진(秦)나라 효공(孝公) 이래로 상군(商君)의 법을 사용하여 그 정치
가 잔혹하고 포악했으니, 『주관』(의 太平의 자취)과 상반되었다. 그
러므로 시황제가 서적의 소장을 금지시켰을 때에 특히 이 책을 증
오하여 완전히 소멸시키고자 찾아내어 불태우는 것이 유독 철저하
였다. 이 때문에 100년 동안 은밀히 보관해왔던 것이다. 효무제가
처음으로 서적의 소장을 금지하는 법률(挾書律)을 해제하고, 책을
헌상하는 길을 열었지만, 이미 산골짜기 궁벽한 곳에서 나온 후 다
시 비부(秘府, 황실 서고)로 들어갔기 때문에 오가(五家)의 유자(儒
者)들조차 볼 수가 없었다. 효성제 때에 이르러 재능 이 뛰어나고
학식이 풍부한 유향의 아들 유흠이 비부의 서적을 교감하여 정리하
니 (『주례』가)비로소 차례에 따라 배열되어 『별록(別錄)』과 『칠략
(七略)』에 저록되었다. 그러나 그 가운데 「동관」 한 편을 망실하였
기 때문에 「고공기」로 채워 넣었다.
당시에 수많은 유자(儒者)들이 한꺼번에 쏟아져 나와서 모두가 (이
책은)옳은 것이 아니라고 배척하였는데, 오직 유흠만이 홀로 (이
책의 가치를)인식하였다. 그렇지만 당시에는 그의 나이가 아직 어
려서 널리 다양한 책을 읽는 데에 힘썼으며, 또 대부 분 『춘추』에
몰두하였다. 말년에 비로소 주공(周公)이 태평을 이룬 자취가 『주

관』에 갖추어져 있음을 알았다.”…….

……, 그렇다면『주례』(의 학문)는 성제(成帝) 때의 유흠에서 일어나서 정현에 의해 이루어진 것인데, 이를 따르는 자가 태반이었다. 그러나 임효존(林孝存)은 오히려 무제(武帝)가『주관』이 말세의 '瀆亂不驗之書(세상을 어지럽히는 징험할 수 없는 책)'로 알고 있었다고 생각했다. 그러므로 「십론(十論)」과 「칠난(七難)」을 지어서『주례』를 배격하고 하휴(何休) 또한 '六國陰謀의 書(6국 시대 음모를 실은 책)'라고 비난 하였다. 오직 정현(鄭玄)만이 뭇 경전을 두루 읽고『주례』가 바로 주공이 태평을 이룬 자취임을 알았다.

『周官』, 孝武之時始出, 秘而不傳. 『周禮』後出者, 以其始皇特惡之故也. 是以『馬融傳』云 : “秦自孝公已下, 用商君之法, 其政酷烈, 與『周官』相反. 故始皇禁挾書, 特疾惡, 欲絶滅之, 搜求焚燒之獨悉, 是以隱藏百年. 孝武帝始除挾書之律, 開獻書之路, 既出於山岩屋壁, 複入於秘府, 五家之儒莫得見焉. 至孝成皇帝, 達才通人劉向 · 子歆, 校理秘書, 始得列序, 著於錄略. 然亡其『冬官』一篇, 以『考工記』足之. 時衆儒並出共排, 以爲非是. 唯歆獨識, 其年尚幼, 務在廣覽博觀, 又多銳精於『春秋』. 末年, 乃知其 周公致太平之跡, 跡具在斯. ……, 然則『周禮』起於成帝劉歆, 而成於鄭玄, 附離之者大牛. 故林孝存以爲武帝知『周官』末世瀆亂不驗之書, 故作『十論』·『七難』以排棄之. 何休亦以爲六國陰謀之書. 唯有鄭玄遍覽群經, 知『周禮』者乃周公致大平之迹.

『周禮注疏』 「序周禮廢興」

『주례(周禮)』가 발견된 시기나 그 등장에 유흠(劉歆)이 결정적인 역할을 한 사실 등은 위의『한기』·『한서』와 유사하며 발굴 내력이 집벽(山岩屋壁)에서 나왔다는 것만 차이가 있다.

결국 『주례』는 여섯 관직 체제로 서술된 『주관』이라는 서명으로 발견되었다가 이후에 그 내용이 국가의 전례를 기록한 예경(禮經)의 범주에 들어가는 것이라 여겨 『주례(周禮)』가 된 것이다.

② 『주례(周禮)』의 작자와 성서 시기

『주례』의 성서 시기와 작자에 대한 논쟁과 연구는 의견이 분분하여 아직도 일치된 견해 없이 진행 중이다. 그러나 『주례』의 작자와 성서 시기에 대해 정밀히 고찰해 보고자 한다면, 『주례』 중의 직관(職官), 문자 형태, 언어의 특징, 『주례』에 나타나는 사상뿐만 아니라 『주례』가 전래된 역사적 배경 등도 고려하여야 한다.

혹자는 『주례』가 주공(周公)이 지은 것이라 하고, 혹자는 춘추(春秋)시기에 이루어진 것이라 하고, 또 혹자는 전국(戰國)시기에 이루어진 것이라 하며, 혹은 한(漢)나라 때, 심지어 유흠(劉歆)의 위작(偽作)이라는 등, 많은 논란이 이어져 왔다. 근대 학자들은 전국(戰國)후기에 이루어졌다고도 한다.

『주례』는 주공(周公)이 예(禮)를 제정하고 음악을 만들면서 직접 저작한 구체적인 기록이라고 주장한 사람은 유흠(劉歆)이다. 그리고 정현(鄭玄)은 유흠의 설을 따랐다.

> 효성제 때에 이르러 재능이 뛰어나고 고금의 학식이 풍부한 유향의 아들 유흠이 비 부(祕府)의 서적을 교감하여 정리하니 (『주례』가)비로소 차례에 따라 배열되어 『별록 (別錄)』과 『칠략(七略)』에 저록되

었다. 그러나 그 가운데 「동관(冬官)」한편을 망실하였기 때문에 「고공기(考工記)」로 채워 넣었다. 당시에 수많은 유자(儒者)들이 한꺼번에 쏟아져 나와서 모두가 (이 책은)옳은 것이 아니라고 배척하였는데, 오직 유흠만 이 홀로 (이 책의 가치를)인식하였다. 그렇지만 당시에는 그의 나이가 아직 어려서 널리 다양한 책을 읽는 데에 힘썼으며, 또 대부분 『춘추』에 몰두하였다. 말년에 비로소 주공(周公)이 태평을 이룬 자취가 『주관』에 갖추어져 있음을 알았다.

至孝成皇帝, 達才通人劉向 · 子歆, 校理秘書, 始得列序, 著於錄略. 然亡其冬官一篇, 以考工記足之. 時衆儒並出共排, 以爲非是. 唯歆獨識, 其年尙幼, 務在廣覽博觀, 又多 銳精於『春秋』. 末年, 乃知其周公致太平之跡, 跡具在斯.　　　　　『周禮注疏』 「序周禮廢興」

주공이 섭정하면서 육전의 직책을 만들었으니 『주례』라고 이른다.

周公居攝而作六典之職, 謂之『周禮』. 『周禮 · 天官 · 敍官』鄭玄 注.

그리고 『수서(隋書)』에서는 다음과 같이 말하고 있다.

『주관』은 대체로 주공이 제정한 관정(官政)의 법이다.

周官蓋周公所制官政之法.　　　　　　　　　　『隋書』 「經籍志」

정현은 유흠의 제자인 두자춘(杜子春, BC 30~AD 58 추정)에게서 『주례』를 배운 정흥(鄭興, AD 1세기경)과 마융(馬融, 79~166)에게서 학문을 전수 받은 인물이다. 예학(禮學)의 대가이며 주소가(注疏家)인 정현의 말이기에 『주례주소(周禮注疏)』를 지은 당나라의 가공언(賈公彦)과 공영달(孔穎達)로부터 『주례정의(周禮正義)』를 지은 청대(淸代)

손이량(孫詒讓, 1848~1908)에 이르는 역대 주소가(注疏家)들이 『주례』의 서주(西周)시대 주공(周公) 저작설의 견해를 따랐다. 따라서 『주례』의 작자와 성서 시기의 진위와는 별개로 이 주장은 학술계의 전통적인 관점을 형성하는 데 큰 영향을 끼쳤다.

그러나 정현(鄭玄)과 동시대 사람인 임효존(林孝存)은 「십론(十論)」·「칠난(七難)」을 지어 주공 저작설을 배척하였고, 하휴(何休)는 6국의 음모 서적이라 하며 부정하는 등, 금문가(今文家)들은 『주례』의 성서(成書) 시기를 전국(戰國)시기로 보고 있다.

> 임효존(林孝存)은 오히려 무제가 『주관』이 말세의 책(瀆亂不驗之書, 세상을 어지럽히는 징험할 수 없는 책)임을 알고 있었다고 생각했다. 그러므로 「십론(十論)」과 「칠난(七難)」을 지어서 『주례』를 배격하고 하휴(何休) 또한 '六國陰謀의 書(6국시대 음 모를 실은 책)'라고 비난하였다. 오직 정현(鄭玄)만이 뭇 경전을 두루 읽고 『주례』가 바로 주공이 태평을 이룬 자취임을 알았다.
>
> 林孝存以爲武帝知『周官』末世瀆亂不驗之書, 故作「十論」·「七難」以排棄之. 何休亦以爲六國陰謀之書. 唯有鄭玄遍覽群經, 知『周禮』者乃周公致大平之迹.　　　　　　　『周禮注疏』「序周禮廢興」

그리고 송나라 때 소철(蘇轍)은 「주공론이(周公論二)」에서 세 가지 조목을 들어 주공의 저작이 아님을 반박하였다.

> 『주례』를 읽는 사람은 몰라서는 안 될 일이다. "주공이 주나라를 다스리던 제도는 『주례』보다 자세한 것이 없다."라고 말한다. 그러나 나는 볼 때 진(秦)나라와 한(漢) 나라의 제유(諸儒)가 자기들 생각

대로 빼기도 하고 보태기도 한 것이 많으니, 주공 (周公)이 완성한 글이 아니다. 왜 이렇게 말하는가 하면, 주(周)나라의 서도(西都)는 지금의 관중(關中)이고, 그 동도(東都)는 지금의 낙양(洛陽)이다. 두 도(都)는 북산(北山)의 남쪽과 남산(南山)의 북쪽에 위치하니 그 땅은 동서는 길고 남북은 짧다. 장단(長短)을 서로 보완하면 천 리에 불과하니 예나 지금이나 동일하다. 『주례』에 있는 왕기(王畿)의 크기는 사방이 서로 천 리 거리로서 마치 바둑판을 그려놓은 것과 같고, 근교(近郊)·원교(遠郊), 전지(甸地)·초지(稍地), 소도(小都)·대도(大都)는 거리가 모두 사방 백리이니, 사방 천리는 실로 용납할 바가 없다. 그러므로 그 기내(畿內) 원근(遠近)의 모든 법은 다 공언(空言) 일 뿐이다. 이것이 바로 『周禮』를 믿을 수 없는 첫째 이유이다. 『서경』에서는 "무왕(武王)이 상(商)나라를 쳐서 승리한 뒤에 상나라의 정사를 되돌리 되 관작(官爵)을 나누어줌은 다섯 등급으로 하고, 토지를 나누어 봉함은 세 등급으로 하였다."라고 칭하였다. 그러므로 맹자는 "천자의 제도는 땅이 사방 천리요, 공후(公侯)는 사방 백리요, 백(伯)은 7십리요, 자남(子男)은 5십리이다. 5십리가 못 되는 나라는 직접 천자에게 통하지 못하여 제후에게 붙으니, 이를 '부용 (附庸)'이라 한다."고 하였고, 정자산(鄭子産) 또한 "옛날 '봉건(封建)' 이라 말한 것은 대개 이와 같았다."고 하였건만, 『주례』에 "제공(諸公)은 땅이 사방 5백리요, 제후(諸侯)는 4백리요, 제백(諸伯)은 3백리요, 제자(諸子)는 2백리요, 제남(諸男)는 백리다."라고 하였으니 옛 주장과 다르다. 정씨(鄭玄)는 『주례』의 기록이 옳지 않음을 알고 그 것을 위해 설명하기를 "상(商)나라의 작위(爵位)는 3등급이었는데, 무왕(武王)이 자(子)와 남(男)을 더 보태고 그 땅을 봉해줌은 오히려 상나라의 옛 제도를 그대로 이어받았는데, 주공이 구주(九州)를 넓혀서 비로소 모두 더 주기를 『주관』의 법과 같이 하였다. 그래서 천승(千乘)의 부세는 1성(成)인 십리로 부터 병거(兵車) 1승(乘)을 내놓았다. 그런데 만일 병거도 천승, 지역도 천성(千成)으로 할 경우

엔, 공(公)과 후(侯)의 대국이 아니라면 그 부세를 수용할 수 없었다."라고 하였으니, 나는 절로 웃음이 나온다. 무왕(武王)은 봉해주고 주공은 확대시켰다면 그 형세는 반드시 아우르는 바가 있었을 것이고, 아우르는 바가 있었으면 반드시 옮기는 바가 있었을 것이다. 1공(公)의 봉함에 자 · 남의 나라가 옮기는 것이 10분의 6이나 되었으니, 몇 개의 대국을 봉한다면 천하가 온통 침범하여 소요를 입었을 것이다. 이것은 어디까지나 서생의 논리이고 나라를 가진 자가 할 수 있는 일은 아니다. 옛 전적에 "사방 1리(里)을 정(井)으로 하고, 10정(井)을 승(乘)으로 한다."라는 말이 있다. 그러므로 십리의 읍(邑)을 백승(百乘), 백리의 나라를 천승(千乘), 천리의 나라를 만승(萬乘)으로 한 것은 옛 날의 방도(方道)이다. 그렇지 않으면 백승의 가(家)는 사방 백리가 되고, 만승의 나라를 사방 몇 기(圻)가 되는 것이니, 옛적에는 이런 방도가 없었다. 『논어』에 "천승(千乘)의 제후국이 큰 나라 사이에 끼어 있는데"라고 하였다. 천승은 비록 옛적의 대국이었지만, 쇠락한 주 왕조에 있어서는 소국이었다. 그러나 공자는 오히려 "어찌 사방 6, 7십리나 5, 6십리라고 해서 나라가 아니라 볼 수 있겠는가?"라고 하였다.

그렇다면 비록 쇠락한 주 왕조 때 열국의 강한 국가라 하더라도 오히려 5십리가 되지 못한 나라가 있었다. 한(韓)씨와 양설(羊舌)씨는 진(晉)나라 대부였다. 그들 집안이 부세를 받아먹는 9현(縣)은 병거(兵車) 9백 대를 내놓고, 그 나머지 4십 현은 4천 대를 보내어 방어하였으니, 1현을 백승이라고 하는 것은 옳거니와 1현을 백리라고 하는 것은 옳지 않다. 이것이 바로 『주례』를 믿을 수 없는 것의 둘째 이유이다.

왕기(王畿)의 안에 공읍(公邑)은 정전(井田)을 만들고 향수(鄕遂)는 구혁(溝洫)을 만 들었는데, 이 두 가지는 1부(夫)가 전지(田地) 백묘(畝)를 받아 다섯 식구 중에 1부는 역(役)을 하고, 백묘(畝)의 10분의 1을 세로 낸다는 점에서는 모두 다른 점이 없다. 그런데 정전은

1정(井)으로부터 올라가 1동(同)에 이르면 사방 백리인데, 물을 통하게 하는 수리시설은 구(溝)·혁(洫)·회(澮) 등 세 가지다. 구·혁의 제도는 만 부(夫)에 이르면 사방 32리에 반리(半里)가 더 있는 것인데, 물을 통하게 하는 수리 시설은 수·구·혁·회·천 등 다섯 가지다. 이해관계는 같으면서 법제는 다르고, 땅은 적으면서 힘은 많이 들으니, 이 또한 나라를 가진 자가 할 수 있는 바가 아니다. 초(楚) 나라에서는 위엄(蒍掩)이 사마(司馬)가 되어 제방 사이에 있는 땅을 작은 경정(頃町)으로 만들고 비옥한 땅을 정전으로 만들었다. 대개 평천(平川)과 하택(下澤)은 정전으로 만들 만한 것은 정전으로 만들고, 원부(原阜)와 제방의 사이는 좁아서 정전을 만들 수 없으므로 경정(頃町)을 만들었는데, 두예(杜預)는 정(町)을 작은 경정으로 보았다. 모두 땅에 따라 넓고, 좁고, 많고, 적은 차이의 전지를 만들었으니, 정전과 구혁도 대개 역시 그렇게 했을 뿐이다. 공읍(公邑)은 꼭 정전으로 만들고 향수(鄕遂)는 꼭 구혁으로 만든 것은 아니다. 이것이 바로 『주례』를 믿을 수 없는 셋째 이유이다.

이 세 가지를 일단 믿을 수 없다면 사실과 동떨어진 『주례』의 궤이(詭異)한 기록은 모두 믿을 수 없다. 옛적 성인은 일에 따라 법을 설립하여 사람을 편리하게 한 것은 있어도, 법을 설립하여 사람을 애먹게 한 것은 없었다. 법을 설립하여 사람을 애먹게 한 것은 바로 부유(腐儒)가 천하를 어지럽히기 위한 것이다.

言周公之所以治周者, 莫詳於『周禮』. 然以吾觀之, 秦·漢諸儒以意損益之者眾矣, 非周公之無書也. 何以言之? 周之西都, 今之關中也；其東都, 今之洛陽也. 二都居北山之陽, 南山之陰, 其地東西長, 南北短. 短長相補, 不過千里, 古今一也. 而『周禮』：王畿之大, 四方相距千里, 如畫棋局, 近郊遠郊, 甸地稍地, 大都小都, 相距皆百里. 千里之方, 地實無所容之, 故其畿內遠近諸法, 類皆空言耳. 此『周禮』之不可信者, 一也.『書』稱：「武王克

商而反商政, 列爵惟五, 分土惟三.」故孟子曰:「天子之制, 地方千里, 公侯百里, 伯七十里, 子男五十里. 不能五十里, 不達於天子, 附於諸侯, 曰『附 庸』.」鄭子產亦云, 古之言封建者蓋若是. 而『周禮』: 諸公之地方五百里, 諸侯四百 里, 諸伯三百里, 諸子二百里, 諸男百里, 與古說異. 鄭氏知其不可, 而為之說曰:「商爵三等, 武王增以子・男, 其地猶因商之故. 周公斥大九州, 始皆益之如周官之法. 於是千乘之賦, 自一成十里而出車一乘, 千乘而千成, 非公侯之國無以受之.」吾竊笑之. 武王封之, 周公大之, 其勢必有所並 ; 有所並, 必有所徙. 一公之封, 而子男之國為之徙者, 十有六. 對數大國, 而天下盡擾. 此書生之論, 而有國者不為也. 傳有之曰:「方里而井, 十井為乘.」故十里之邑而百乘, 百里之國而千乘, 千里之國而萬乘, 古之道也. 不然, 百乘之家, 為方百里, 萬乘之國, 為方數圻矣. 古無是也.『語』曰:「千乘之國, 攝乎大國之間.」千乘雖古之大國, 而於衰周為小. 然孔子猶曰:「安見方六七十, 如五六十, 而非邦也?」然則雖衰周列國之強家, 猶有不及五十里矣. 韓氏・羊舌氏, 晉大夫也, 其家賦九縣, 長轂九百, 其餘四十縣, 遺守四千. 謂一縣而百乘則可, 謂一縣而百里, 則不可. 此『周禮』之不可信者. 二也.

王畿之內, 公邑為井田, 鄉遂為溝洫. 此二者, 一夫而受田百畝, 五口而一夫為役, 百畝 而稅之十一, 舉無異也. 然而井田自一井而上, 至於一同而方百里, 其所以通水之利者, 溝・洫・澮三. 溝・洫之制, 至於萬夫, 方三十二里有半, 其所以通水利者, 遂・溝・洫・澮・川五, 利害同而法制異, 為地少而用力博. 此亦有國者之所不為也. 楚蔿掩為司馬, 町原防, 井衍沃. 蓋平川廣澤, 可以為井者井之, 在阜堤防之間, 狹不可井, 則町之.「杜預以町為小頃町.」皆因地以制廣狹多少之異. 井田・溝洫, 蓋亦然耳, 非公邑必為進田, 而鄉遂必為溝洫. 此『周禮』之不可信者, 三也. 三者既不可信, 則凡『周禮』之詭異遠於人情者, 皆不足信也. 古之

聖人, 因事立法以便人者有矣, 未有立法以強人者也. 立法以強
人, 此迂儒之所以亂天下也.

『唐宋八大家文鈔』 「蘇轍 卷7 周公論二」

　　근인(近人)들의 연구를 통해 보면『주례』의 성서 연대를 대부분 전
국(戰國)시기로 추정하고 있다. 그러나 전국전기(戰國前期)인지, 후기
(後期)인지에 대해 여전히 이견이 나뉘고 있다. 그리고『주례』가 한
사람에 의해 쓰였는지, 아니면 여러 사람에 의해 쓰였는지에 대해서
도 이견이 있다. 그러나 현재『주례』는 한 시대의 한 사람에 의해
이루어진 것이 아니라는 견해가 주류를 이루고 있다. 그 내용 면을
살펴보면『주례』는 서주(西周)의 구제도를 일부 채용하고 있음이 확
인되고 있다. 이것은 일부 직관(職官) 및 그 직무(職務)와 서주시기
구제도와 서로 부합되는 것을 보면 알 수가 있다. 그러나 일부 자료
와 사상체계는 또 전국시대의 것으로『맹자(孟子)』보다는 비교적 늦
은 시기이기 때문에 최후의 성서 시기는 결국 전국후기(戰國後期)로
추정되며 학계에서 가장 영향력 있는 설이 되고 있다. 따라서『주례』
의 작자 또한 한 사람이 될 수 없는 것이다. 그러나 전서(全書)의 완
성성과 체계로 볼 때 분명히 한 사람이 종합한 그것으로 보이지만,
책 속에는 서로 모순되는 부분도 발견된다. 그렇다면 누군가 계속해
서 증보(增補)하여 이루어진 것이라 여겨진다. 전서(全書)의 내용을
보면 기술된 직관(職官)·정치제도 및 경제제도는 서주(西周)와 동주
(東周), 그리고 전국(戰國)시기에 완전히 실행되지 않았던 것들이다.
그러므로『주례』에 기재된 내용들은 서주시기에서 전국시기에 이르
는 많은 역사적 자료를 이용했을 뿐만 아니라, 국가경영에 이상화(理
想化)를 더한 국가정치체계와 경제체계에 관한 이상적 국가 모델을

Ⅰ 『주례(周禮)』의 명칭과 성립 41

위한 청사진이었다. 이러한 의미에서 볼 때『주례』는 사상사료(思想 史料)적 가치를 구비하고 있을 뿐만 아니라, 선진(先秦)시기 정치사상 과 경제사상의 중요한 자료라고 할 수 있다.

　이상을 종합해 보면, 근대 학자 대부분은『주례』가 결코 주공(周 公) 시정(施政)의 실록(實錄)이 아니며 한(漢)나라 때의 위작도 아닌 선진(先秦) 무명씨(無名氏)의 정치 구상적(構想的) 작품이라고 생각하 였다. 그렇다면『주례』의 성립 시기는 전국(戰國) 말기인가? 진(秦)나 라 때인가? 그도 아니면 서한(西漢) 때인가? 아직 절대적인 정론(定 論)이 없다.

　현재까지도『주례』의 작자를 주공(周公), 혹은 유흠(劉歆)으로 보는 견해는 계속되고 있다. 그러나 대다수 학자는 그 저자를 구체적인 인물로 보기보다는 특정한 시대, 어느 학파일 것이라는 가정이 주류 를 이룬다. 이를 시대별로 구별해 보면 서주(西周, BC 11세기경~BC 770) 시기설, 춘추(春秋, BC 770~BC 403) 시기설, 전국(戰國, BC 403 ~BC 221) 시기설, 진나라(秦, BC 221~BC 206) 시기설, 서한(西漢, BC 206~AD 8) 시기설로 구분된다. 주공(周公)과 유흠(劉歆) 사이의 모든 시대가 그 대상이다.

II

『주례(周禮)』의 체재와 내용

❶ 『주례(周禮)』의 체재

　　『주례(周禮)』는 현존하는 『십삼경(十三經)』 중 중요한 저작물 중의 하나로, 다학제적(多學制的)인 역사적 가치를 가진 고대 서적이다. 전서는 4만 5천여 문자로 이루어진 통일국가의 설관분직(設官分職)을 중심 구조로 삼고, 6대 직관(職官) 및 그 속관(屬官)의 360여 개 관직 기능을 서술한 책이다. 전서(全書)의 내용은 6부분으로 나누어져 있으며 그 체재는 다음과 같다.

1) 6관(官)

　　『주례』는 통일국가의 분관설직(分官設職)에 대한 상세한 계획을 서술한 책이다. 전서(全書)의 내용은 6부분으로 나누어져 있으며 천(天)・지(地)와 춘(春)・하(夏)・추(秋)・동(冬) 사시(四時)의 자연의 법칙을 6관(官)과 서로 연계시켜 국가행정 기구체계를 구성하였다. 그 구성은 천관 총재(天官 冢宰)・지관 사도(地官 司徒)・춘관 종백(春官 宗伯)・하관 사마(夏官 司馬)・추관 사구(秋官 司寇)・동관 고공기(冬官 考工記)로 이루어져 있다.[1] 6관 소속의 관직 수는 고르지 않으나 천관 63직, 지관 78직, 춘관 70직, 하관 70직, 추관 66직이며 동관(고공기)은 공장(工匠) 30직을 각각 두어 모두 377직이다. 이 중에는 직관 명칭은 존재하나 직문(職文)이 없는 예도 있으므로 명확한 직능기재가 있는 경우는 366직이다.[2]

---

1)「동관(冬官)」은 유흠(劉歆)이 교감(校勘) 시기에 이미 망실 되어 「고공기」로 보충하였다.

각 관의 장관[正]은 부관[貳]의 도움을 받아 휘하의 속관들을 지휘함으로써 왕을 보좌하는데, 6관(官)은 왕국의 법전인 6전(典)에 따라 각각의 고유한 업무 영역을 수행한다. 천관(天官)은 치관(治官)으로서, 장관인 태재(太宰)가 6전 가운데 치전(治典)을 근거하여 왕국의 정무를 담당한다.

六官	天官 (治官)	地官 (敎官)	春官 (禮官)	夏官 (政官)	秋官 (刑官)	冬官 (事官)
官長	太宰	大司徒	大宗伯	大司馬	大司寇	(大司空)
職掌	治理	敎育	禮事	軍政	刑法	(百工)
六典	治典	敎典	禮典	政典	刑典	(事典)
屬官	63	78	70	70	66	30
후대직관	吏部	戶部	禮部	兵部	刑部	工部

6관의 장관은 저마다 자신의 속관(屬官)을 거느리고 고유의 직무를 수행하는 데는 동등한 지위와 권한을 갖지만, 모두 천관의 지휘를 받는다. 이때 천관의 장관은 태재(太宰)가 아니라 총재(冢宰)로서 그들을 다스린다. 총재는 치전(治典)으로 자신의 속관을 다스리는 동시에 육전을 총괄적으로 관장하는 막강한 권한을 갖는다.

2) 총서(總序 : 총괄 서문)

6관(官)은 각 편마다 앞부분에 다음과 같은 내용을 기재하고 있다.

---

2) 정현은 6관 소속의 관직이 360개인 것은 천지사시(天地四時)와 일월성신(日月星辰)의 도수를 본뜬 것으로 천도(天道)가 갖추어져 있다고 하였다. 그러나 현존하는 『주례』의 속관(屬官)은 총 377개이다. 이것은 정현이 말한 360속관은 대체적인 숫자이며 실제적인 것은 아니다.

왕은 나라를 세우니, (동서남북의) 방향을 변별하고, (궁실과 종묘의) 위치를 정하며, 도성과 교외의 경계를 구획하여 정한다. 관직을 설치하고 직무를 분담시켜, 백성들이 중정함을 얻어서 제자리를 잃지 않도록 한다.

惟王建國, 辨方正位, 體國經野, 設官分職, 以爲民極.

이것은 총괄서문(總序 : 序官)으로 각 편의 첫머리에 두었다. 『주례』 6편의 각 편 서두에서 6관(官)이 통솔하는 관속의 직무와 인원수를 서술한 것이다.

3) 총직(總職 : 총괄 직무)

총서(總序) 다음에 바로 이어 각관(各官)의 총직을 나누어 서술하고 있다.

이에 천관(天官) 총재(冢宰)를 세우니, 그 속관들을 통솔하여 왕국의 정무를 관장함으로써 왕을 보좌하여 제후국을 균평하게 다스린다.

乃立天官冢宰, 使帥其屬, 而掌邦治, 以佐王均邦國.

이에 지관(地官) 사도(司徒)를 세우니, 그 속관들을 통솔하여 왕국의 교육을 관장함으로써 왕을 편안히 보좌하여 제후국을 안정되게 다스린다.

乃立地官司徒, 使帥其屬, 而掌邦敎, 以佐王安擾邦國.

이에 춘관(春官) 종백(宗伯)을 세우니, 그 속관들을 통솔하여 왕국의 예(禮)를 관장함으로써 왕을 보좌하여 제후국을 화목하게 다스린다.

乃立春官宗伯, 使帥其屬, 而掌邦禮, 以佐王和邦國.

이에 하관(夏官)인 사마(司馬)를 세우니, 그 속관들을 통솔하여 왕국의 군정(軍政)을 관장함으로써 왕을 보좌하여 제후국을 화평하게 다스린다.

乃立夏官司馬, 使帥其屬, 而掌邦政, 以佐王平邦國.

이에 추관(秋官) 사구(司寇)를 세우니, 그 속관들을 통솔하여 왕국의 금기사항을 관장함으로써 왕을 보좌하여 제후국을 형벌로 다스린다.

乃立秋官司寇, 使帥其屬, 而掌邦禁, 以佐王刑邦國.

동관(冬官)은 망실되어 총직의 기록이 없다. 그러나 『천관(天官)·소재(小宰)』의 직과 위(僞) 『고문상서(古文尙書)·주관(周官)』에 기재된 내용을 참고해 볼 수 있다.

(소재는)관부의 6속(屬) 규정에 의거하여 (태재(大宰)를 도와)왕국의 정무를 수행한 다. 첫째는 천관(天官)이다. 그 속관은 60개이니, 왕국의 정무(邦治)를 관장하는데, 큰일은 그 관부의 장관에게 보고하여 그의 지시에 따르고 작은 일은 (관부마다)재량으로 처리하여 직접 왕에게 보고한다. 둘째는 지관(地官)이다. 그 속관은 60개이니, 왕국의 교육(邦敎)을 관장하는데, 큰일은 그 관부의 장관에게 보고하여 그의 지시에 따르고 작은 일은 (관부마다)재량으로 처리하여 직접 왕에게 보고한다. 셋째는 춘관(春官)이다. 그 속관은 60개이니, 왕국의 의례(邦禮)를 관장하는데, 큰일은 그 관부의 장관에

게 보고하여 그의 지시에 따르고 작은 일은 (관부마다)재량으로 처리하여 직접 왕에게 보고한다. 넷째는 하관(夏官)이다. 그 속관은 60개이니 왕국의 군정(邦政)을 관장한다. 큰일은 그 관부의 장관에게 보고하여 그의 지시에 따르고 작은 일은 (관부마다)재량으로 처리하여 직접 왕에게 보고한다. 다섯째는 추관(秋官)이다. 그 속관은 60개이니, 왕국의 형법(邦刑)을 관장하는데, 큰일은 그 관부의 장관에게 보고하여 그의 지시에 따르고 작은 일은 (관부마다)재량으로 처리하여 직접 왕에게 보고한다. 여섯째는 동관(冬官)이다. 그 속관은 60개이니, 왕국의 생산사무(邦事)를 관장하는데, 큰일은 그 관부의 장관에게 보고하여 그의 지시에 따르고 작은 일은 (관부마다)재량으로 처리하여 직접 왕에게 보고한다.

以官府之六屬, 舉邦治 : 一曰天官, 其屬六十, 掌邦治, 大事則從其長, 小事則專達. 二曰地官, 其屬六十, 掌邦教, 大事則從其長, 小事則專達. 三曰春官, 其屬六十, 掌邦禮, 大事則從其長, 小事則專達. 四曰夏官, 其屬六十, 掌邦政, 大事則從其長, 小事則專達. 五曰秋官, 其屬六十, 掌邦刑, 大事則從其長, 小事則專達. 六曰冬官, 其屬六十, 掌邦事, 大事則從其長, 小事則專達.

『天官 · 小宰』

위(僞) 『고문상서 · 주관』에 다음과 같은 내용이 기재되어 있다.

총재는 왕국의 정무를 관장하고, 백관을 통솔하여 사해를 균등하게 다스린다. 사도는 왕국의 교육을 관장하고, 오전(五典)을 펼치며 만민을 교화시킨다. 종백은 왕국의 의례(儀禮)를 관장하여 신(神)과 사람을 다스려 상하를 조화롭게 한다. 사마는 왕국의 군정(軍政)을 관장하고, 6군을 통치하며 왕국을 평정한다. 사구는 왕국이 금하는 것을 관장하고, 간특한 것을 벌하며, 포악하고 혼란을 일으키는 자

에게 형벌을 준다. 사공은 왕국의 국토를 관장하여 백성을 거처하
게 하며, 땅의 형세를 때에 맞게 한다.

冢宰掌邦治, 統百官, 均四海 ; 司徒掌邦教, 敷五典, 擾萬民 ; 宗
伯掌邦禮, 治神人, 和上下 ; 司馬, 掌邦政, 統六軍, 平邦国 ; 司寇
掌邦禁, 詰姦慝, 刑暴亂 ; 司空掌邦土, 居四民, 時地利.

　「소재(小宰)」에 기재된 '동관(冬官)은 왕국의 생산사무(邦事)를 관
장한다'는 것은 태재(大宰)의 '여섯째는 사전(事典)이다'와 서로 부합
되며, 또한 『주례』의 원문으로 믿을 만하다. 위서(僞書)의 논쟁이 있
는 『고문상서 · 주관』에 '왕국의 국토를 관장하여 백성을 거처하게 하
며, 땅의 형세를 때에 맞게 한다.'고 한 구절은 모두 사공(司空)의 공
(空)자에서 비롯되어 착안한 것으로 공(空)을 공간(空間)의 의미로 여
긴 것이다. 그러므로 왕국의 국토라고 한 것이다. 거민(居民)과 지리
(地利)는 모두 토지(土地)로부터 파생된 것으로 금문(金文)의 직관(職
官)을 점검해 보면 사공(司工)만 있을 뿐이며, 공(工)은 백공(百工)의
기예(技藝)를 가리킨다. 왕국의 생산사무(邦事)를 관장한다는 것과
사전(事典)의 여러 말이 서로 부합한다. 공(空)은 공(工)과 음이 같다.
따라서 사공(司工)을 사공(司空)으로 오인하고, 다시 거민(居民)과 지
리(地利) 등으로 오역하는 오류를 범했으니 『고문상서 · 주관』은 위
작(僞作)임에 분명하다.
　총직(總職)에서 이른바 '왕국에서 어떤 일을 관장한다(掌邦某)'고
한 것에서 '어떤'에 해당되는 내용은 모두 한 글자(치(治) · 교(教) · 예
(禮) · 정(政) · 금(禁) · 사(事))로 표현되어 있어 그 함의가 모호하다.
각 관(官)에 소속된 담당 직무의 내용을 살펴보면 다음과 같이 해석

해 볼 수 있다.

● 치(治) : 치는 각급 관부(官府)와 왕국의 중요한 전칙(典則)과 정령(政令) 및 중앙의 부장(府藏) 회계(왕궁내의 음식, 의복 등 포함) 등의 일을 관장하고 관리하는 것을 말한다. 실질적인 중앙정부의 조직이다. 그러므로「태재(大宰)」의 직(職) 말미에 다음과 같이 말하고 있다.

무릇 (천하를)다스릴 때에는 육전(六典)[3]으로 제후국을 다스리고, 팔칙(八則)[4]으로 도비(都鄙)를 다스리고, 팔법(八法)[5]으로 왕국의 관부를 다스리고, 관부를 다스리는 팔성(八成)[6]으로 백성들을 다스리고, 빈례(賓禮)로 빈객을 접대한다. ……. 연말(夏曆 12월)이 되면

---

3) 육전(六典) : 육관(六官)의 관리가 지켜야 할 법전으로서 치전(治典)·교전(敎典)·예전(禮典)·정전(政典)·형전(刑典)·사전(事典)을 말한다. 이 육전은 모두 태재(大宰)가 제정하여 반포하고, 태재(大宰)·사도(司徒)·종백(宗伯)·사마(司馬)·사구(司寇)·사공(司空)의 육관(六官)이 분담하여 국가의 전반적인 통치, 교화, 예법, 전장제도(典章制度), 형벌, 임무 수행에 관한 법을 시행한다.

4) 팔칙(八則) : 기내(畿內)의 채읍을 다스리는 8가지 규정으로 도비(都鄙)를 다스린다. 첫째는 제사(祭祀 : 제사와 관련된 규정), 둘째는 법칙(法則 : 관부 제도에 관한 규정), 셋째는 폐치(廢置 : 면직과 임용에 관련한 규정), 넷째는 녹위(祿位 : 봉록과 작위에 관련한 규정), 다섯째 부공(賦貢 : 부공에 관련한 규정), 여섯째 예속(禮俗 : 예속에 관련한 규정), 일곱째 형상(刑賞 : 형벌과 은상에 관련한 규정), 여덟째 전역(田役 : 백성들을 동원하여 사냥을 할 때의 규정)이다.

5) 팔법(八法) : 주대(周代)의 관부(官府)를 다스리는 여덟 가지의 법제(法制). 곧, 관속(官屬), 관직(官職), 관련(官聯), 관상(官常), 관성(官成), 관법(官法), 관형(官形), 관계(官計)이다.

6) 성(成) : 팔성(八成)을 의미함. 팔성은 관부의 관리들이 직무를 처리할 때 의거해야 할 8가지 성사(成事)나 품식(品式)으로서, 소재(小宰)가 관장한다.

(大宰는)모든 관부에 명하여 각각 그 치적문서들을 공경하게 처리
하도록 하고, 한 해의 총 회계결산 장부를 제출하도록 하여 접수한
다. (大宰는)관부에서 보고해 올린 치적문서들을 평가하여 왕에게
면직하거나 승진시키도록 아뢴다. (大宰는)3년마다 모든 관리들의 치
적을 크게 심사하여 (왕에게)처벌을 하거나 상을 내릴 것을 청한다.

凡治, 以典待邦國之治, 以則待都鄙之治, 以法待官府之治, 以官
成待萬民之治, 以禮待賓客之治. …… 歲終, 則令百官府, 各正其
治, 受其會. 聽其致事, 而詔王廢置. 三歲, 則大計群吏之治, 而誅
賞之.　　　　　　　　　　　　　　　　　　　　　　「天官・大宰」

● 교(敎) : 교는 일반 거주지에 사는 백성들을 그 대상으로 한다.
토지를 개간하거나 각종 교육을 실시하는 등의 일을 담당하므로 실
질적인 지방행정의 중요한 시책이다. 그러므로 「대사도(大司徒)」의
직(職) 말미에 다음과 같이 말하고 있다.

오례(五禮)7)로 모든 백성의 허위 허식을 막고 중용의 도를 교육한
다. 육악(六樂)8)으로 모든 백성의 사사로운 정을 막고 조화의 도를
가르친다.

以五禮防萬民之偽, 而敎之中 ; 以六樂防萬民之情, 而敎之和.
　　　　　　　　　　　　　　　　　　　　　　　　「地管・大司徒」

---

7) 오례(五禮) : 길례(吉禮), 흉례(凶禮), 빈례(賓禮), 군례(軍禮), 가례(嘉禮)의
　　다섯 가지 예를 말함.
8) 육악(六樂) : 주(周) 나라 때 있었던 황제(黃帝) 이래 6대의 음악. 즉 운문(雲門
　　: 황제의 음악), 함지(咸池 : 요임금의 음악), 대소(大韶 : 순임금의 음악),
　　대하(大夏 : 하나라 우왕의 음악), 대호(大濩 : 은나라 탕왕의 음악), 대무(大武
　　: 주나라 무왕의 음악)를 말한다.

● 예(禮) : 예는 예악(禮樂)과 제사의 일을 가리킨다. 천지 귀신에게 제사하여 보국안민(保國安民)을 기원한다. 그러므로 「대종백大宗伯)」의 직(職) 말미에 다음과 같이 말하고 있다.

예악(禮樂)으로써 천지의 변화와 모든 사물의 생산을 합당하게 하고, 귀신을 섬겨 모든 백성을 화합하게 하여 만물이 성취되게 한다.

以禮樂合天地之化, 百物之產, 以事鬼神, 以諧萬民, 以致百物.

「春官 · 大宗伯」

● 정(政) : 정은 군정(軍政)을 가르킨다. 군대의 편제와 병역 및 훈련, 그리고 정벌과 작전 들을 포함한다. 그러므로 「대사마(大司馬)」의 직(職) 말미에 다음과 같이 말하고 있다.

약한 자를 능멸하고 적은 자를 침범하는 자는 그 토지를 축소시킨다. 어진 자를 해 치고 백성들을 해롭게 하는 자는 정벌한다. 국내에서는 포악하게 하고 타국을 능멸 하는 자는 축출하여 방치한다. 전야(田野)를 황폐하게 하고 백성을 떠돌게 하면 그 땅을 빼앗는다. 견고한 것을 믿고 복종하지 않으면 침략하여 복종시킨다. 친족을 해치고 죽인 자는 다스려 바로 잡는다. 군주를 축출하거나 시해한 자는 사형에 처한다. 정령을 어기고 정사를 업신여기는 자는 고립시킨다. 내외를 어지럽히고 새와 짐승들을 횡행하게 하면 멸하여 버린다.

馮弱犯寡則眚之 ; 賊賢害民則伐之 ; 暴內陵外則壇之 ; 野荒民散則削之 ; 負固不服則侵之 ; 賊殺其親則正之 ; 放弑其君則殘之 ; 犯令陵政則杜之 ; 外內亂鳥獸行則滅之.   「夏官 · 大司馬」

● 금(禁) : 금은 형법(刑法)과 전칙(典則)을 관장하여 사회의 치안을
유지하는 각종 시책이다. 그러므로 「대사구(大司寇)」의 직(職) 말미
에 다음과 같이 말하고 있다.

> 남을 해롭게 하는 자는 환토(圜土 : 감옥)에 가두고 일을 맡겨서 공
> 평한 형벌을 적용하여 스스로 깨쳐 부끄럽게 한다. 죄수가 자기 잘
> 못을 고치면 나라로 돌아오게 하고 3년 동안 호적에 기록하지 않는
> 다. 죄수가 자기 잘못을 고치지 않고 탈옥하면 사형에 처한다.
> ……. 무릇 제후의 옥사나 송사는 방전(邦典 : 六典)으로 결정하며,
> 경이나 대부의 옥사나 송사는 방법(邦法 : 八法)으로 판단한다. 그리
> 고 서민들의 옥사나 송사는 방성(邦成 : 八成)으로 처리한다.

> 凡害人者, 置之圜土而施職事焉, 以明刑恥之. 其能改者, 反于中
> 國, 不齒三年. 其不能改而出圜土者, 殺. …… 凡諸侯之獄訟, 以
> 邦典定之. 凡卿大夫之獄訟, 以邦法斷之. 凡庶民之獄訟, 以邦成
> 弊之.　　　　　　　　　　　　　　　　　　　　　　「秋官・大司寇」

● 사(事) : 사는 백공(百工)과 기예(技藝)의 일을 가리킨다. 현재의
서무(庶務)와 같은 의미이다.

4) 서관(序官 : 관직의 순서)

6관 총직(總職) 다음에 각 열에 관직의 순서를 분별하여 놓았고,
각 관에 소속된 하급 관리와 그 관직의 서열 고저(高低)와 편제 인원
의 수량을 간략히 설명하였다. 그리고 관장하는 직무에 따라 각 관의
부류가 다르므로 그 속관의 인원수는 결코 평균적이거나 동등하지
않다. 천관(天官)은 63관직이 있고, 지관(地官)은 78관직, 춘관(春官)

은 70관직, 하관(夏官)은 70관직, 추관(秋官)에는 66관직, 동관(冬官) 고공기(考工記)에는 30관직이 있다. 「천관·소재」에 '그에 속한 관직 이 60이다.'라고 한 것은 그 대략적인 수를 들어서 말한 것뿐이다. 그리고 각 관직마다 반드시 1인(人)이 있는 것은 아니다. 예를 들면, 「천관·서관(序官)9)」에서 다음과 같이 말하고 있다.

치관(治官)의 속관은 다음과 같다. 태재(大宰)는 경(卿) 1인이 담당 하고, 소재(小宰)는 중대부(中大夫) 2인이 담당하고, 재부(宰夫)는 하 대부(下大夫) 4인이 담당하니, (휘하에)상사(上士) 8인, 중사(中士) 16 인, 뭇 하사(下士)들 32인이 있다.

治官10)之屬 : 大宰, 卿一人11). 小宰, 中大夫二人. 宰夫, 下大夫四 人 ; 上士八人, 中士十有六人, 旅下士三十有二人.

또한 반드시 1인이 한 직책을 맡는 것이 아니라 겸직하는 예도 있 기 때문에 그 확실한 인원수를 통계하기가 매우 어렵다. 이를테면 「천관·서관」에 다음과 같이 말하고 있다.

산우(山虞)는 각 대산(大山)마다 중사(中士) 4인이 담당하고, 하사(下 士) 8인이 보좌 하며 휘하에 부(府) 2인, 사(史) 4인, 서(胥) 8인, 도

---

9) 서관(序官) : 서관이란 『주례』 6편의 각 편 서두에서 6관(官)이 통솔하는 관속의 직무와 인원수를 서술한 것이다.

10) 치관(治官) : 왕궁의 정무를 관장하는 관직을 말한다. 천관 계통의 관직을 치관이라 한다.

11) 大宰, 卿一人 : 천관(天官 : 治官)의 장관이자 6관의 우두머리로서 왕(천자)를 보좌하여 천하 각국을 다스린다. 서관(序官)의 통례는 관명(官名), 작위(爵 位), 관원 수(數)의 순서로 기술한다. 이곳에서 '大宰'는 관명이고, '卿'은 그 작위이고, '一人'은 관원의 수이다.

(徒) 80인이 있다. 중산(中山)은 하사(下士) 6인이 담당하며 휘하에 사(史) 2인, 서(胥) 6인, 도(徒) 60인이 있다. 소산(小山)은 하사(下士) 2인이 담당하고 휘하에 사(史) 1인, 도(徒) 20인이 있다.

山虞：每大山中士四人, 下士八人；府二人, 史四人, 胥八人, 徒八十人. 中山下士六人；史二人, 胥六人, 徒六十人. 小山下士二人；史一人, 徒二十人.

또「임형(林衡 : 산림의 금령(禁令)을 관장하는 관원)」·「천형(川衡 : 천택(川澤)의 금령(禁令)을 관장하는 관원)」·「택우(澤虞 : 호수와 늪지인 국택(國澤)의 행정을 관장하는 관원)」 등의 직책도 각각 대·중·소가 있으며, 산림과 천택(川澤)에도 각각 대·중·소가 있으나 그 수는 상세하지 않기 때문에 인원수 역시 불명확하다. 그러나 그 인원을 헤아릴 수 있는 경우는 명관(命官)으로부터 하사(下士)에 이르기까지 총 25,266명이다. 당시 백성들의 인구수를 정확히 알 수는 없지만 관직이 이처럼 많은 것을 보면 겸직자가 있었음을 짐작할 수 있다.

5) 서관(序官)의 규칙

관직의 순서를 정하는 규칙에는 대체로 다음의 두 가지 방법이 있다.

(1) 뜻이 유사한 것에 따라 순서를 정함

「천관·서관·궁정(宮正)」편 가공언(賈公彦) 소(疏)에는 다음과 같이 말하고 있다.

　무릇 6관에서 관직을 순서 짓는 법은 그 의리가 두 가지가 있다.

첫째는 의리가 유사한 것끼리 서로 따르도록 하는 것이니, 예컨대 궁정(宮正)과 궁백(宮伯)은 똑같이 궁중(宮中)의 일을 주관하고, 선부(膳夫)·포인(庖人)·외옹(外饔)·내옹(內饔)은 똑같이 음식 만드는 일을 주관하는 것을 가리킨다. 이와 같은 부류는 모두 유사한 것끼리 모으고 무리에 따라 분류하였다. 그러므로 유사한 것끼리 연결하여 순서를 정한 것이다.

凡六官序官之法, 其義有二 : 一則以義類相從, 謂若宮正·宮伯, 同主宮中事. 膳夫·庖人·外內饔, 同主造食. 如此之類, 皆是類聚群分, 故連類序之.

(2) 일의 완급(緩急)에 따라 순서를 정함

가공언(賈公彦) 소(疏)에서 다음과 같이 이어 말하고 있다.

둘째는 60개의 관직을 순서 지을 때 관직의 존비(尊卑)로 선후를 삼지 않고, 모두 일의 완급에 따라 순서를 정하는 것이다. 그러므로 이곳의 궁정(宮正) 등 사(士)의 관직이 앞에 있고 내재(內宰) 등 대부(大夫)의 관직이 뒤에 있는 것이다.

二則凡次序六十官, 不以官之尊卑爲先後, 皆以緩急爲次弟, 故此宮正之弟(等), 士官爲前, 內宰等大夫官爲後也.

「天官·序官·宮正」

또한 「춘관·서관·울인(鬱人)」편 가공언(賈公彦) 소(疏)에서도 다음과 같이 말하고 있다.

관직을 순서 지을 때 관직의 존귀함으로 선후를 삼지 않고 완급으

로 하였으니, 급한 것은 앞에 두었다. 예컨대 울인(鬱人)을 첫머리
에 둔 것은 종묘 제사에는 씻는 것을 먼저 하는데 씻을 때 울(鬱)을
사용한다. 그러므로 그 직책에서 '제기의 진설을 담당 한다.' 하였
으므로 의당 앞에 두었던 것이다.

凡敍官不以官尊爲先後, 有以緩急, 急者爲先. 鬱人爲首者, 祭祀
宗廟先灌, 灌用鬱, 故其職云：「掌陳器」, 故宜先陳也.

6) 직등(職等 : 관직의 등급)

관직의 등급은 서관(序官)에 의하면 『주례』 전체의 관속(官屬)은 3
부류로 구분할 수 있다.

(1) 명관(命官) : 왕의 신하로 조정에서 임명한 관원이다.
    경(卿 : 上大夫)·중대부(中大夫)·하대부(下大夫)·상사(上士)
    ·중사(中士)·하사(下士)의 6등급이 있다.
(2) 집사(執事) : 그 일의 주관자로서 업무에 종사하는 자이다.
    부(府)·사(史)·고(賈)·서(胥)·도(徒)·여(旅)의 6등급이 있다.
(3) 역예(役隸) : 천역(賤役)자로서 엄(奄)·여(女)·해(奚)의 3등급
    이 있다.

집사(執事)의 인원은 서인(庶人) 중에서 징발을 통해 관부(官府)에
서 복무하는 자이다.

● 부(府) : 「천관·서관」의 정현(鄭玄) 주석에 의하면 '부는 문서나
기물의 보관을 책임지는 직책이다(府, 治藏).'라고 하였다. 공문서를

전문적으로 관리하는 사람이다.

• 사(史) : 정현의 주석에 '사는 문서의 작성을 관장하는 직책이다.(史, 掌書者)'라고 하였다. 문서 작성의 책임을 맡은 사람이다.

• 고(賈) : 「천관·서관·포인(庖人)」편의 정현 주석에 의하면 '고는 교역을 주관하니, 물가를 알기 때문이다.(賈主市買, 知物賈.)'라고 하였다. 구매의 업무를 전담하는 사람이다. 『주례』 전체에서 자주 보이지는 않는다.

• 서(胥) : 「천관·서관·태재(大宰)」편의 정현 주석에 의하면 '서(胥)는 서(諝, 지혜)의 뜻으로 읽으니, 재능과 지식이 있어 십장이 되었음을 가리킨다.(胥讀如諝, 謂其有才知, 爲什長.)'라고 하였다. 10인의 우두머리로서 조장·반장의 의미로 10명의 도(徒)를 거느린다.

• 도(徒) : 정현의 주석에 '이들은 백성으로서 요역에 동원되는 자들이니 오늘날의 위사(衛士)와 같은 것이다.(此民給徭役者, 若今衛士矣.)'라고 하였다. 차사(差使)에게 제공되는 하급관리(심부름꾼)이다.

• 여(旅) : 「천관·서관·소재(小宰)」편의 정현 주석에 의하면 '여는 많다는 뜻이다.(旅, 衆也.)'라고 하였다. 관원의 직함이 아니라 일반 민중을 의미할 뿐이다.

• 엄(奄)·여(女)·혜(奚) : 「천관·서관·주인(酒人)」편의 정현 주석에 의하면 '엄(奄)은 정기가 막히고 닫힌 자이니, 오늘날의 환인(宦

人)이라고 한다. ……, 여주(女酒)는 여자 노비로서 술을 빚는 방법에
밝은 자이다. 옛날에 연좌된 남녀는 관부에 몰수되어 노비가 되었는
데, 그 가운데 나이가 어리고 재능이나 지모가 있는 자를 종[奚]으로
삼았다.(奄, 精氣閉藏者, 今謂之宦人. ……, 女酒, 女奴曉酒者. 古者從坐,
男女沒入縣官爲奴, 其少才知以爲奚.)'라고 하였다.

이상의 모든 직책과 인원 편제는 상대적으로 비례의 원칙이 있음
을 알 수 있다. 그러나 관장하는 일의 많고 적음에 따라 차이가 있음
도 볼 수 있다. 그 통례(通例)는 대략 다음과 같다.

(1) 명관(命官)의 상하(上下) 차이는 두 배이다. 예를 들면, 태재(大
   宰)가 1인이면 소재(小宰)는 2인, 재부(宰夫)는 4인인 샘이다.
(2) 사(史)는 부(府)의 두 배이다. 예를 들면 「태재」 휘하의 부(府)
   가 6인이면 사(史)는 12인인 샘이다. 그러나 「장차(掌次)」 휘하
   의 부는 4인이며 사는 2인이다. 그리고 「울인(鬱人)」·「사준이
   (司尊彝)」·「사궤연(司几筵)」·「천부(天府)」·「사복(司服)」·
   「경사(磬師)」·「전용기(典庸器)」 등의 직은 모두 부가 사의 두
   배가 된다. 또한『주례』에는 부와 사의 인원수가 서로 같은 경
   우도 있다.
(3) 사(史)와 서(胥)의 인원수는 같은 경우도 있고, 차이가 두 배인
   경우도 있다. 예컨대 「궁인(宮人)」 휘하의 사는 4인, 서 8인인
   경우가 있어 일정하지 않다.
(4) 도(徒)는 서(胥)의 열 배이다. 그러나 「조랑씨(條狼氏)」 휘하의
   서는 6인, 도는 12인이며,「옥부(玉府)」 휘하의 서는 4인, 도는

48인으로 차이가 있다.

(5) 엄(奄) · 여(女) · 혜(奚)는 해당 직책의 수요에 따라 정해진다. 일반적으로 해는 여의 열 배이며 여 · 해는 대체적으로 서 · 도와 같다.

7) 편제의 제정

「천관 · 태재(大宰)」의 직제에 다음과 같이 말하고 있다.

> 이에 (大宰는)제후국에 치전(治典)을 시행하여 목(牧 : 州의 장관)을 세워 주(州)를 통솔하게 하고, 감(監 : 諸侯)을 세워 국(國)을 다스리게 하며, 감(監)의 휘하에 3명 의 경(卿)을 설치하고, 경의 휘하에 5명의 대부(大夫)를 설치하여 보좌하게 하며, 중사(衆士)들을 설치하여 직무를 처리하게 하고, 부(府) · 사(史)를 두어서 직무를 보조하게 한다.

> 乃施典于邦國, 而建其牧, 立其監, 設其參, 傅其伍, 陳其殷, 置其輔.

목(牧) · 감(監) · 삼(參) · 오(伍) · 은(殷) · 보(輔)는 제후국의 편제이다.

> 이에 (大宰는)도비(都鄙 : 기내의 채읍)에 팔칙(八則 : 도비를 다스리는 8가지 규정)을 시행하여 각각의 채읍에 군장(君長)을 세우고, 그 휘하에 2명의 경(卿)을 세워 보좌하게 하며, 경의 휘하에 5명의 대부(大夫)를 설치하여 직무를 관장하게 하고, 대부의 휘하에 중사(衆士)들을 설치하여 직무를 처리하게 하며, 사의 휘하에 부(府) · 사

(史)를 두어서 직무를 보조하게 한다.

乃施則于都鄙, 而建其長, 立其兩, 設其伍, 陳其殷, 置其輔.

장(長)·양(兩)·오(伍)·은(殷)·보(輔)는 도비(都鄙)의 편제이다.

이에 (大宰는)관부(官府)에 팔법(八法 : 관부의 관리들을 다스리는 8
가지 통법)을 시행하여 왕국의 관부에 장관(長官)을 세우고, 그 휘
하에 부관(副官)을 세워 보좌하게 하며, 그 휘하에 고핵관(考核官)을
설치하여 관리들을 감찰하게 하고, 그 휘하에 중사(衆士)들을 설치
하여 직무를 처리하게 하며, 그 휘하에 부(府)·사(史)를 두어서 직
무를 보조하게 한다.

乃施法于官府, 而建其正, 立其貳, 設其考, 陳其殷, 置其輔.

정(正)·이(貳)·고(考)·은(殷)·보(輔)는 관부(官府)의 편제이다.
이상의 경문(經文) 아래 정현(鄭玄)은 다음과 같이 주(注)를 하였다.

후(侯)·백(伯) 가운데서 공덕(功德)이 있는 사람에게 명수(命數)를
더하여 주(州)의 우두머리로 삼아서 이를 '목(牧)'이라고 부르니. 이
른바 '팔명(八命)은 주목(州牧)이 될 수 있다.'라는 것이다. '감(監)'은
공(公)·후(侯)·백(伯)·자(子)·남(男)을 가리키니, 각각 일국(一
國)을 주관하여 다스린다. 《상서》〈주서(周書)·재재(梓材)〉에 서
"왕께서 감(監)을 처음 두신 것은 그 다스림이 백성을 위한 것이기
때문입니다." 라고 하였다. '삼(參)'은 경(卿) 3인을 가리키고, '오
(伍)'는 대부(大夫) 5인을 가리킨다. 정중(鄭衆)은 "'은(殷)'은 법률을
다스리는 관직을 말한다. '보(輔)'는 백성들을 평결하기 위한 것이

다."라고 하였다. 나(鄭玄)는 생각건대 '은(殷)'은 많다는 뜻이니, '중사(衆士)'를 가리킨다. 《예기》〈왕제(王制)〉에서 "제후의 경우 상사(上士) 27인을 둔다. 그 중사(中士)와 하사(下士)는 각각 위 등급 나라의 2/3의 위차에 상당한다." 고 하였다. '보(輔)'는 부(府)·사(史)를 가리키니, 서인(庶人)으로서 관직에 있는 사람을 가리킨다.

以侯伯有功德者, 加命作州長, 謂之牧, 所謂八命作牧者. 監謂公侯伯子男各監一國. 《書》曰:「王啓監, 厥亂爲民.」 參謂卿三人, 伍謂大夫五人. 鄭司農云:「殷, 治律. 輔, 爲民之平也.」 玄謂殷, 衆也, 謂衆士也. 《王制》: 諸侯上士二十七人, 其中士·下士·各居其上之三分. 輔, 府史, 庶人在官者.

'장(長)'은 공(公)·경(卿)·대부(大夫) 및 왕의 친자(親子)와 동모제(同母弟)로서 채읍에서 부세를 받아먹는 자를 말한다. '양(兩)'은 2명의 경(卿)을 말한다. '삼경(三 卿)'이라 말하지 않은 것은 제후보다 적게 하는 것이기 때문이다. 정중(鄭衆)은 "'양(兩)'은 2명의 승(丞)을 가리킨다."고 하였다.

長, 謂公卿大夫·王子弟食采邑者. 兩謂兩卿, 不言三卿者, 不足於諸侯. 鄭司農云:「兩謂兩丞.」

'정(正)'은 총재(冢宰)·사도(司徒)·종백(宗伯)·사마(司馬)·사구(司寇)·사공(司空)을 말한다. '이(貳)'는 소재(小宰)·소사도(小司徒)·소종백(小宗伯)·소사마(小司馬)·소사구(小司寇)·소사공(小司空)을 말한다. '고(考)'는 이룬다(成)는 뜻이니, 보좌하여 일을 이루게 하는 자로서 재부(宰夫)·향사(鄕師)·사사(肆師)·군사마 (軍司馬)·사사(士師)를 말한다. 〈사공(司空)〉편은 망실되었기 때문에 그 고핵관(考核官)에 대해서는 들어보지 못했다.

正謂冢宰・司徒・宗伯・司馬・司寇・司空也. 貳謂小宰・小司徒・小宗伯・小 司馬・小司寇・小司空也. 考, 成也, 佐成事者, 謂宰夫・鄕師・肆師・軍司馬・士師也. 司空亡, 未聞其考.

이상을 통해 보면, 정(正)은 기관의 수장(首長)이며, 이(貳)는 부수장(副首長)이다. 고(考)는 업무를 처리하는데 협조하는 주요 관원이고, 은(殷)과 보(輔)는 모두 일을 처리하는 담당 인원이다.

8) 직장(職掌 : 관직의 직무)

「서관(序官)」이하에서는 각 관직이 전담하는 직무를 분별하여 서술하고 있다. 이것은 『주례』 경문(經文)에 잘 기재되어 있는데, 크게는 국가 체제, 정치경제로부터 작게는 시장교역, 사민(士民)의 결혼 문제에 이르기까지 포함하지 않는 것이 없으며, 다스리지 않는 관직이 없다. 그 직무를 서술하는 원칙은 다음 두 가지가 있다.

(1) 선총후분(先總後分)

먼저 총괄하여 서술하고 난 후, 그 세부 사항을 기술하는 방식이다. 예를 들면 「천관・선부(膳夫)」의 직책에 대해 다음과 같이 설명하고 있다.

(선부(膳夫)는)왕의 밥・음료・희생고기・맛난 음식을 관장하여 왕 및 왕후・세자를 봉양한다.

掌王之食飮膳羞, 以養王及后・世子.

이것은 그 직무를 총괄하여 말한 것이다. 이어 다음과 같이 설명하고 있다.

무릇 왕에게 진상하는 성찬은 밥(食)에는 여섯 가지 곡물을 사용하고, 희생고기(膳)에는 여섯 가지 희생을 사용하며, 음료(飮)에는 여섯 가지 맑은 음료를 사용하고, 맛난 음식(羞)에는 120가지 음식을 사용하고, 진미(珍)에는 여덟 가지 음식을 사용하고, 초장과 고기젓 갈장(醬)에는 120개의 독을 사용한다.

凡王之饋, 食(사)用六穀, 膳用六牲, 飮用六清, 羞用百有二十品, 珍用八物, 醬用百有 二十甕.

(선부(膳夫)는)왕후 및 세자에게 제공하는 희생 고기와 맛난 음식을 관장한다.

掌后及世子之膳羞.

이상의 경문들은 모두 그 세부 사항을 기술하고 있다.

(2) 선전후범(先專後凡)

먼저 전문 주관 영역을 기술하고, 이어 일반적인 것을 나중에 기술하는 방식이다. 예를 들면「지관·매씨(媒氏)」직책에 대해 다음과 같이 설명하고 있다.

(매씨(媒氏)는)모든 백성의 짝을 찾아 맺어 주는 일을 관장한다.

掌萬民之判12).

또, 이어서 다음과 같이 설명하고 있다.

남녀가 태어나서 이름을 얻게 되면, 생년월일과 이름을 모두 기록
한다.

凡男女自成名13)以上, 皆書年月日名焉.

또 이어서 말하였다.

남자는 30세가 되면 장가들고 여자는 20세가 되면 시집가게 한다.
장가들고 시집가는 일을 다 기록한다.

令男三十而娶, 女二十而嫁. 凡娶判妻入子者, 皆書之.

남자와 여자의 방종하고 음탕한 일로 인하여 생긴 송사인 음송(陰
訟)은 망한 나라 (勝國)의 사직에서 듣고, 그들에게 형벌을 내릴 때
는 담당 관속(사구(司寇)에 소속된 관리)에게 처리하게 한다.

凡男女之陰訟, 聽之于勝國之社 ; 其附于刑者, 歸之于士.

이처럼 개별적인 사례는 모두 뒤에 배열하여 기록해 놓았다.

---

12) 정현(鄭玄)은 주(注)에서 판(判)은 반(半 : 짝이 없는 절반이란 뜻으로 절반을
묶어서 한 쌍으로 만든다는 뜻으로 반려자를 뜻함.)이라고 하였다.(鄭注云
：「判, 半也.」)
13) 정현의 주(注)에서 "정중(鄭衆)이 말하기를 '이름을 얻는다는 것은 자식이
태어나면 3개월 후에 아버지가 이름을 지어준다.'고 하였다." (鄭注：『鄭司農
云：「成名, 謂子生三月父名之.」』)

9) 관칭(官稱 : 관의 명칭)

『주례』의 설관분직(設官分職 : 관직을 설치하고 직무를 분담)에서 관(官)의 명칭을 명명(命名)하는 데는 대부분 그 의미가 있다. 예를 들면 다음과 같다.

(1) 재(宰) : 주재(主宰)·주관(主官)의 의미이다. 여러 관리를 통솔하는 것으로 전문적으로 하나의 직무만을 맡는 것이 아니다. 태재(大宰)·소재(小宰) 등이 그렇다.

(2) 백(伯) : 존장(尊長)의 의미이다. 대종백(大宗伯)·궁백(宮伯) 등이 그렇다.

(3) 사(司) : 맡아 주관하다, 담당한다는 의미이다. 사구(司寇)·사마(司馬)·사회(司會)·사서(司書)·사간(司諫) 등이 그렇다.

(4) 정(正) : 장(長)의 의미이다. 궁정(宮正)은 궁관(宮官)의 장(長)이며, 주정(酒正)은 주관(酒官)의 장(長)이다.

(5) 부(夫) : 부에는 두 가지 의미가 있다.
   ● 장(長)의 의미이다. 선부(膳夫)는 식관(食官)의 장이다.
   ● 차역(差役 : 小吏, 하급관리, 관청의 심부름꾼)의 의미이다. 어부(馭夫)[14]가 융복(戎僕)[15]·제복(齊僕)[16]·도복(道僕)[17]·전복(田僕)[18]의 차역이 되는 것이 그렇다.

---

14) 어부(馭夫) : 부거(副車)의 말들을 훈련시키고 골고루 분배하는 직책.
15) 융복(戎僕) : 왕의 병거(兵車 : 戰車)와 일반 병거의 모든 행정을 관장하는 최고 직책.
16) 제복(齊僕) : 왕의 금로(金路)를 몰며 왕의 빈객을 맞이하는 직책.
17) 도복(道僕) : 왕의 상로(象路)를 몰며 그 법도를 관장하는 직책.
18) 전복(田僕) : 왕이 사냥할 때 타는 전로(田路)를 몰며 그 행정과 법도를 관장하는 직책.

(6) 사(師) : 전문적으로 가르치고 본보기가 될 수 있는 자들이다. 의사(醫師) · 무사(舞師) · 현사(縣師) 등이다.

(7) 인(人) : 일로써 관(官)의 이름으로 삼은 것이다. 포인(庖人) · 팽인(亨19)人) · 수인(獸人) 등이다.

(8) 장(掌) : 장에는 네 가지 의미가 있다.

● 관리와 통제의 책임자 : 장피(掌皮) · 장차(掌次) · 장절(掌節) 등이다.

● 세금 징수의 책임자 : 장갈(掌葛) · 장염초(掌染草) · 장화회(掌貨賄) 등이다.

● 수리의 책임자 : 장고(掌固 : 성곽과 구지(溝池 : 해자와 연못)와 수거(樹渠 : 나무 울타리와 도랑)를 수리하고 견고하게 갖추는 일의 직책)가 여기에 해당한다.

● 규정(糾正)의 책임자 : 장수(掌囚) · 장아(掌訝) · 장찰(掌察) · 장륙(掌戮) 등이다.

(9) 부(府) : 재화 창고를 전담 관리한다. 태부(大府) · 내부(內府) · 외부(外府) · 옥부(玉府) 등이다.

(10) 사(史) : 문서(文書)를 관장한다. 태사(大史) · 소사(小史) · 여사(女史) · 내사(內史) 등이다.

(11) 직(職) : 재화의 출입을 전담하는 자이다. 직내(職內) · 직세(職歲) · 직폐(職幣) · 직금(職金) 등이다.

(12) 전(典) : 업무를 책임지고 집행한다. 전부공(典婦功) · 전서(典瑞) 등이다.

(13) 씨(氏) : 대대로 공적이 있는 관족(官族)인 자를 말한다. 천문(天文)관측을 관장하는 풍상씨(馮相氏) · 천상(天象)의 운행을

---

19) 亨은 '팽'으로 발음하며 '삶는다'는 의미이다.

담당하는 보장씨(保章氏)·왕이 출입할 때 길을 청소하고 사
람들을 막고 피하게 하는 척랑씨(條狼氏)[20]·사씨(師氏)·보
씨(保氏) 등이다.

(14) 우(虞) : 우는 '도(度)'의 뜻으로 산출(産出)의 물량을 헤아리는
자이다. 산우(山虞)·택우(澤虞) 등이다.

(15) 형(衡) : 형은 '양(量)'의 뜻으로 산출의 물량을 측량하는 자이
다. 천형(川衡)·임형(林衡) 등이다.

(16) 종(宗) : 왕족 중에 작위(爵位)가 있는 자이다. 내종(內宗)·외
종(外宗) 등이다.

(17) 축(祝) : 제사를 돕는 자이다. 태축(大祝)·소축(小祝)·상축(喪
祝)·저축(詛祝) 등이다.

(18) 복(僕) : 존장(尊長)을 모시고 말을 모는 자이다. 대복(大僕)·
융복(戎僕)·어복(御僕) 등이다.

(19) 예(隷) : 노역만을 담당하는 자이다. 사예(司隷)·죄예(罪隷)·
만예(蠻隷)·민예(閩隷) 등이다.

(20) 서(胥) : 재능과 지혜가 있는 자를 일컫는다. 대서(大胥)·소서
(小胥)·상서(象胥) 등이다.

(21) 사(士) : 옥송(獄訟)의 일을 담당하는 자이다. 향사(鄕士)·수
사(遂士)·방사(方士)·아사(訝士) 등이다.

(22) 대부(大夫) : 현덕(賢德)을 높이기 때문에 대부라고 칭한다. 향
대부(鄕大夫)·수대부(遂大夫) 등이다.

(23) 내외(內外) : 내외의 권한을 구분한 것이다.

(24) 훈(訓) : 백성들에게 깨달아 알게 하는 자이다. 토훈(土訓)·송

---

20) 척랑씨(條狼氏) : 조(條)는 척(滌)과 같은 뜻으로 '척'으로 발음한다.

훈(誦訓) 등이다.

(25) 균(均) : 토지 정무를 관장하는 자이다. 균인(均人)·토균(土均) 등이다.

10) 관련(官聯 : 관부의 직무 연계)

「천관·태재(大宰)」의 직무에 다음과 같이 말하고 있다.

(大宰는)팔법(八法 : 관부의 관리들을 다스리는 8가지 통법)으로 관부(官府)[21]를 다스린다. 첫째는 관속(官屬)[22]이니, 각 관부의 통솔 체계를 세워서 왕국의 정무를 수행한다. 둘째는 관직(官職)[23]이니, 각 관부의 관리들의 직무 범위를 명확히 하여 왕국의 정무를 변별한다. 셋째는 관련(官聯)[24]이니, 각 관부의 관리들의 직무를 연계시

---

21) 관부(官府) : 조정(朝廷)안에 있는 왕국의 관부를 말한다.
22) 관속(官屬) : 관직 체계 내부의 상하 통속관계에 관한 규정을 말한다. 관속에는 총속(總屬)·분속(分屬)·당관지속(當官之屬)·용산지속(冗散之屬)이 있다. 총속은 6관(官)에는 각각 60개씩의 속관이 있는데, 모두 그 장관(6卿)에게 예속되는 것을 말한다. 분속은 직무가 유사한 관직들이 우두머리 관직에게 예속되는 것을 말한다. 당관지속은 해당 관직에서 지위가 높은 사람에게 예속되는 것을 말한다. 용산지속은 춤추는 일에 종사하는 자가 모인(旄人)에게 예속되고(「春官·旄人」), 왕국에서 용력(勇力)이 있는 사(士)가 사우(司右)에게 예속되고(「夏官·司右」), 개의 상태를 살펴서 뽑거나 개를 이끌고 가는 사람이 견인(犬人)에게 예속되는 경우(「秋官·犬人」) 등을 말하는 것으로, 모두 직명(職名)이나 관원의 수가 없는 관리들이다. 이 네 가지는 각각 존비에 따라 서로 예속되는데, 이를 통틀어 '관속(官屬)'이라 한다.
23) 관직(官職) : 관직들 사이에 직무상의 권리와 책임을 두어서 서로 월권하지 못하도록 하는 규정을 말한다.
24) 관련(官聯) : 다른 5관(官)의 관리들과 연계하여 함께 일을 수행하도록 하는 규정을 말한다. 호광충(胡匡衷)에 의하면, 본래부터 담당하는 직무를 갖고 일을 수행하는 자를 '유사(有司)'라고 하고, 일이 있을 때마다 특별히 와서

켜 왕국의 정무를 함께 수행한다. 넷째는 관상(官常)25)이니, 각 관부의 관례의 독자적인 직무 규정을 살펴서 왕국의 정무를 처리한다. 다섯째는 관성(官成)26)이니, 각 관부의 관례에 의거하여 왕국의 정무를 다스린다. 여섯째는 관법(官灋)27)이니, 각 관부의 관리들이 직무를 수행할 때 지켜야할 법규에 의거하여 왕국의 정무를 바로잡는다. 일곱째는 관형(官刑)28)이니, 각 관부의 상벌규정에 의거하여 왕국의 정무를 규찰한다. 여덟째는 관계(官計)29)이니, 각 관부의

도와주는 자를 '집사(執事)'라고 한다. 따라서 '집사'는 다른 관직의 관리들과 연계하여 함께 일을 수행하기 위한 임시적인 것으로, 일을 수행하여 임무를 마친 후에는 본직으로 돌아간다. 이것이 '관련(官聯)'의 범주에 해당한다. 반면에 '유사(有司)'는 어떤 직무를 전담해서 담당하는 것으로, 관리들이 평상시 주요하게 종사하는 직무이니, 관상(官常)의 범주에 해당한다.
25) 관상(官常) : 한 관직의 고유한 항시적인 평상시 직무를 말한다.
26) 관성(官成) : 관부의 성사(成事)·품식(品式), 즉 관리들이 직무를 수행할 때 의거하는 기준의 고사(故事)나 성규(成規)를 말한다. 관성은 관계(官計)를 실시할 때의 법률적 근거가 되며, 관계는 관성에 의거하여 관리들에 대한 회계감사나 치적 심사를 진행한다.
27) 관법(官灋) : 관리들이 직무를 수행할 때 지켜야 할 법규를 말한다. 이 관법(官法)은 예법(禮法)·법칙(法則)·표준(標準)·법률(法律) 등을 포괄한다. 구체적으로 말하면, 천관(天官) 태재(大宰)의 관법은 육전(六典)·팔법(八法)·팔칙(八則)·팔방(八枋)·팔통(八統)·구직(九職)·구부(九賦)·구식(九式)·구공(九貢)·구량(九兩) 등을 포함한 '치상(治象)'의 법을 말한다. 지관(地官) 사도(司徒)의 관법은 토회(土會)의 법·십이교(十二教)·토의(土宜)의 법·토균(土均)의 법·토규(土圭)의 법·십이황정(十二荒政)·보식육(保息六)·본속육(本俗六) 등을 포함한 교상(教象)의 법을 말한다. 춘관(春官) 종백(宗伯)의 관법은 길흉군빈가(吉凶軍賓嘉)의 오례(五禮)·구의(九儀)의 명(命)·육서(六瑞)·육지(六摯)·육기(六器)의 법을 포함한 예상(禮象)의 법을 말한다. 하관(夏官) 사마(司馬)의 관법은 방국(邦國)의 구법(九法)·구벌(九伐)의 법·수법(蒐法)·전법(田法)·전법(戰法) 등을 포함한 정상(政象)의 법을 말한다. 추관(秋官) 사구(司寇)의 관법은 왕국의 삼전(三典)·오형(五刑) 등을 포함한 형상(刑象)의 법을 말한다.
28) 관형(官刑) : 관부의 관리들을 대상으로 하는 행정 처벌을 말한다.

치적에 대한 심사규정에 의거하여 왕국의 정무를 평가한다.

以八灋(法)治官府 : 一曰官屬, 以擧邦治. 二曰官職, 以辨邦治. 三曰官聯, 以會官治. 四曰官常, 以聽官治. 五曰官成, 以經邦治. 六曰官灋(法), 以正邦治. 七曰官刑, 以糾邦治. 八曰官計, 以弊邦治.

정현(鄭玄)은 상문(上文)의 주(注)에서 정중(鄭衆)의 견해를 인용하며 다음과 같이 말하고 있다.

'관련(官聯)'은 나라에 큰일이 있어 한 관부(官府)에서 홀로 처리할 수 없을 경우 육관(六官)이 함께 일을 수행하는 것을 말한다. 연(聯)은 연계한다(連)는 뜻으로 읽으니, 고서에서는 연(連)이 연(聯)으로 되어 있다. '연(聯)'은 일을 연계하고 직무를 함께하여 서로 돕는 것을 말한다. 「소재직(小宰職)」에 '(소재는)관부의 육연(六聯) 규정에 의거하여(태재를 보좌하여 각 관부의 관리들의 직무를 연계시켜) 왕국의 정무를 함께 수행한다. 첫째는 제사(祭祀)를 거행할 때 다른 관직과 연계하여 함께 일을 처리하는 것이고, 둘째는 빈객(賓客)을 접대할 때 다른 관직과 연계하여 함께 일을 처리하는 것이고, 셋째는 상사(喪事)나 흉년(凶年)이 들었을 때 다른 관직과 연계하여 함께 일을 처리하는 것이고, 넷째는 군사와 관련된 일을 수행할 때 다른 관직과 연계하여 함께 일을 처리하는 것이고, 다섯째는 전렵(田獵)이나 도역(徒役)에 관련된 일을 수행할 때 다른 관직과 연계하여 함께 일을 처리하는 것이고, 여섯째는 부세를 징수하거나 역역(力役)의 면제 대상을 파악할 때 다른 관직과 연계하여 함께 일을 처리한 것이다.'라고 하였다.

---

29) 관계(官計) : 회계감사 등 관리의 직무 평가와 관련한 규정을 말한다.

官聯謂國有大事, 一官不能獨共〔治〕, 則六官共舉之. 聯, 讀爲連, 古書連作聯. 聯謂連事通職, 相佐助也.「小宰職」曰 :「以官府之六聯合邦治, 一曰祭祀之聯事, 二曰賓客之聯事, 三曰喪荒之聯事, 四曰軍旅之聯事, 五曰出役之聯事, 六曰斂弛之聯事.」

정현의 주에서 언급한 여섯 가지는 유사한 직무일 따름이다. 「소재(小宰)」의 직무를 논한 문장과 같다.

무릇 작은 일에도 모두 연계하여 함께 처리하는 경우가 있다.

凡小事皆有聯.　　「天官・小宰」

정현은 정중(鄭衆)의 주장을 인용하여 다음과 같이 주(注)에서 말하고 있다.

정중(鄭衆)은 "대제사를 지낼 때 태재(大宰)는 왕을 도와 제후들이 진헌하는 옥과 속백(玉幣)을 받으며, 대사도(大司徒)는 소의 희생을 받들어 올리며, 대종백(大宗伯)은 제기 등을 깨끗이 씻었는지를 살펴보고, 울창주를 땅에 뿌려 강신할 때 사용하는 규찬(圭瓚)을 검사하여 살펴보고, 희생을 삶는 가마솥을 살피고, 기장밥을 담는 옥으로 만든 밥그릇을 받들어 올리며, 대사마(大司馬)는 생선과 희생을 바치고 말의 희생을 받들어 올리며, 대사구(大司寇)는 명수(明水)와 명화(明火)를 받들어 올린다. 대상(大喪)을 당했을 때 태재는 사왕(嗣王)을 도와 죽은 왕을 위해 증옥(贈玉)과 함옥(含玉)의 예를 행하며, 대사도(大司徒)는 육향(六鄉)의 중서(衆庶)들을 이끌고서 6개의 상여 끈을 매며, 대종백(大宗伯)은 상상(上相)이 되며 대사마(大司馬)는 사(士)・대부(大夫)의 직무와 위차(位次)를 바로잡으며, 대사구(大司寇)는 앞에서 왕을 인도한다. 이것이 이른바 '관련(官聯)'이다."

鄭司農云 : 「大祭祀, 大宰讚玉幣, 司徒奉牛牲, 宗伯視滌濯 · 涖
玉鬯 · 省牲鑊 · 奉玉齍, 司馬羞魚牲 · 奉馬牲, 司寇奉明水火 ; 大
喪, 大宰讚贈玉 · 含玉, 司徒帥六鄉之衆庶, 屬其六引, 宗伯爲上
相, 司馬平士大夫, 司寇前王, 此所謂官聯.」

　이것은 　제사(祭祀) · 빈객(賓客) · 상황(喪荒) · 군려(軍旅) · 출역(出
役) · 염이(斂弛) 등이 모두 연계되어 있는 큰일뿐만 아니라 기타의
모든 직에 걸쳐 있는 사소한 일에 이르기까지 연관이 있는 것을 가리
킨다.

　팔법(八法)은 관부(官府)를 다스리는 중요한 근거가 된다. 따라서
총재(冢宰)가 그 강령(綱領)을 주재하고 소재(小宰)가 부관이 되어 그
세밀한 부분을 협력함으로써 관직이 통솔되고 지킴이 있게 되며 문
란하지 않게 된다. 관부(官府)의 직무를 연계시킬 때 세부적 절차와
항목은 각 관부 내에 갖추어져 있으므로 관부 운영의 근거로 삼아
「천과 · 소재」·「사서(司書)」·「사회(司會)」·「춘관 · 태사(大史)」 등
이 관장하여 처리한다.

　만약 일이 번거롭고 사소하여서 한 관부에서 처리하기 곤란한 경
우가 있으면, 여러 관부의 관리들이 협력하여 처리하여야 하고, 긴요
한 일인 경우 역시 반드시 여러 관부와 협력하여 직무를 처리하여야
하니, 한 관부만 믿고 맡길 수 없으므로 서로 연관 있는 관부에서
정무를 연계하여 함께 수행하는 것이다.

　관부는 모두 그 소속이 따로 있다. 만약 업무가 동관(同官)에 속하
지만, 동일 부문이 아니라면 이것은 동관의 직무 연계가 된다. 그리
고 일이 이관(異官)에 속하는 동일 부문이 아니라면 이것은 이관(異
官)의 직무 연계가 된다. 손이량(孫詒讓)은『주례정의(周禮正義)』「소

재(小宰)」의 직문(職文)에서 다음과 같이 말하고 있다.

무릇 관련(官聯)에는 동관(同官)의 연계 업무(聯事)가 있으니 예컨대 사시(司市)·사문(司門)·사관(司關)이 연사(聯事)가 되어 함께 지관(地官)에 속한다. 이관(異官)의 연사(聯事)가 있으니 제사(祭祀)·상기(喪紀) 같은 경우는 6관의 장이 연사(聯事)가 된다. 이관(異官)에 속하면서 역시 서로 관련된 일이 많으니, 예를 들면,「양인(量人)」에서 말하기를 '총재(冢宰)가 왕의 제사를 보좌할 때는「울인(鬱人)」과 함께 옥잔을 받아서 다 마시기도 한다.'고 하였다. 이는 하관(夏官)에 속하는 것과 춘관(春官)에 속하는 연사가 된다.

凡官聯, 有同官之聯事, 若司市·司門·司關爲聯事, 同屬地官是也. 有異官之聯事, 若祭祀·喪紀, 六官之長爲聯事是也. 異官之屬, 亦多相與爲聯事, 若「量人」云:「凡宰祭與「鬱人」, 受斝歷而皆飮之」, 是夏官之屬與春官之屬爲聯事也.

「울인(鬱人)」의 직에서는 다음과 같이 말하고 있다.

대제사에는「양인(量人 : 夏官, 司馬소속)」과 함께 복을 받으라는 축사를 하고 졸작(卒爵)이 거행된 뒤 마신다.

大祭祀, 與「量人」受擧斝(嘏)之卒爵而飮之.   「春官·鬱人」

상문은『주례』이관(異官)의 연사(聯事)임을 볼 수 있다.
또「지관·사문(司門)」에서 다음과 같이 말하고 있다.

(사문은)관문의 열쇠를 주어서 나라의 문을 열고 닫게 하는 일을

관장한다. 또 관문으로 부정한 물품의 출입을 금하고, 관문을 통과하는 재화의 세금을 받는다. 무릇 재물 가운데 법으로 금한 물품의 통관을 잡아낸다.

掌授管鍵, 以啓閉國門. 幾出入不物者, 正其貨賄. 凡財物犯禁者擧之.

그리고 「지관·사관(司關)」직에서도 다음과 같이 논하고 있다.

(사관은)국가 재화의 새절(璽節 : 인장)을 관장하고, 사문(司門)과 사시(司市)와도 업무를 연계한다.

掌國貨之節, 以聯門·市.

사문(司門)은 나라의 관문을 관장하고 화물 출입의 세금을 징수한다. 사관(司關)은 새절을 자세히 살펴서 화물의 출입을 관장하여 그 세수(稅收)를 징수하며, 화물이 시장에 유통되면 다시 사시가 검증하니 3관이 모두 「지관(地官)」에 속하는데, 이를 동관(同官)의 연사(聯事)라 한다.

또 예를 들면, 「하관·대복(大僕)」의 직문(職文)에서,

(대복은)왕의 사례(射禮)에서는 활과 화살을 주고받는 일을 보좌한다.

王射, 則贊弓矢.

라고 하였는데, 「하관·선인(繕人)」에서 또 다음과 같이 말하고 있다.

(선인은)왕이 사용하는 활과 쇠뇌, 화살과 화살통·주살·깍지·팔

찌 등을 관리하여 왕사(王射)의 시기를 아뢰고 왕이 쓰는 활과 화살에 관계된 일을 보좌하는 일을 관장한다.

掌王之用弓弩 · 矢箙 · 繒弋 · 抉拾, 掌詔王射, 贊王弓矢之事.

대복(大僕)과 선인(繕人) 역시 동관(同官)의 연사(聯事)이다.

그리고 「천관 · 장사(掌舍)」의 직문(職文)에 다음과 같이 기재하고 있다.

(장사는)왕이 (출행하여 제후와)회동을 할 때 머무는 궁사(宮舍 : 行宮)를 관장하는 데, 이중으로 행마(行馬 : 梐枑)[30]를 설치하며(사람과 말의 통행을 금지하며), (왕이 출행하여 산간의 험준한 곳에 머물 때는)거궁(車宮)[31]과 원문(轅門)[32]을 설치하며, (왕이 출행하여 평지에 머물 때는)단유궁(壇壝宮)[33]을 만들고 극문(棘門)[34]을 설치한다. (출행하여 낮에 잠시 휴식을 취할 경우)유궁(帷宮)을 만들고 정문(旌門)을 설치하고, (도중에 임시로 머물 경우)궁을 설치하지 않으면 키 큰 사람들을 뽑아 인문(人門)을 설치한다. (장사는 왕

---

30) 폐호(梐枑) : 나무를 교차시켜서 서로 연결한 것을 이중으로 둘러서 사람이나 말의 통행을 막는 기물을 말한다. '行馬'라고도 한다.
31) 거궁(車宮) : 수레를 배열하여 빙 둘러서 만든 궁장(宮牆)을 말한다. 수레를 배열하여 궁의 담장처럼 둥글게 울타리를 쳐서 비상사태에 대비하기 때문에 '車宮'이라 칭한다.
32) 원문(轅門) : 왕이 출행하여 험준한 곳에 머물 때 비상사태에 대비하는 것을 말한다. 수레를 줄지어 빙 둘러서 울타리를 만들면(車宮), 두 대의 수레를 제쳐 세워 놓고 그 끌채를 서로 마주 보게 하여 문을 표시한다.
33) 단유궁(壇壝宮) : '壝'는 흙을 쌓아서 작은 담장을 만들고 사면으로 둘러쳐서 궁(宮)을 상징하는 것이다. 그러므로 단유궁(壇壝宮)이라 한다.
34) 극문(棘門) : '극(棘)'은 극(戟)과 통하는 글자이다. '戟'은 과(戈)와 모(矛)를 합한 형태의 병기이다. 살상력은 과(戈)나 모(矛)보다 강력하다. 2개의 戟을 세워서 궁문을 상징하기 때문에 '棘門(戟門)'이라 칭한다.

이 출행을 할 때 머무는)궁사와 관련한 모든 일을 관장한다.

掌王之會同之舍. 設楷柤再重. 設車宮, 轅門. 爲壇壝宮, 棘門, 爲
帷宮, 設旌門. 無宮, 則共人門. 凡舍事, 則掌之.

「하관 · 호분씨(虎賁氏)」에는 "(호분씨는 왕이 막사에 있으면)왕의
막사를 울타리처럼 둘러싸 수비한다.(舍則守王閑.)"고 하였는데, 정
현(鄭玄)은 주(注)에서 "한은 폐호이다.(閑, 陛梐)"라고 설명하였다.
폐호는 행마(行馬), 즉 사람과 말의 통행을 금지하기 위해 설치하는
것이다.

「하관 · 사과순(司戈盾)」에는 "(사과순은)왕의 막사가 정해지면 방
패로 울타리를 설치하고 떠나게 되면 거두어들인다.(及舍, 設藩盾, 行
則斂之.)"고 하였는데 이것은 극문(棘門)을 말한다. 그리고 「춘관 · 전
로(田路)」에서는 "(왕이)회동이 있거나 군사를 사열하거나 사방에 조
문할 때는 나머지 수레를 이끌고 수행한다.(凡會同 · 軍旅 · 吊于四方,
以路從.)"고 하였는데 이것은 곧 원문(轅門)을 가리킨다. 「춘관 · 사상
(司常)」에는 "(왕이)회동이나 빈객 접대에서도 또한 똑같이 하여 정문
(旌門)을 설치한다.(會同, 賓客亦如之 ; 置旌門.)"고 하였다. 이상의 것
들은 모두 이관(異官)의 연사(聯事)를 말하는 것이다.

관부(官府)의 행정은 관련 업무의 지식을 공유한다. 이것이 바로
관의 직무 연계 즉 관련(官聯)이다. 그리고 한 관직의 직무에 해당하
는 고유한 항시적인 업무를 관상(官常)이라고 말한다. 만약 각 관이
통상적으로 행하는 고유한 그 직무(官常)를 잘 통솔한다면 서로의 업
무는 문란하지 않을 것이며, 각 관부의 충돌도 없을 것이다. 그러므
로 관상(官常)은 나눔(分)을 주(主)로 하고, 관련(官聯)은 통합(合)을

주(主)로 한다. 손이량(孫詒讓)은 『주례정의(周禮正義)』 「태재(大宰)」
의 직문(職文) 아래에 다음과 같이 말하고 있다.

> 관상(官常)이 분(分 : 구분)을 주(主)로 하는 것과 관련(官聯)이 합(合
> : 통합)을 주(主)로 하는 것은 그 의미가 정반대이다.
>
> 官常主分, 與官聯主合, 義正相反.

❷ 『주례』의 직관(職官)과 내용

『주례』는 정치적 이상으로 여겨졌던 주나라의 제도를 기술한 정법
서(政法書)로써 천지(天地)와 사시(四時)에 따라 관직을 배분하고 직
분을 밝혀 놓았다. 이러한 사상적 배경은 천인합일(天人合一)에 기초
하고 있다. 『주례』에 의하면, 나라를 부강하게 하려면 천지자연(天地
自然)의 규율과 존재 질서를 따라야 한다. 천지의 규율과 질서는 사
람들이 세상에 대해 갖고 있는 객관적 인식을 반영해 준다.

『주례』에서 관직을 계획한 것은, 한편으로는 천지자연에 대한 인
간의 객관적인 규율의 답습을 강조하고, 다른 한편으로는 인간 주체
성의 작용을 보여주는데, '군자의 도'로서 천지자연의 객관적 규율의
존재와 인간 주체성 작용을 하나로 만들고, '군자의 도'와 치세도덕
(治世道德) 아래 인간과 천지자연은 물론 인간과 인간이 조화롭고 함
께 어울릴 수 있는 질서를 건립하고자 하였다.

다음은 그 내용을 육관(六官)의 직관 순서에 따라 각 직관과 그

속관(屬官)들의 장직(掌職) 특징 및 직무 유형별로 분류하여 그 관장 업무 중 특징적인 부분을 경문에 충실하며 그 대략을 간략히 설명해 소개한다.

1) 천관(天官)

천관은 「치관(治官)」으로서 총 63개의 속관(屬官)으로 구성되어 있다. 장관은 태재(大宰)이고 부관은 소재(小宰)이다. 태재는 육관(六官)의 수장(首長)이므로 총재(冢宰)로도 불리며, 총재가 속관들을 거느리고 왕국의 정무를 관장함으로써 왕이 각국을 균등하게 다스리는 것을 보좌한다. 왕국의 「육전(六典)」을 제정하고 시행하는 일을 관장하여 왕이 천하의 제후국을 다스리는 것을 돕는다. 태재는 그 밖에도 왕국의 여러 제도를 관장하여, 정월 초하루면 제후국과 기내(畿內)의 채읍(采邑)에 왕이 다스릴 일들을 선포한 뒤 이어서 문서로 작성한 치법(治法)을 공포하고, 연말이면 모든 관부의 회계와 치적 문서를 받아 평가한다. 또한 왕의 오제(五帝) 제사·조근(朝覲)·회동(會同)·대상(大喪) 등의 예(禮)와 군사(軍事)·치조(治朝) 사무를 보좌하는데, 작은 사무는 독단으로 처리할 수 있다. 부관인 소재(小宰)는 이러한 일들이 시행될 수 있도록 태재를 돕고, 재부(宰夫)는 천관 속관의 회계와 문서에 대한 심사평가를 담당한다. 속관 중에는 업무의 성격이 치관에 해당되는 것도 있지만, 일부는 음식, 복식, 침사(寢舍), 부공(婦功)을 담당하거나 의관(醫官), 궁관(宮官), 부관(婦官) 등으로 치관(治官)과는 무관하고 특히 궁중의 소소한 사무를 보는 것이 대다수이다. 또 육관(六官)의 속관 공통으로 부(府), 사(史), 서(胥), 도(徒)와 같이 서인(庶人)으로서 관부에 있으면서 직무를 맡아 복역(服役)하는 자들이 있다. 이들은 작위(爵位)는 없으나 일반 서인보다는 지위가 다소 높은 소리(小吏)들이다. 부(府)는 물품의 수장(收藏)을 담당하고, 사(史)는 문서를 담당하며, 도(徒)는 부역(賦役)을 담당하는데 서(胥)는 그들의 십장(什長)이다.

천관의 각 속관(屬官)을 기능과 역할에 근거하여 구분해 보면 재관(宰官)・궁정사무관(宮廷事務官)・의관(醫官)・재무(財務) 및 세무관(稅務官) 등으로 구분할 수 있다.

(1) 재관(宰官)

재관의 관속(官屬)에는 태재(大宰)・소재(小宰)・재부(宰夫) 등이 있다.

① **태재**(大宰) : 천관 중 직위가 최고 높은 육관(六官)의 수장(首長)으로써 총재(冢宰)로도 불리며 경(卿) 1인이 담당하며 그의 직책은 치정(治政)의 육전(六典)[35]을 제정하고 시행하는 것이다. 총재는 그 속관(屬官)을 거느리고 천하 각국의 정무를 관장함으로써 왕이 천하를 균등하게 다스리는 것을 보좌하는 모든 관직의 수장이다. 태재, 즉 총재는 팔법(八法, 관부의 관리들을 다스리는 8가지 통법)[36]으로써 관부(官府)를 통제하고, 팔칙(八則, 기

---

35) 육전(六典) : 치전(治典)・교전(敎典)・예전(禮典)・정전(政典)・형전(刑典)・사전(事典)으로 이 육전은 모두 태재가 제정하여 반포하고, 태재(大宰)・사도(司徒)・종백(宗伯)・사마(司馬)・사구(司寇)・사공(司空)의 육관(六官)이 분담하여 시행한다.
36) 팔법(八法) : 관부의 관리들을 다스리는 8가지 통법으로 관속(官屬)・관직(官職)・관련(官聯)・관상(官常)・관성(官成)・관법(官法)・관형(官刑)・관계

내(畿內)의 채읍을 다스리는 8가지 규정)[37]으로 기내(畿內)의 채읍(采邑)을 다스리고, 팔병(八柄, 신하들을 제어하는 8가지 권병)[38]으로 여러 신하를 통솔하며, 팔통(八統, 백성을 통합하는 8가지 총칙)[39]으로 백성을 인도하고, 구직(九職, 백성들이 종사하는 9가지 직업)[40]으로 백성들의 생업을 안정시키고, 구부(九賦, 세금을 징수하는 9가지 규정)[41]로 재화를 징수하고, 구식(九

<hr />

(官計)이다.

37) 팔칙(八則) : 기내(畿內)의 채읍을 다스리는 8가지 규정으로 도비(都鄙)를 다스린다. 첫째는 제사(祭祀 : 제사와 관련된 규정), 둘째는 법칙(法則 : 관부 제도에 관한 규정), 셋째는 폐치(廢置 : 면직과 임용에 관련한 규정), 넷째는 녹위(祿位 : 봉록과 작위에 관련한 규정), 다섯째 부공(賦貢 : 부공에 관련한 규정), 여섯째 예속(禮俗 : 예속에 관련한 규정), 일곱째 형상(刑賞 : 형벌과 은상에 관련한 규정), 여덟째 전역(田役 : 백성들을 동원하여 사냥을 할 때의 규정)이다.

38) 팔병(八柄) : 신하들을 제어하는 8가지 권병으로 작(爵 : 爵位)·녹(祿 : 祿俸)·여(予 : 상을 내림)·치(置 : 높은 지위에 올림)·생(生 : 봉양해줌)·탈(奪 : 재산 몰수)·폐(廢 : 추방)·주(誅 : 책망)이다.

39) 팔통(八統) : 백성을 통합하는 8가지 총칙으로 친친(親親 : 친족을 친애하는 것)·경고(敬故 : 오랜 벗을 존경하는 것)·진현(進賢 : 현명한 사람을 천거한 것)·사능(使能 : 유능한 사람을 임용하는 것)·보용(保庸 : 공이 있는 사람을 위무하는 것)·존귀(尊貴 : 존귀한 사람을 존중하는 것)·달리(達吏 : 근면한 하급관리를 발탁하는 것)·예빈(禮賓 : 빈객을 예우하는 것)이다.

40) 구직(九職) : 백성들이 종사하는 9가지 직업으로 삼농(三農 : 각종 곡물을 생산함)·원포(園圃 : 과실과 채소를 재배함)·우형(虞衡 : 산림과 천택의 자재를 생산함)·수목(藪牧 : 날짐승과 들짐승을 길러서 번식시킴)·백공(百工 : 여덟 가지 원재료를 가공하여 기물을 제작함)·상고(商賈(고) : 재화와 재물을 활발하게 유통시킴)·빈부(嬪婦 : 생사와 삼실을 뽑고 가공하여 명주와 삼베를 만듦)·신첩(臣妾 : 각종 초목의 열매를 채집함)·한민(閒民 : 품팔이의 일에 종사하는 것이니, 일정한 직업이 없이 옮겨 다니며 임시직으로 일을 함)이다.

41) 구부(九賦) : 기내(畿內)의 전지(田地)나 관시(關市) 등에서 바치는 9가지 부세의 규정이며, 재화를 징수하는 것으로 방중지부(邦中之賦 : 육향(六鄉)의

式, 구부로 징수한 재화를 지출하는 9가지 규정)⁴²⁾으로 재정을
균등하게 조절하고, 구공(九貢, 공물을 징수하는 9가지 규정)⁴³⁾
에 따라 제후국에 재물을 바치게 한다. 그리고 구량(九兩, 제후
와 백성들을 합심하게 하는 9가지 방법)⁴⁴⁾으로 제후국의 백성

관리 및 여사(閭師), 장인(場人) 등이 부세를 징수함) · 사교지부(四郊之賦
: 육향(六鄕)과 사교(四郊)의 관리 및 여사(閭師)가 부세를 징수함) · 방전지부
(邦甸之賦 : 육수(六遂)의 관리 및 현사(縣師)가 부세를 징수함) · 가소지부(家
削(소)之賦 : 현사(縣師)가 부세를 징수함) · 방현지부(邦縣之賦 : 현사(縣師)
가 부세를 징수함) · 방도지부(邦都之賦 : 현사(縣師)가 부세를 징수함) · 관시
지부(關市之賦 : 관사(關師)와 사시(司市)가 부세를 징수함) · 산택지부(山澤
之賦 : 산림과 천택의 부세를 산우(山虞) · 천형(川衡) · 임형(林衡)이 징수함)
· 폐여지부(幣餘之賦 : 관용으로 사용하고 남은 잉여 물자의 부세를 직폐(職
幣)가 징수함)이다.
42) 구식(九式) : 구부의 규정에 따라 징수한 재화를 지출하는 9가지 규정으로
제사(祭祀)와 관련한 규정 · 빈객(賓客) 접대와 관련한 규정 · 상사(喪事)나
흉년(凶年)의 구제와 관련한 규정 · 음식 및 의복과 관련한 규정 · 백공(百工)
의 기물제작과 관련한 규정 · 빈객에게 보내줄 예물 마련과 관련한 규정 · 우마
(牛馬)에게 먹일 곡물사료와 관련한 규정 · 신하에게 나누어줄 정기적인 하사
품과 관련한 규정 · 왕이 연회에서 은상으로 내려줄 하사품과 관련한 규정
등이다. '구부(九賦)'와 '구공(九貢)'이 공부(貢賦)를 징수하는 규정으로 재정
수입의 법이라면, 구식은 재정지출의 법이다.
43) 구공(九貢) : '貢'은 진헌한다(獻)는 뜻으로, 제후국에서 천자에게 공물을
진헌하는 9가지 규정을 말한다. 그 9가지는 사공(祀貢 : 제사에 필요한 물품을
공납한 것) · 빈공(嬪貢 : 부인이 만든 물품을 공납하는 것) · 기공(器貢 :
각종 기물을 공납하는 것) · 폐공(幣貢 : 각종 비단을 공납하는 것) · 재공(材貢
: 각종 목재를 공납하는 것) · 화공(貨貢 : 진귀한 천연 산물을 공납하는
것) · 복공(服貢 : 의복을 만드는 데에 필요한 재료를 공납하는 것) · 유공(斿貢
: 각종 완상용 물품을 공납하는 것) · 물공(物貢 : 각지의 특산물을 공납하는
것) 등이다.
44) 구량(九兩) : 제후와 백성들을 합심하게 하는 9가지 방법을 말한다. 첫째는
목(牧 : 州長)의 일이니, 토지로 백성들의 마음을 얻는다. 둘째는 장(長 :
제후)의 일이니, 존귀한 작위로 백성들의 마음을 얻는다. 셋째는 사(師 :

들을 화합하게 한다.

② **소재**(小宰) : 태재의 부직(副職)으로서 중대부(中大夫) 2인이 담당한다. 그의 직무는 왕국의 궁형(宮刑 : 왕궁 안의 관리들을 처벌하는 형법)을 반포하여 왕궁 안의 정령(政令)을 시행하며, 왕궁 내의 모든 위법행위를 규찰하고 금지하는 일을 관장한다. 태재가 시행하는 육전·팔법·팔칙 등의 협조를 통해 왕기(王畿) 내에 소속된 각국과 채읍 및 관부의 정무를 심사 평가한다. 그리고 태재가 시행하는 구공·구직·구식 등을 협조하여 왕기 내의 재용·관부의 차서(次序)·관리들의 약정 등을 관리하여 왕기(王畿) 내의 정치와 정무 등을 관할한다.

③ **재부**(宰夫) : 소재(小宰)의 부직(副職)으로서 천관(天官)의 고핵관(考核官)이다. 재부의 직무는 치조(治朝)에 관한 법령을 관장하여 왕과 삼공(三公)·육경(六卿)·대부(大夫)·뭇 관리들의 조위(朝位)를 바르게 하고, 금령(禁令)의 위반 여부를 규찰한다. 천관 속관(屬官)의 회계와 문서에 대한 심사, 평가를 담당한다. 속관 중에는 직사(職事)의 성격이 치관(治官)에 해당하는 것도 있지만, 일부는 음식, 복식, 침사(寢舍), 부공(婦功)을 담당하거나 의관(醫官), 궁관(宮官), 부궁(婦宮) 등으로 치관과는 무관하

師氏)의 일이니, 어진 덕으로 백성들의 마음을 얻는다. 넷째는 유(儒 : 保氏)의 일이니, 도예(道藝)로 백성들의 마음을 얻는다. 다섯째는 종(宗 : 大宗)의 일이니, 친족을 거둠으로써 백성들의 마음을 얻는다. 여섯째는 주(主 : 公·卿·大夫)의 일이니, 정교(政敎)로 이익을 줌으로써 백성들의 마음을 얻는다. 일곱째는 이(吏 : 鄕邑의 小吏)의 일이니, 훌륭한 다스림으로 백성들의 마음을 얻는다. 여덟째는 우(友 : 鄕里의 이웃을 관리하는 사람)의 일이니, 서로 믿고 일을 맡아서 지키게 함으로써 백성들의 마음을 얻는다. 아홉째는 수(藪 : 澤虞)의 일이니, 재물로 부유하게 해줌으로써 백성들의 마음을 얻는다.

며 특히 궁중의 사소한 업무를 보는 것이 대다수이다. 속관인 부(府)·사(史)·서(胥)·도(徒)와 같은 이들은 서인(庶人)으로서 관청에 있으면서 직무를 맡아 복역하는 자들이다. 이들은 작위(爵位)는 없으나 일반 서인들보다는 지위가 다소 높은 소리(小吏)들이다. 하대부(下大夫) 4인이 담당하고, 휘하에 상사(上士) 8인, 중사(中士) 16인, 뭇 하사(下士) 32인, 부(府)[45] 6인, 사(史)[46] 12인, 서(胥)[47] 12인, 도(徒)[48] 120인이 있다.

(2) 궁정사무관(宮庭事務官)

『주례』의 천관 직관 계열 중 대부분 궁정 업무를 담당하는 관리이다. 이를 세분화하면 왕궁 업무와 후궁(后宮) 업무로 분류된다.

왕궁 업무를 담당하는 직관을 직능에 따라 다시 세분화하면 왕궁의 정무를 주관하는 것과 왕궁의 음식·복식·거위(居位) 등의 업무를 주관하는 것으로 분류된다.

❖ 왕궁의 정무를 주관하는 직관은 궁정(宮正)과 궁백(宮伯)이 있다.

① 궁정(宮正) : 궁정은 왕궁의 사무를 주관하는 관직의 우두머리로, 왕궁의 계령(戒令 : 경계하도록 고하는 명령)과 규금(糾禁 : 규찰과 금령)을 관장하는 관원이다. 왕궁 내 관리들의 직무

---

45) 부(府) : 부는 문서나 기물의 보관을 책임지는 직책이다.
46) 사(史) : 사는 문서의 작성을 관장하는 직책이다.
47) 서(胥) : 서는 '서(諝)'의 뜻으로 읽으니, 지혜와 재능과 지식이 있어 십장(什長)이 될 수 있는 자를 가리킨다. 그러므로 1명의 서가 10명의 도(徒)를 거느린다.
48) 도(徒) : 도는 사역에 동원되는 자들이다.

실적을 심사하고, 그들의 덕행을 규찰하며, 관리들의 왕궁 출입을 기찰하고, 왕궁 내 관리들의 녹봉을 작위에 따라 균등하게 나누어 준다. 무릇 왕국에 커다란 일이 발생했을 경우, 왕궁 내에 있는 관부(官府)의 관리들과 차사(次舍 : 숙위 초소와 숙사)에서 야간 근무를 서고 있는 관리들에게 명하여 자리를 뜨지 말고 정령에 따르도록 하는 등의 일을 관장한다. 상사(上士) 2인이 담당하고, 중사(中士) 4인이 보좌하며, 하사(下士) 8인이 업무를 처리하고, 휘하에 부(府) 2인, 사(史) 4인, 서(胥) 4인, 도(徒) 40인이 있다.

② **궁백**(宮伯) : 궁백은 왕궁 안에서 숙위하는 경(卿)·대부(大夫)·사(士)의 자제들의 질록(秩祿)과 재능의 등급을 정하고, 태자(太子)의 도역(徒役)에 이들을 공급하는 일을 관장한다. 이 자제들은 모두 명부에 기록된 사(士)와 서자(庶子)[49]들이다. 월말이 되면 작위에 따라 봉록을 균등하게 나누어주고, 연말이 되면 재능의 등급을 균등하게 심사하며, 계절에 따라 여름철 옷과 겨울 갖옷을 나누어 주고, 상을 내리고 벌을 주는 일을 관장한다. 중사(中士) 2인이 담당하고, 하사(下士) 4인이 보좌하며, 휘하에 부(府) 1인, 사(史) 2인, 서(胥) 2인, 도(徒) 20인이 있다.

❖ 왕궁의 음식·복식·거주 등의 업무를 주관하는 직관은 선부(膳夫)·포인(庖人)·내옹(內饔)·외옹(外饔)·팽인(亨[50]人)·전사(甸師)·수인(獸人)·어인(歔人)·별인(鱉人)·석인(腊人)·주정(酒正)·

---

49) 사(士)와 서자(庶子) : 孫詒讓에 의하면, 士와 庶子는 공·경·대부의 자제들로서, '국자(國子)'로 통칭한다.
50) 亨은 '팽'으로 발음하며 '삶는다'는 의미이다.

주인(酒人) · 장인(漿人) · 능인(凌人) · 변인(邊人) · 해인(醢人) · 혜인(醯人) · 염인(鹽人) · 멱인(冪人) · 막인(幕人) · 사구(司裘) · 장피(掌皮) · 장차(掌次) · 장사(掌舍) · 궁인(宮人) 등의 25개의 관직이 있다.

① **선부**(膳夫) : 선부는 왕의 밥 · 음료 · 희생 고기 · 맛난 음식을 관장하는 관직의 우두머리로, 왕과 왕후 · 세자의 음식을 관장한다. 왕에게 진상하는 성찬은 밥(食)에는 여섯 가지 곡물(六穀)을 사용하고, 희생고기(膳)에는 여섯 가지 희생(六牲)을 사용하며, 음료에는 여섯 가지 맑은 음료(六淸)를 사용하고, 맛난 음식(羞)에는 120가지 음식을 사용하고, 진미(珍)에는 여덟 가지 음식을 사용하고, 초장과 고기젓갈장(醬)에는 120개의 독(甕)을 사용한다. 연말이 되면 한 해의 회계 결산을 하지만, 오직 왕 및 왕후 · 세자에게 제공한 음식의 수량에 대해서는 회계 결산을 하지 않는다. 상사(上士) 2인이 담당하고 중사(中士) 4인이 보좌하고, 하사(下士) 8인이 업무를 처리하며, 휘하에 부(府) 2인, 사(史) 4인, 서(胥) 12인, 도(徒) 120인이 있다.

② **포인**(庖人) : 포인은 주방을 관장하는 관직의 우두머리이다. 육축(六畜, 六牲이라고도 함. 말 · 소 · 양 · 돼지(豕) · 개 · 닭)과 육수(六獸, 큰사슴(麋) · 사슴(鹿) · 이리(狼) · 노루(麕) · 멧돼지(野豕) · 토끼), 육금(六禽, 새끼 양(羔) · 새끼 돼지(豚) · 송아지(犢) · 새끼 사슴(麛) · 꿩 · 기러기(雁))을 공급하는 일을 관장하며 그 희생의 명칭과 품질을 판별하여 제사와 상례의 제물과 국왕에게 올리는 효찬(肴饌)을 공급하는 관리이다. 중사(中士) 4인이 담당하고, 하사(下士) 8인이 보좌하며, 휘하에 부(府) 2인, 사

(史) 4인, 고(賈) 8인, 서(胥) 4인, 도(徒) 40인이 있다.

③ **내옹**(內饔) : 내옹은 왕궁 내 왕과 왕후·세자에게 공급할 희생 고기(膳)와 맛난 음식(羞)을 자르고 삶고 달이고 조미하는 일을 관장하여 뼈마디에 따라 자르고 나눈 희생의 몸체 부위의 명칭과 희생으로 요리한 고기의 명칭을 분별하고, 각종 맛난 음식의 명칭을 변별한다. 중사(中士) 4인이 담당하고, 하사(下士) 8인이 보좌하며, 휘하에 부(府) 2인, 사(史) 4인, 서(胥) 10인, 도(徒) 100인이 있다.

④ **외옹**(外饔) : 외옹은 외제사(外祭祀, 왕궁 외 제사)를 지낼 때 희생의 뼈를 자르고 삶는 일을 관장한다. 포(脯, 소금을 넣어 말린 육포)·수(脩, 생강이나 계피를 넣어 찧고 두드려서 만든 육포)·형(刑, 나물을 넣어 조미한 고깃국)·무(膴, 생선의 뱃살로 요리한 큰 조각의 저민 고기)를 공급하고, 정(鼎)과 조(俎)를 진설하며 희생과 생선, 말린고기를 담는다. 그리고 조빙(朝聘)하러 온 빈객에게 음식을 진설하고, 옹희(饔餼)를 보내주고, 향례(饗禮)와 식례(食禮)의 예를 베풀 때도 이와 같은 일을 담당한다. 중사(中士) 4인이 담당하고, 하사(下士) 8인이 보좌하며, 휘하에 부(府) 2인, 사(史) 4인, 서(胥) 10인, 도(徒) 100인이 있다.

⑤ **팽인**(亨人) : 팽인은 희생고기를 확(鑊 : 가마솥)에 삶아서 정(鼎 : 세발솥)에 담는 일을 관장한다. 또 내옹과 외옹에서 보내온 고기를 삶는 일을 주관하며, 희생고기와 맛난 음식을 변별하여 만들어서 선부(膳夫)에 공급한다. 하사(下士) 4인이 담당하며, 휘하에 부(府) 1인, 사(史) 2인 서(胥) 5인, 도(徒) 50인이 있다.

⑥ **전사**(甸師) : 전사는 교외(郊外)의 생산물을 공급하는 일을 주관

하는 관직의 우두머리이다. 그 속관들을 이끌고 왕의 적전(藉田)을 경작하고, 때에 맞추어 수확물을 지관(地官)의 신창(神倉)에 보내어 제사에 쓰일 곡물로 공급하는 일을 관장한다. 그리고 왕의 동성(同姓) 가운데 죄를 지은 사람이 있으면, 전사가 그들을 사형에 처하거나 형벌을 가한다. 하사(下士) 2인이 담당하며, 휘하에 부(府) 1인, 사(史) 2인, 서(胥) 30인, 도(徒) 300인이 있다.

⑦ **수인**(獸人) : 수인은 그물로 들짐승을 포획하는 일을 관장한다. 겨울에는 이리(狼)를 진헌하고, 여름에는 큰사슴(麋)을 진헌하고, 봄과 가을에는 각종 들짐승을 진헌한다. 수인은 포획한 모든 짐승을 석인(腊人)에게 보내고, 짐승의 가죽·털·뿔은 왕부(王府)로 보내어 납입한다. 중사(中士) 4인이 담당하고, 하사(下士) 8인이 보좌하며, 휘하에 부(府) 2인, 사(史) 4인, 서(胥) 4인, 도(徒) 40인이 있다.

⑧ **어인**(歔人) : 어인은 계절에 맞추어 물고기의 포획과 공급·어량(魚梁)의 설치·어세(魚稅)의 징수를 관장한다. 중사(中士) 2인이 담당하고, 하사(下士) 4인이 보좌하며, 휘하에 부(府) 2인, 사(史) 4인, 서(胥) 30인, 도(徒) 300인이 있다.

⑨ **별인**(鱉人) : 별인은 거북·자라 등 갑각류의 생물을 포획하는 일을 관장한다. 하사(下士) 4인이 담당하며, 휘하에 부(府) 2인, 사(史) 2인, 도(徒) 16인이 있다.

⑩ **석인**(腊人) : 석인은 말린 고기(乾肉)를 관장한다. 사냥하여 포획한 짐승들을 포(脯 : 얇게 잘라서 말린 고기)·석(腊 : 통째로 말린 고기)·무(膴 : 생선의 뱃살로 요리한 큰 조각의 저민 고기)·반(胖 : 말리지 않은 저민 고기)을 만들어 공급한다. 하사

(下士) 4인이 담당하며, 휘하에 부(府) 2인, 사(史) 2인, 도(徒) 20인이 있다.

⑪ **주정**(酒正) : 주정은 주관(酒官)의 장(長)으로서 술에 관한 정령(政令)을 관장하며 술을 제조하는 법식(法式)에 따라 주인(酒人)에게 술 빚는 재료를 공급해 준다. 아울러 주정은 오제(五齊)[51]의 명칭과 종류를 변별하고, 삼주(三酒)[52] · 사음(四飮)[53]의 명칭과 종류를 분별하여 왕과 왕후, 태자에게 공급하는 일을 관장한다. 중사(中士) 4인이 담당하고, 하사(下士) 8인이 보좌하며, 휘하에 부(府) 2인, 사(史) 8인, 서(胥) 8인, 도(徒) 80인이 있다.

⑫ **주인**(酒人) : 주인은 오제(五齊)와 삼주(三酒)를 제조하여 왕의 연음(燕飮) · 제사(祭祀) · 빈객접대에 필요한 술을 공급한다. 세부(世婦)[54]의 지시에 따라 한다. 엄(奄)[55] 10인이 담당하며, 휘하에 여주(女酒)[56] 30인, 혜(奚)[57] 300인이 있다.

---

51) 오제(五齊) : 맛이 담백하고 찌꺼기를 걸러내기 이전의 술이며, 제사에 사용되는 술로서 숙성 정도에 따라 범제(泛齊) · 예제(醴齊) · 앙제(盎齊) · 체제(緹齊) · 침제(沈齊)로 구분된다.

52) 삼주(三酒) : 찌꺼기를 걸러낸 술이며, 사람들의 음료용으로 제공되는 세 가지 술로서 사주(事酒) · 석주(昔酒) · 청주(淸酒)로 구분한다.

53) 사음(四飮) : 네 가지 음료의 명칭으로서 청(淸, 맑은 단술) · 의(醫, 탁한 단술) · 장(漿, 신 음료) · 이(酏, 미음)를 말 한다.

54) 세부(世婦) : 세부는 제사를 지내고 빈객을 맞이하고 상사(喪事)를 치를 때 여궁(女宮)들을 이끌고 가서 예기(禮器)를 씻어 깨끗이 하는 일을 관장한다.

55) 엄(奄) : 정현(鄭玄) 주석에 의하면 '엄(奄)은 정기가 막히고 닫힌 자이니, 오늘날의 환인(宦人)이라고 한다.(奄, 精氣閉藏者, 今謂之宦人.)'고 하였다.

56) 여주(女酒) : 정현(鄭玄) 주석에 의하면, '여주는 여자 노비로서 술을 빚는 방법에 밝은 자이다.(女酒, 女奴曉酒者.)'고 하였다.

57) 혜(奚) : 奚는 嫨의 가차(假借)로서 「혜」로 발음한다. 정현(鄭玄) 주석에 의하면, '옛날에 연좌된 남녀는 관부에 몰수되어 노비가 되었는데, 그 가운데

⑬ **장인**(漿人) : 장인은 왕이 마시는 여섯 가지 음료를 공급하는 일을 관장하는데, 수(水)・장(漿, 신 음료)・예(醴, 맑은 단술)・양(涼, 찬 죽)・의(醫, 탁한 단술)・이(酏, 미음)의 6가지 음료를 주정(酒正)에 속해 있는 관부(官府)에 보낸다. 엄(奄) 5인이 담당하며, 휘하에 여장(女漿) 15인, 혜(奚) 150인이 있다.

⑭ **능인**(凌人) : 능인은 얼음의 공급과 저장에 관한 정령(政令)을 관장한다. 하력(夏曆) 12월에 얼음을 채취하도록 명령하는데, 필요한 수량의 3배가 되는 얼음을 채취해서 빙실(氷室)에 저장한다. 하사(下士) 2인이 담당하며, 휘하에 부(府) 2인, 사(史) 2인, 서(胥) 8인, 도(徒) 80인이 있다.

⑮ **변인**(籩人) : 각종 대나무 제기 변(籩)에 담는 음식을 관장한다. 종묘 제사를 지낼 때 조사(朝事)의 변(籩), 궤사(饋食)의 변, 가변(加籩), 수변(羞籩)의 순서로 사변(四籩)에 음식을 담아 올린다. 모든 변(籩)에 관한 일들을 관리한다. 엄(奄) 1인이 담당하며, 휘하에 여변(女籩) 10인, 혜(奚) 20인이 있다.

⑯ **해인**(醢人) : 각종 나무 제기 두(豆)에 담는 음식물을 관장한다. 종묘 제사를 지낼 때 조사(朝事)의 두(豆), 궤사(饋食)의 두, 가두(加豆), 수두(羞豆)의 순서로 사두(四豆)에 음식을 담아 올린다. 엄(奄) 1인이 담당하며, 휘하에 여해(女醢) 20인, 혜(奚) 40인이 있다. '여해(女醢)'는 노비로서 고기 젓갈에 밝은 자이다.

⑰ **혜인**(醯人) : 혜인은 식초를 사용하여 조미한 5가지 젓갈류(醯)와 7가지 채소 절임류(菹)를 만드는 것을 관장하여 제사와 빈객

나이가 어리고 재능이나 지모가 있는 자를 종[奚]으로 삼았다.(古者從坐, 男女沒入縣官爲奴, 其少才知以爲奚.)'고 하였다.

접대에 필요한 제(齏)와 저(菹)를 공급한다. 무릇 식초로 조미한 제·저와 식초로 조미하지 않은 장(醬 : 고기젓갈)의 음식물을 공급한다. 빈객을 접대할 때도 또한 이처럼 한다. 엄(奄) 2인이 담당하며, 휘하에 여혜(女醯) 20인, 혜(奚) 40인이 있다.

⑱ **염인**(鹽人) : 염인은 소금에 관한 정령(政令)을 관장하여 각종 의례에 필요한 소금을 제공하는 일을 한다. 엄(奄) 2인이 담당하며, 휘하에 여염(女鹽) 20인, 혜(奚) 40인이 있다.

⑲ **멱인**(冪人) : 멱인은 기물을 덮는 데 필요한 덮개 수건(巾)을 공급하는 일을 관장한다. 천지의 신에게 제사를 지낼 때는 베로 성기게 짠 덮개 수건(疏布巾)으로 팔준(八尊)을 덮고, 문양을 그려 넣은 덮개 수건(畵布巾)으로 육이(六彝)를 덮으며, 왕과 관련된 덮개 베는 모두 보(黼)의 무늬를 수놓아 사용한다. 멱인은 엄(奄) 1인이 담당하며, 휘하에 여멱(女冪) 10인, 혜(奚) 20인이 있다.

⑳ **막인**(幕人) : 막인은 왕이 출궁할 때 유(帷)·막(幕)·악(幄)·역(帟)·수(綬)[58]의 일을 관장한다. 제후들이 왕을 조근(朝覲)하거나, 왕이 출궁하여 제후들과 회동(會同)을 하거나 정벌(征伐)·전렵(田獵)·제사(祭祀) 등의 예를 행할 때 필요한 유(帷)·막(幕)·악(幄)·역(帟)·수(綬)를 공급한다. 하사(下士) 1인이 담

---

58) 왕이 출궁을 하면 장막을 설치하는 경우가 있는데, 옆으로 둘러쳐 있는 것을 '유(帷)'라 하고, 위에 덮여 있는 것을 '막(幕)'이라 한다. 막은 땅바닥에 펼쳐놓기도 하는데, 그 위에 예물을 점검하여 진열해 놓는다. 帷와 幕은 베로 만든다. 사방으로 둘러쳐서 궁실을 상징하는 것을 '악(幄)'이라 하는데, 왕이 머무는 휘장(帷)이다. '역(帟)'은 평평한 장막이다. '수(綬)'는 끈이니, 휘장을 매달기 위한 것이다.

당하며, 휘하에 부(府) 2인, 사(史) 2인, 도(徒) 40인이 있다.

㉑ **사구**(司裘) : 사구는 왕이 하늘에 제사 지낼 때 착용하는 대구(大裘)와 대사례(大射禮)를 거행할 때 사용하는 피후(皮侯)를 제작하여 공급하는 일을 관장한다. 왕국 안의 모피(毛皮)에 관련된 일을 관장한다. 중사(中土) 2인이 담당하고, 하사(下土) 4인이 보좌하며, 휘하에 부(府) 2인, 사(史) 4인, 도(徒) 40인이 있다.

㉒ **장피**(掌皮) : 피혁을 징수하여 공급하는 일을 관장한다. 가을에 털이 온전한 짐승의 가죽인 피(皮)를 징수하고, 겨울에 털을 제거한 짐승의 가죽인 혁(革)을 징수해서 이듬해 봄에 왕에게 진헌한다. 왕에게 진헌하고 남은 피혁은 백공(百工)에게 나누어주어 가죽제품을 제작할 수 있게 한다. 하사(下土) 4인이 담당하며, 휘하에 부(府) 2인, 사(史) 4인, 도(徒) 40인이 있다.

㉓ **장차**(掌次) : 장차는 왕의 차(次 : 차는 곧 사(舍)로서, 왕이 출궁했을 때 휴식을 취하는 곳이다.)와 관련한 법을 관장하여 휘장이나 장막의 규정과 그에 필요한 도구를 설치하는 업무를 주관한다. 하사(下土) 4인이 담당하며, 휘하에 부(府) 4인, 사(史) 2인, 도(徒) 80인이 있다.

㉔ **장사**(掌舍) : 장사는 왕이 출행하여 제후와 회동(會同)할 때 머무는 궁사(宮舍 : 行宮)를 설치하는 일을 관장한다. 왕의 궁사에 이중으로 폐호(梐枑 : 行馬)[59]를 설치하여 사람과 말의 통행을 금지하고, 산간의 험준한 곳에 머물 때는 거궁(車宮)[60]과 원문

---

59) 폐호(梐枑) : 나무를 교차시켜서 서로 연결한 것을 이중으로 둘러서 사람이나 말의 통행을 막는 기물을 말한다. '행마(行馬)'라고도 한다.
60) 거궁(車宮) : 수레를 배열하여 빙 둘러서 만든 궁장(宮牆)을 말한다. 수레를 배열하여 궁의 담장처럼 둥글게 울타리를 쳐서 비상사태에 대비하기 때문에

(轅門)61)을 설치하며, 평지에 머물 때는 단유궁(壇壝宮)62)을 만들고 극문(棘門)63)을 설치한다. 왕이 출행하여 낮에 잠시 휴식을 취할 때는 유궁(帷宮 : 휘장을 펼쳐서 만든 궁)을 만들고 정문(旌門 : 깃발을 세워 궁문을 상징)을 설치하고, 궁(宮)을 설치하지 않으면 키가 큰 사람들을 뽑아 인문(人門)을 설치한다. 궁사(宮舍)와 관련한 모든 일을 관장한다. 즉 임시관사를 경계, 관리하는 업무를 주관한다. 하사(下士) 4인이 담당하며, 휘하에 부(府) 2인, 사(史) 4인, 도(徒) 40인이 있다.

㉕ **궁인**(宮人) : 궁인은 왕의 육침(六寢 : 1개의 路寢과 5개의 小寢)을 청결이 하며 모든 궁실 안의 청소 등 일체의 잡무를 관장한다. 중사(中士) 4인이 담당하며, 하사(下士) 8인이 보좌하고, 휘하에 부(府) 2인, 사(史) 4인, 서(胥) 8인, 도(徒) 80인이 있다.

❖ 후궁(后宮)의 정무를 주관하는 직관은 내재(內宰)·내소신(內小臣)·혼인(閽人)·시인(寺人)·구빈(九嬪)·세부(世婦)7·여어(女御)·여축(女祝)·여사(女史)·전부공(典婦功)·전사(典絲)·전시(典枲)·내사복(內司服)·봉인(縫人)·염인(染人)·퇴사(追師)·구인(屨人)

'車宮'이라 칭한다.
61) 원문(轅門) : 왕이 출행하여 험준한 곳에 머물 때 비상사태에 대비하는 것을 말한다. 수레를 줄지어 빙 둘러서 울타리를 만들면(車宮), 두 대의 수레를 제쳐 세워 놓고 그 끌채를 서로 마주 보게 하여 문을 표시한다.
62) 단유궁(壇壝宮) : '壝'는 흙을 쌓아서 작은 담장을 만들고 사면으로 둘러쳐서 궁(宮)을 상징하는 것이다. 그러므로 단유궁(壇壝宮)이라 한다.
63) 극문(棘門) : '극(棘)'은 '극(戟)'과 통하는 글자이다. '戟'은 과(戈)와 모(矛)를 합한 형태의 병기이다. 살상력은 과(戈)나 모(矛)보다 강력하다. 2개의 戟을 세워서 궁문을 상징하기 때문에 '棘門(戟門)'이라 칭한다.

등이 있다.

① **내재**(內宰) : 내재는 왕궁 안의 사무를 처리하는 관직의 우두머리이다. 궁중 관리와 그들 자제의 호적 및 궁중 관부의 형상을 그린 지도의 법을 관장하여 왕내(王內 : 內宮) 관련한 정령(政令)을 시행한다. 또 부인(婦人)의 예(禮)로 왕후·삼부인(三夫人)·구빈(九嬪)·세부(世婦)를 가르치고, 부직(婦職)의 법으로 구어(九御)를 가르쳐서 각각 구빈에 분속시켜서 명주와 삼베 짜는 일에 종사하게 한다. 하대부(下大夫) 2인이 담당하며, 상사(上士) 4인이 보좌하고, 중사(中士) 8인이 여러 일들을 처리하며, 휘하에 부(府) 4인, 사(史) 8인, 서(胥) 8인, 도(徒) 80인이 있다.

② **내소신**(內小臣) : 내소신은 왕후의 시종관(侍從官)으로 왕후의 명령을 관장하여 왕후의 의복과 위치를 바르게 한다. 엄상사(奄上士) 4인이 담당하며, 휘하에 사(史) 2인, 도(徒) 8인이 있다.

③ **혼인**(閽人) : 혼인은 왕궁의 유여(囿游)의 문마다 4인을 배치하는데, 묵형(墨刑)을 받은 형인(刑人)들로 하여금 문을 지키게 한다. 유(囿)는 어원(御苑)이고, 유(游)는 이궁(離宮 : 별궁)이다. 왕궁의 중문(中門)을 관장하여 출입하는 자들을 기찰하고, 시간에 맞추어 궁문을 여닫는다.

④ **시인**(寺人) : 시인은 왕의 내인(內人)이나 여궁(女宮)들과 관련한 계령(戒令)을 관장하여 그들이 궁중 출입을 인도하고 아울러 규찰을 한다. '내인(內人)'은 왕을 모시는 81인의 여어(女御)를 말하고, '여궁(女宮)'은 죄를 짓거나 죄를 지은 가족에 연좌되어 궁중으로 잡혀가서 궁노(宮奴)가 된 여자를 말한다.

⑤ **구빈**(九嬪) : 구빈은 궁중의 여관(女官)이자 첩(妾)이다. 그 직위
는 세부(世婦)의 경(卿)에 상당한다. 왕후를 도와 부학(婦學 : 부
인에 관한 학습)의 법규를 관장하여 구어(九御 :女御)에게 부덕
(婦德)과 부언(婦言)과 부용(婦容)과 부공(婦功)을 가르쳐서 구어
들을 이끌고 가서 때에 맞추어 존비(尊卑)에 따라 왕의 연침(燕
寢)에서 시중들게 한다. 빈(嬪)은 9인이 있다.

⑥ **세부**(世婦) : 세부는 궁중의 여관(女官)으로서 왕후가 거행하는
제사와 빈객 접대와 상례에 여궁(女宮)들을 이끌고 가서 예기
(禮器)를 씻고 닦으며 제사에 바칠 곡물을 세밀히 가려내는 일
을 관장한다. 관리 인원수를 말하지 않았다. 그 이유는 부덕(婦
德)을 갖춘 자가 있으면 충원하고, 없으면 비워두기 때문이다.

⑦ **여어**(女御) : 여어는 궁중의 여관(女官)으로 후비(后妃)들이 왕의
연침(燕寢)에서 차례에 따라 모시는 일을 관장한다. 해마다 일
정한 시기에 맞추어 명주와 삼베를 짜서 포백(布帛)을 바친다.
제사를 지낼 때는 세부(世婦)의 일을 돕는다. 인원수는 제한이
없다.

⑧ **여축**(女祝) : 여축은 궁중의 여관(女官)으로 왕후의 내제사(內祭
祀 : 육궁(六宮)의 조(竈, 부엌 신), 문(門, 대문 신), 호(戶, 문의
신)와 내도사(內禱祠 : '禱'는 질병이 치료되도록 기도하는 것이
고, '祠'는 기도하여 복을 얻는 것에 대한 보답으로 기도하는 것
이다.)의 일을 관장한다. 여축은 4인이 담당하며, 휘하에 혜(奚)
8인이 있다. 여축은 여자 노비로서, 신에게 복을 기원하는 일에
밝은 자이다.

⑨ **여사**(女史) : 여사는 궁중의 여관(女官)으로 왕후의 예(禮)에 관

한 직무를 관장하며 왕내(王內)를 다스리는 정령(政令)의 부본 (副本)을 관장하여 그에 따라 왕후에게 내정(內政 : 六宮 안)을 다스리는 것을 아뢴다. 내궁(內宮)의 회계를 심사하고, 왕후의 명령을 기록한다. 8인이 담당하며, 휘하에 혜(奚) 16인이 있다. 여사는 여자 노비로서, 글에 밝은 자이다.

⑩ **전부공**(典婦功) : 전부공은 부인들이 명주와 삼베 짜는 일을 주관하는 관직(典絲·典枲)의 우두머리로서, 부인들이 종사해야 할 일의 법식을 관장하여 구빈(九嬪)·세부(世婦) 및 내인(內人) 들이 길쌈할 때 필요한 재료를 공급해 준다. 중사(中士) 2인이 담당하고, 하사(下士) 4인이 보좌를 한다. 휘하에 부(府) 2인, 사 (史) 4인, 공(工) 4인, 고(賈) 4인, 도(徒) 20인이 있다.

⑪ **전사**(典絲) : 전사는 빈부(嬪婦)가 공납한 비단을 관장하여 그 물품의 종류와 품질을 변별하고, 외공(外工 : 外嬪婦)과 내공(內 工 : 女御)에게 명주를 나누어주는데, 모두 제작할 물건에 맞추 어서 필요한 실을 공급해 준다. 연말이 되면, 수납하고 지출한 비단 물품을 분류하여 각각 회계결산을 한다. 하사(下士) 2인이 담당하며, 휘하에 부(府) 2인, 사(史) 2인, 고(賈) 4인, 도(徒) 12 인이 있다.

⑫ **전시**(典枲) : 전시는 삼베·시마·삼실·저마 등의 재료가 되는 마(麻, 삼)·갈(葛, 칡)·경(顈, 마의 일종) 등을 관장한다. 가을 에 여공(女功)들이 바친 마 제품을 접수해서 때에 맞추어 나누 어줄 것에 대비한다. 연말이 되면, 수납하고 지출한 마 물품을 분류하여 각각 회계결산을 한다. 하사(下士) 2인이 담당하며, 휘 하에 부(府) 2인, 사(史) 2인, 도(徒) 20인이 있다.

⑬ **내사복**(內司服) : 내사복은 궁중에서 의복의 제작을 주관하는 관직의 우두머리이다. 왕후의 6가지 의복인 휘의(褘衣), 요적(揄狄), 궐적(闕狄), 국의(鞠衣), 전의(展衣), 연의(緣衣)와 소사(素沙) 등 이른바 왕후의 육복(六服)을 관장한다. 외명부(外命婦)와 내명부(內命婦)가 입어야 할 의복을 변별한다. 제사를 지내고 빈객을 접대할 때, 왕후·구빈(九嬪)·세부(世婦)의 의복을 공급하고, 모든 명부(命婦)의 의복을 공급한다. 엄(奄) 1인이 담당하며, 여어(女御) 2인이 통솔하고, 휘하에 혜(奚) 8인이 있다.

⑭ **봉인**(縫人) : 봉인은 왕궁의 재봉일과 수선을 관장하며, 여어(女御)의 지시를 받아 왕과 왕후의 의복을 바느질한다. 엄(奄) 2인이 담당하며, 여어(女御) 8인이 통솔하고, 휘하에 여공(女工) 80인, 혜(奚) 30인이 있다.

⑮ **염인**(染人) : 염인은 명주와 비단 등 모든 염색 일을 관장한다. 하사(下士) 2인이 담당하며, 휘하에 부(府) 2인, 사(史) 2인, 도(徒) 20인이 있다.

⑯ **퇴사**(追師) : 퇴사는 왕후와 내외명부(內外命婦)의 머리 장식품과 머리꾸미개인 수복(首服)을 제작하는 일을 관장한다. 왕후의 부(副)·편(編)·차(次)의 머리 장식을 제작하고 옥을 다듬어서 형(衡 : 머리 장식을 고정하는 비녀)과 계(笄 : 머리카락을 고정하는 비녀)를 만든다. 구빈(九嬪) 및 외명부(外命婦)와 내명부(內命婦)의 머리 장식을 제작하여 제사를 지내거나 빈객을 접대할 때에 대비한다. 하사(下士) 2인이 담당하며, 휘하에 부(府) 1인, 사(史) 2인, 공(工) 2인, 도(徒) 4인이 있다.

⑰ **구인**(屨人) : 구인은 왕과 왕후의 각종 의복에 따른 신발 제작을

관장한다. 적석(赤舄 : 적색 겹바닥 신발)·흑석(黑舄 : 흑색 겹바닥 신발)·적억(赤繶 : 신발의 적색 솔기 장식)·황억(黃繶 : 신발의 황색 솔기 장식)·청구(靑句 : 신발의 청색 코 장식)·소구(素屨 : 장식이 없는 홑 바닥 신발)와·갈구(葛屨 : 칡으로 만든 홑 바닥 신발) 등을 제작한다. 외명부(外命夫)·내명부(內命夫)·외명부(外命婦)·내명부(內命婦)가 신어야 할 명구(命屨)·공구(功屨)·산구(散屨)를 변별한다. 하사(下士) 2인이 담당하며, 휘하에 부(府) 1인, 사(史) 1인, 공(工) 8인, 도(徒) 4인이 있다.

❖ 이상 상술한 궁정사무관 외에 하채(夏采)가 있다.

① **하채**(夏采) : 하채는 왕이 죽었을 때 초혼(招魂)의 예를 관장한다. 국가의 대상(大喪)을 맡아서 면복(冕服)을 가지고 태조(太祖 : 始祖)의 사당에 이르러 복(復)을 하고 승거(乘車 :玉路)에 장식을 하지 않은 대상(大常 : 해와 달을 그려 넣은 깃발)의 깃발을 세우고 사교(四郊)에 이르러 복(復 : 招魂) 한다. 하사(下士) 4인이 담당하며, 휘하에 사(史) 1인, 도(徒) 4인이 있다.

(3) 의관(醫官)

『주례』의 천관 직관 계열 중 의료 업무를 관장하는 관직은 다음과 같다.

① **의사**(醫師) : 의사는 의료를 주관하는 관직의 우두머리로, 의료와 관련된 정령(政令)을 관장한다. 약물을 수집해서 의료의 일

을 담당하는 관부에 공급하며, 연말이 되면 의료 행정을 심사
평가하여 다섯 등급으로 나누어서 그 봉록을 제정한다. 상사(上
士) 2인이 담당하며, 하사(下士) 4인이 보좌하고, 휘하에 부(府)
2인, 사(史) 2인, 도(徒) 20인이 있다.

② **사의**(食醫) : 사의는 의사의 하속(下屬)으로, 왕에게 올리는 육사
(六食)[64]와 육음(六飮)[65]과 육선(六膳)[66]과 백수(百羞)[67]와 백장
(百醬)[68]과 팔진(八珍)[69]을 조미하는 일을 관장한다. 맛과 냉열
(冷熱)과 분량을 조절하는 일을 관장한다. 중사(中士) 2인이 담
당한다.

③ **질의**(疾醫) : 질의는 의사의 하속(下屬)으로, 백성들의 내과 질병
치료를 관장한다. 오미(五味 : 식초·술·엿이나 꿀·생강·소
금)·오약(五藥 : 풀·나무·곤충·돌·곡물)으로 병자의 질병
을 치료한다. 중사(中士) 8인이 담당한다.

---

64) 육사(六食) : 찰기장(黍)·메기장(稷)·벼(稻)·수수(粱)·보리(麥)·고미
(苽)의 6가지 곡물로 만든 6가지 밥을 말한다.
65) 육음(六飮) : 물·신 음료(漿)·단술(醴)·찬 죽(凉)·탁한 단술(醫)·미음
(酏)의 6가지 맑은 음료로 만든 6가지 음료를 말한다.
66) 육선(六膳) : 말·소·양·돼지(豕)·개·닭의 6가지 희생으로 요리한 6가지
희생고기를 말한다.
67) 백수(百羞) : 희생이나 날짐승·들짐승으로 만들어서 맛을 갖춘 음식인데,
이를 '서수(庶羞)'라고 한다.
68) 백장(百醬) : 고기젓갈장(醢) 등을 말하는데 장(醬)에는 120개의 옹(甕 : 독)을
사용한다.
69) 팔진(八珍) : 젓갈을 얹고 기름을 뿌린 밭벼로 지은 밥(淳熬)·젓갈을 얹고
기름을 뿌린 기장밥(淳毋)·식초와 젓갈로 조미한 통돼지구이(炮豚)·식초
와 젓갈로 조미한 암양구이(炮牂)·소·양·사슴·노루 등의 등심구이(擣
珍)·소고기 육회(漬)·불에 구운 소고기와 양고기 등의 포(熬)·개의 간
구이(肝膋) 등의 8가지 진미를 말한다.

④ **양의**(瘍醫) : 양의는 의사의 하속(下屬)으로, 오늘날의 외과 질병을 담당하는 관리로서 종양(腫瘍, 부스럼)과 궤양(潰瘍, 썩어들어감)과 금양(金瘍, 칼에 베인 상처)과 절양(折瘍, 넘어져 난 상처) 등 외과 질병 치료를 관장한다. 종기를 치료할 때는 오독(五毒)으로 다스리고, 오곡(五穀)으로 보양을 하며, 오약(五藥)으로 치료를 하고, 오미(五味)로 약효를 조절한다. 하사(下士) 8인이 담당한다.

⑤ **수의**(獸醫) : 수의는 의사의 하속(下屬)으로, 가축의 질병이나 종기 치료를 관장한다. 하사(下士) 4인이 담당한다.

(4) 재무 및 세무관

『주례』의 천관 직관 계열 중 재무 및 세무를 담당하는 직관은 태부(大府)·옥부(玉府)·내부(內府)·외부(外府)·사회(司會)·사서(司書)·직납(職內)[70)]·직세(職歲)·직폐(職幣) 등이 있다.

① **태부**(大府) : 태부는 문서나 재물을 보관하는 관직의 우두머리이다. 구공(九貢)[71)]과 구부(九賦)[72)]와 구공(九功)[73)]의 실무를 보

---

70) 『欽定周官義疏』에 의하면 '職內'에서의 '內'은 음이 '납(納)'이다.
71) 구공(九貢) : 제후국에서 천자에게 진헌하는 9가지 부세를 말한다. 즉 사공(祀貢)·빈공(嬪貢)·기공(器貢)·폐공(幣貢)·재공(財貢)·화공(貨貢)·복공(服貢)·유공(斿貢)·물공(物貢)이다.
72) 구부(九賦) : 기내(畿內)의 전지(田地)나 관시(關市) 등에서 바치는 9가지 부세를 말한다. 즉 방중(邦中)의 부(賦)·사교(四郊)의 부(賦)·방전(邦甸)의 부(賦)·가소(家削)의 부(賦)·방현(邦縣)의 부(賦)·방도(邦都)의 부(賦)·관시(關市)의 부(賦)·산택(山澤)의 부(賦)·폐여(弊餘)의 부(賦)이다. 구부는 왕국의 재정 수입의 주요한 내원으로, 각각의 부세는 모두 특정 경비에

좌하는 일을 관장하여 징수한 부세의 재물을 수납하고, 이를 내부(內府 : 受藏之府)와 직납(職內 : 受用之府) 등에 교부한다. 징수한 재물들을 교부할 때는 규정에 의거하여 용도에 맞게 공급해 준다. 하대부(下大夫) 2인이 담당하며 상사(上士) 4인이 보좌하고 하사(下士) 8인이 일을 처리하며, 휘하에 부(府) 4인, 사(史) 8인, 고(賈) 16인, 서(胥) 8인, 도(徒) 80인이 있다.

② **옥부**(玉府) : 옥부는 왕의 금옥(金玉)·노리개·병기(兵器) 및 모든 진귀한 재화와 폐물들을 수장하여 보관하는 일을 관장한다. 왕의 관(冠)을 장식하는 옥(玉)이나 혁대 위에 차는 패옥(佩玉)·주옥(珠玉)을 공급하고, 왕이 재계할 때는 왕이 먹을 옥(玉)의 가루를 공급하고, 대상(大喪)을 당하면 함옥(含玉)·복(復)에 사용하는 의상(衣裳)·각침(角枕)·각사(角柶) 등을 공급한다. 상사(上士) 2인이 담당하고 중사(中士) 4인이 보좌하며, 휘하에 부(府) 2인, 사(史) 2인, 공(工) 8인, 고(賈) 8인, 서(胥) 4인, 도(徒) 48인이 있다. '공(工)'은 옥을 다듬어서 기물을 만드는 사람이다.

③ **내부**(內府) : 내부는 진귀한 재화를 왕궁 안에 보관하는 일을 주관하는 관직이다. 구공(九貢)과 구부(九賦)와 구공(九功)의 재화와 좋은 병기와 좋은 기물들을 받아서 내고(內庫)에 보관했다가 왕국의 대사(大事)에 필요한 재용을 공급한다. 또 사방의 제

충당할 목적으로 부과하는 목적세이다.
73) 구공(九功) : 구직(九職)의 백성들에게 징수하는 9가지 부세를 말한다. 구직은 삼농(三農)·원포(園圃)·우형(虞衡)·수목(藪牧)·백공(百工)·상고(商賈)·빈부(嬪婦)·신첩(臣妾)·한민(閒民)으로, 이 9가지 직업에 종사하는 백성들에게 각각 구곡(九穀)·초목(草木)·산택(山澤)의 재(材)·조수(鳥獸)·기물(器物)·화회(貨賄)·포백(布帛)·소재(疏材)를 부세의 형태로 바치게 하고 한민(閒民)은 다른 사람에게 고용되어 일을 한다.

후들이 진헌한 옥폐(玉幣)와 옥헌(玉獻)의 금옥(金玉), 짐승의 치아와 가죽, 병기 및 수레와 예악의 기물 등 모든 진귀한 재화를 수납하여 보관한다. 중사(中士) 2인이 담당하며, 휘하에 부(府) 1인, 사(史) 2인, 도(徒) 10인이 있다.

④ **외부**(外府) : 외부는 왕국 화폐의 출납을 관장하고 각종 물품 구매 경비, 관부(官府)의 공적인 지출 비용을 공급한다. 왕·왕후·세자의 의복 비용을 공급하고, 제사·빈객 접대·상기(喪紀)·회동(會同)·출병(出兵) 등에 따른 예물과 사행의 비용 및 하사품에 필요한 비용을 공급한다. 중사(中士) 2인이 담당하며, 휘하에 부(府) 1인, 사(史) 2인, 도(徒) 10인이 있다.

⑤ **사회**(司會) : 사회는 회계를 담당하는 관직의 우두머리이다. 왕국의 육전(六典)[74]·팔법(八法)[75]·팔칙(八則)[76]의 부본(副本)을 관장하여 방국(邦國 : 畿외의 제후국)·도비(都鄙 : 기내의 채읍)·관부(官府 : 조정의 각 관부)에서 보고하여 올린 각 관리들의 치적을 심사한다. 또 왕국의 관부(官府)·교(郊)·야(野)·현(縣)·도(都)의 서계(書契 : 증빙문서)와 판도(版圖 : 호적의 명부와 토지의 지도)의 부본을 관장하여 이에 의거해서 관리들의 치적을 심사하고 그들의 회계문서를 감사한다. 중대부(中大夫) 2인이 담당하며 하대부(下大夫) 4인이 보좌하고, 상사(上士) 8인, 중사(中士) 16인이 일을 처리하며, 휘하에 부(府) 4인, 사(史) 8인, 서(胥) 5인, 도(徒) 50인이 있다.

---

74) 육전(六典) : 육관(六官)의 관리가 지켜야 할 법전으로서 치전(治典)·교전(敎典)·예전(禮典)·정전(政典)·형전(刑典)·사전(事典)을 말한다.
75) 팔법(八法) : 관부(官府)의 관리들을 다스리는 8가지 통법.
76) 팔칙(八則) : 기내(畿內)의 채읍(采邑)을 다스리는 8가지 규정.

⑥ **사서**(司書) : 사서는 재물의 출납 장부·호적·지도 등을 관장한
다. 왕국의 육전(六典)·팔법(八法)·팔칙(八則)·구직(九職)·
구정(九正 : 九賦·九貢)·구사(九事)와 관련한 문서 및 왕성(王
城) 안의 호적과 토지의 지도를 관장하여 각종 재물의 수입과
지출 상황을 파악하고, 사용한 재물과 남아 있는 재물을 조사하
여 부서(簿書 : 출납장부)에 차례대로 기록하고, 각 관부의 남아
있는 재물을 수납하여 직폐(職幣)에 납입한다. 상사(上士) 2인이
담당하며 중사(中士) 4인이 보좌하고, 휘하에 부(府) 2인, 사(史)
4인, 도(徒) 8인이 있다.

⑦ **직납**(職內) : 직납은 왕국의 부세 수입을 관장한다. 징수한 재물
의 등급과 사용처를 판단하고 총목록을 집계한다. 관부(官府)와
도(都)와 비(鄙)에 들어오는 재물의 숫자를 파악하여 감찰하고
연말의 회계결산 때, 직세(職歲) 및 각 관부의 재물 지출 상황을
심사한다. 상사(上士) 2인이 담당하며 중사(中士) 4인이 보좌하
고, 휘하에 부(府) 4인, 사(史) 4인, 도(徒) 20인이 있다.

⑧ **직세**(職歲) : 직세는 왕국의 부세 지출을 관장한다. 관부(官府)와
도(都)와 비(鄙)에서 발급한 부세 지출 및 왕과 총재가 내려준
하사품의 수치의 부본(副本)을 제출받아서 연말의 회계결산 때
자료로 제공하여 심사한다. 지출되는 재물과 하사되는 수를 감
찰하여 회계를 살피고 예산 편성을 넉넉하게 한다. 관부(官府)
와 도(都)와 비(鄙)에 소속된 모든 하급 관리가 맡아 하는 지출
과 수납하는 방법 및 법규를 모두 관리한다. 상사(上士) 4인이
담당하며 중사(中士) 8인이 보좌하고, 휘하에 부(府) 4인, 사(史)
8인, 도(徒) 20인이 있다.

⑨ **직폐**(職幣) : 직폐는 지출과 관련한 규정을 관장하여 관부(官府)
와 도(都)와 비(鄙) 및 왕국의 재물 가운데 사용하고 남은 모든
재물을 거두어들이는 일을 주관하는 관직이다. 또 거두어들인
재물과 명칭·종류·수량·품질을 분별하여 부적(簿籍)에 기록
하고, 이를 작은 목패(木牌)에 써서 표식을 해두어 왕과 총재에
게 보고한다. 연말이면 거두어들인 재물의 지출에 대한 회계결
산을 한다. 상사(上士) 2인이 담당하며 중사(中士) 4인이 보좌하
고, 휘하에 부(府) 2인, 사(史) 4인, 고(賈) 4인, 서(胥) 2인, 도(徒)
20인이 있다.

2) 지관(地官)

지관의 속관(屬官)은 총 78개의 관직으로 구성되어 있다. 지관의
장관은 대사도(大司徒)이고 부관은 소사도(小司徒)이다. 지관은「교
관(敎官)」으로서 대사도가 속관을 거느리고 왕국의 교육을 관장하여
왕이 제후국을 안정시키는 것을 돕는다. 황정(荒政)·보식(保息)·본
속(本俗)·향삼물(鄕三物)·오례(五禮)로 백성들을 구휼하고 교육하
기도 하지만, 대사도의 중요한 업무는 토지 지도와 백성들의 인구수
를 기록한 호적을 관리하여 왕이 천하 국가를 안정시키도록 보좌하
는 것이다.「토회지법(土會之法)」으로 백성들과 토산물을 관리하고,
「토의지법(土宜之法)」으로 지역별 농작물 관리를 가리키며,「토균지
법(土均之法)」으로 토지를 구분하여 생산사업과 부세(賦稅) 등을 정
하고,「토규지법(土圭之法)」으로 천하의 중앙을 측량하여 왕국을 건
립하고 채읍을 건설한다. 대사도 역시 정월 초하루가 되면 제후국과
기내(畿內)의 채읍에 왕이 가르칠 일들을 선포한 뒤 이어서 문서로

작성한 교법(敎法)을 공포하고, 연말이면 속관의 문서 자료들을 정리하여 바친다. 왕의 오제(五帝) 제사·대빈객(大賓客, 제후) 접대·대상(大喪)·정벌·수렵 등에 필요한 물자와 인원을 공급한다. 부관인 소사도는 대사도가 이러한 일들을 시행하도록 보좌하고, 향사(鄕士)는 왕도(王都) 사교(四郊)의 행정구역인 향(鄕)의 교육을 관장한다. 지관의 속관(屬官)도 직접 교육과 관련한 것은 일부이고, 토지와 백성에 관한 직관(職官)이 대부분이다. 그러나 토지와 백성의 실상을 정확히 측량하고 평가하는 것은 부세(賦稅) 정책과 민생 경제 정책을 수립하는 기초이므로, 덕행(德行)과 도예(道藝)의 교육과 더불어 국가의 가장 중요한 근간이 되는 직무라 할 수 있다.

지관의 각 속관(屬官)을 기능과 역할에 근거하여 구분해 보면, 사도관(司徒官)·육향관(六鄕官)·육수관(六遂官)·도비공읍관(都鄙公邑官)·토지관리관(土地管理官)·징관물산관(徵管物産官)·시관관(市管官)·양식관리관(糧食管理官)·목축관(牧畜官)·교화관(敎化官, 교육담당) 등으로 구분할 수 있다.

(1) 사도관(司徒官)

사도관(司徒官)에는 대사도(大司徒)와 소사도(小司徒)로 나뉜다.

① **대사도**(大司徒) : 대사도는 지관(地官)의 장관(長官)으로, 왕국의 교육·부세(賦稅)·식산(殖産)을 관장함으로써 왕을 보좌하여 천하 각국을 다스린다. 경(卿) 1인이 담당한다.

② **소사도**(小司徒) : 소사도는 태재(大宰)의 부직(副職)으로 대사도를 보좌하여 교관(敎官)77)의 정무를 처리하고, 교관의 교법(敎

法)을 관장한다. 중대부(中大夫) 2인이 담당한다.

(2) 육향관(六鄕官)

『주례(周禮)』에서는 6향(鄕)의 행정관리 구역을 설치하여 3공(公)
이 나누어 다스리는데, 공(公) 1인이 2향(鄕)을 다스린다. 6향에는 주
(州)·당(黨)·족(族)·여(閭)·비(比)의 행정 구역이 설치되어 있고,
향대부(鄕大夫)·향사(鄕師)·주장(州長)·당정(黨正)·족사(族師)·
여서(閭胥)·비장(比長)·여사(閭師) 등의 직관을 두었다.

① **향대부**(鄕大夫) : 향대부는 향(鄕)의 행정 장관으로서 향의 정무
    와 교육 및 금령(禁令)을 관장한다. 향(鄕)마다 경(卿) 1인이 담
    당한다.

② **향사**(鄕師) : 향사는 지관(地官)의 고핵관(考核官)으로 대사도(大
    司徒)와 소사도(小司徒)를 보좌하여 향(鄕)의 교화(敎化)와 정령
    (政令)을 주관하는 관원으로서 그의 직책은 교육행정을 맡아 관
    리한다. 아울러 향(鄕) 이하의 각급 행정장관의 정무를 감독,
    시찰하며, 향의 계령(戒令)·규찰(糾察)·금령(禁令)·심리(審
    理) 및 각종 형사(刑事)와 민사(民事)의 안건을 심의한다. 하대
    부(下大夫) 4인이 담당하며 휘하에 상사(上士) 8인, 중사(中士)
    16인, 뭇 하사(下士)들 32인, 부(府) 6인, 사(史) 12인, 서(胥) 12

---

77) 교관(敎官) : 왕국의 교육을 관장하는 관직을 말한다. 「지관·서관(序官)」에서
    "이에 地官 司徒를 세우니, 그 속관들을 통솔하여 왕국의 교육을 관장함으로써
    왕을 보좌하여 제후국을 안정시켜 따르게 한다.(乃立地官司徒, 使帥其屬而掌
    邦敎, 以佐王安擾邦國.)"고 하였다. 이로 인해서 지관(地官) 계통의 관직을
    '敎官'이라 칭한다.

인, 도(徒) 120인이 있다.

③ **주장**(州長) : 주장은 주(州)의 행정 장관으로서 그 주의 교치(敎治)와 정령(政令)을 관장한다. 매년 정월(正月) 1일이 되면 그 주(州)의 백성에게 1년의 정령(政令)과 교법(敎法)을 읽어 주어 숙지시켜서 그들의 덕행과 재예(才藝)를 살피고 권장하며, 그들의 과실(過失)이나 사악한 짓을 규찰하여 경계하게 한다. 한해를 마치면 그 주(州)의 행정시책을 세밀히 조사한다. 3년마다 소속 관리와 백성들을 조사하여 향대부(鄕大夫)를 보좌하여 과오가 있으면 축출하고, 잘했으면 북돋아 준다. 주(州)마다 중대부(中大夫) 1인이 담당한다.

④ **당정**(黨正) : 당정은 당(黨)의 행정 장관으로서 그 당의 정령(政令)과 교치(敎治)를 관장한다. 매년 4계절의 첫 달에 백성들을 모아 나라의 법을 읽어 주어 숙지하게 하고 금령을 규찰하고 경계하게 한다. 제사·상사·혼례·관례·향음주례 등에 관한 예법을 가르치고, 경계할 일과 금지사항을 관장한다. 한 해를 마치면 그 당의 정사(政事)를 결산하여 관리들을 거느리고 주장(州長)에게 보고한다. 당(黨)마다 하대부(下大夫) 1인이 담당한다.

⑤ **족사**(族師) : 족사는 족(族)의 행정 장관으로서 그 족의 계령(戒令)과 정사(政事)를 관장한다. 매월 초하루 소속 족민(族民)을 모아 나라의 법을 읽어 주어 숙지시키며, 효도하고 우애하며 화목하고 학문이 있는 자를 기록하여 당정(黨正)에 올린다. 국가가 규정한 비법(比法)으로써 4려(四閭)의 관리를 거느리고 때마다 족민을 모아 그 족의 남녀의 수를 조사한다. 또 귀천(貴賤)·노유(老幼)·장애인을 판명하고, 일을 맡길 만한 자와 육축(六

畜)을 기를 자와 말이 끄는 수레나 사람이 끄는 수레로 일할 수 있는 자를 판명한다. 한해를 마치면 족사의 임무를 총정리하여 상급기관(黨正)에 보고 한다. 족(族)마다 상사(上士) 1인이 담당한다.

⑥ **여서**(閭胥) : 여서는 여(閭)의 행정 장관으로서 여(閭)의 봄·가을 제사와 부역과 세금 징수 및 상사(喪事)에 할당된 인원을 모집하여 일을 돕게 하는 업무를 담당한다. 향음주(鄕飮酒)와 향사음주(鄕射飮酒) 등에서 술을 마시고 예(禮)를 어긴 자들을 처벌하기도 한다. 여(閭)마다 중사(中士) 1인이 담당한다.

⑦ **비장**(比長) : 비장은 비(比)의 행정 장관으로서 5가(家)가 서로 신임하고 화목하고 친하게 지내게 하며, 만약 범죄나 기이하고 간사한 일이 있으면 서로 연좌 처벌한다. 주민이 이사하면 그 절차를 책임진다. 5가(家)마다 하사(下士) 1인이 담당한다.

⑧ **여사**(閭師) : 여사는 성곽 안이나 사방 교외(郊外)의 백성과 6축(畜)의 수를 관장하여 노동력에 따라 할 일을 분배하고 국가의 행정을 풍족하게 하여 6향(鄕)의 부공(賦貢, 공물)세를 징수하는 일을 담당한다. 중사(中士) 2인이 담당하며, 휘하에 사(史) 2인, 도(徒) 20인이 있다.

(3) 육수관(六遂官)

『주례(周禮)』에서는 경기(京畿)의 원교(遠郊)에 6수(遂)의 행정관리 구역을 설치하고, 6수(遂)를 다시 현(縣)·비(鄙)·찬(酇)·이(里)·인(鄰) 등 행정구역 단위를 설치하여 수인(遂人)·수사(遂師)·수대부(遂大夫)·현정(縣正)·비사(鄙師)·찬장(酇長)·이재(里宰)·인장(鄰

長) 등의 직관(職官)을 두었다.

① **수인**(遂人) : 수인은 6수(遂) 4읍(邑)의 정무를 주관하는 행정장
   관이다. 그의 직책은 토지의 상태에 따라 전야(田野)를 분할하
   고, 현(縣)과 비(鄙)의 구역을 법에 따라 제정하여 관리한다. 5
   가(家)를 1인(鄰)으로 삼고, 5인(鄰)을 1리(里)로 삼고, 4리(里)를
   1찬(鄼)으로 삼고, 5찬(鄼)을 1비(鄙)로 삼고, 5비(鄙)를 1현(縣)
   으로 삼고, 5현(縣)을 1수(遂)로 삼아 그 지역의 경계마다 구렁
   을 파고 나무를 심는 사람을 두어 각각 그 행정과 형벌을 관장
   하게 하며, 해마다 때가 되면 그 백성의 수를 헤아려서 그 통계
   에 따라 전야(田野)를 분배하고 병기를 수선하게 하고 농사짓는
   법을 가르쳐 준다. 중대부(中大夫) 2인이 담당한다.

② **수사**(遂師) : 수사는 수인(遂人)의 보좌관으로서, 그의 직책은
   수인의 정무 관리를 협조하며 수(遂)의 정령(政令)과 계금(戒禁)
   을 담당한다. 매년 남녀 인구수의 많고 적음에 따라 육축(六畜)
   과 수레를 등재하여 쉬게 할 자와 농사 맡길 자를 판단한다.
   전야(田野)의 구획을 정하고 농사지을 자를 분별하여, 그 숫자
   를 파악해서 농사를 맡긴다. 세금을 징수하고 부역을 시키며
   수(遂)에 소속된 백성들의 송사를 판결해 준다. 군사 훈련과 사
   냥을 시행할 때는 백성들을 고르게 소집하고, 금령(禁令)을 관
   장하여 상벌을 집행한다. 하대부(下大夫) 4인이 담당한다.

③ **수대부**(遂大夫) : 수대부는 수(遂)의 행정 장관으로서, 수의 정무
   를 관장한다. 매년 호구(戶口) 및 남녀의 인구수·육축(六畜)·
   전야(田野)를 조사하여 일을 맡길 자를 편단한다. 농사일을 가

르치고 정령(政令)과 경계할 일과 금령(禁令)을 관장하고 수(遂)
에 소속된 백성의 송사를 판결한다. 각 수(遂)마다 중대부 1인
이 담당한다.

④ **현정**(縣正) : 현정은 현(縣)의 행정 장관으로서, 현의 정무를 담
당한다, 징집과 평가를 관장하여 전지(田地)를 분배하고 백성의
업무를 분류한다. 그 현의 송사를 관장하며 농사의 정도에 따라
상벌을 집행한다. 각 현(縣)마다 하대부(下大夫) 1인이 담당한다.

⑤ **비사**(鄙師) : 비사는 비(鄙)의 행정 장관으로서, 그 비의 행정과
제사를 관장한다. 백성을 부역에 동원할 때는 경계할 사항을
관장하며, 한해를 마치면 담당한 비의 행정을 결산하고 상관인
현정(縣正)에게 보고한다. 각 비(鄙)마다 상사(上士) 1인이 담당
한다.

⑥ **찬장**(酇長) : 찬장은 찬(酇)의 행정 장관으로서, 그 찬의 행정업
무를 관장한다. 때마다 호구(戶口) 및 남녀의 인구수를 통계하
여 등재하고 상사(喪事)와 제사를 다스린다. 해마다 때가 되면
농기구를 검열하고, 상부의 계령(戒令)을 듣고 농사를 독려하며
부녀자들에게 길쌈을 권장한다. 각 찬(酇)마다 중사(中士) 1인
이 담당한다.

⑦ **이재**(里宰) : 이재는 이(里)의 행정 장관으로서, 관내의 남녀인구
·6축(畜)·수레·병기 등의 수량을 관장하고 그 행정업무를 담
당한다. 해마다 때가 되면 농사의 업무를 처리하고 독려하며,
수대부(遂大夫)의 정령(政令)을 기다려 재물과 세금을 징수한
다. 각 이(里)마다 하사(下士) 1인이 담당한다.

⑧ **인장**(鄰長) : 인장은 인(鄰)의 수장으로서, 서로 규찰(糾察)하고

돕는 일을 관장한다. 이사하는 사람이 있으면 따라가 신탁(信 託)의 업무를 돕는다. 다섯 집마다 1인이 담당한다.

(4) 도비공읍관(都鄙⁷⁸⁾公邑官)

『주례(周禮)』의 지관(地官) 직관 계열에는 여사(旅師)·소인(稍人) ·위인(委人)·현사(縣師) 등의 직관(職官)이 갖추어져 있다.

① **여사**(旅師) : 여사는 6수(遂) 공읍(公邑)과 교외(郊外)의 3속(粟) 등의 세금을 거두어들여 사용하는 일을 관장한다. 야지(野地)의 서속(鋤粟)·옥속(屋粟)·한속(閑粟)을 거두어 고르게 분배하여 은혜를 베풀고 이로움을 분산시켜 정령(政令)을 균등하게 하는 일을 책임진다. 중사(中士) 4인이 담당하며, 하사(下士) 8인이 보좌하고, 휘하에 부(府) 2인, 사(史) 4인, 서(胥) 8인 도(徒) 80인 이 있다.

② **소인**(稍人) : 공읍(公邑)의 군부(軍賦)를 주관하는 관리이다. 만 약 회동(會同)이나 군사 훈련 및 사냥이나 부역을 진행할 경우 가 있으면 현사(縣師)의 법으로 보병과 수레를 징발하고 그들을 인솔하여 목적지에 이르러 그 행정을 다스리며, 사마(司馬)에게 명령을 받는다. 하사(下士) 4인이 담당하며 휘하에 사(史) 2인, 도(徒) 12인이 있다.

③ **위인**(委人) : 위인은 원교(遠郊) 이외의 땔나무·채소·과일·목 재 등의 부세를 관장하는 관리이다. 중사(中士) 2인이 담담하고,

---

78) 도비(都鄙) : 도비는 기내(畿內)에 있는 공(公)·경(卿)·대부(大夫)의 채읍 (采邑)과 왕의 친자(親子)·동모제(同母弟)의 식읍(食邑)을 가리킨다.

하사(下士) 4인이 보좌하며 휘하에 부(府) 2인, 사(史) 4인, 도
(徒) 40인이 있다.

④ **현사**(縣師) : 현사는 공읍(公邑)의 장관으로서 안으로는 교리(郊
里)로부터, 밖으로는 방국(邦國)에 이르기까지 관리한다. 현(縣)
·도(都)·비(鄙)와 소지(稍地, 家邑)·전지(甸地)·사교(四郊)·
전리(廛里) 지역을 관장하며, 그 남녀 인구수와 여러 유형의 토
지와 노약(老弱) ·고독(孤獨)의 수, 및 6축(畜)과 수레의 수목
(數目)을 조사하고 통계한다. 3년마다 결산하고 모든 관리를 평
가하여 상부에 아뢰어 실적에 따라 강등과 승진을 한다. 상사
(上士) 2인이 담당하며, 중사(中士) 4인이 보좌하고, 휘하에 부
(府) 2인, 사(史) 4인, 서(胥) 8인, 도(徒) 80인이 있다.

(5) 토지관리관(土地管理官)

『주례(周禮)』의 지관(地官) 직관 계열 중 토지 관련 관원에는 재사
(載師)·균인(均人)·토균(土均)·토훈(土訓)·송훈(誦訓)·초인(草人)
·도인(稻人)·장인(場人)·봉인(封人)·사가(司稼)·산우(山虞)·임
형(林衡)·천형(川衡)·택우(澤虞)·적인(迹人)·유인(囿人)·광인(卝
人) 등이 있다.

① **재사**(載師) : 재사는 토지법을 맡아 관리하는 관원으로서 임토
(任土)의 법령을 관리하고, 각종 토지의 용도를 분별하며, 토지
를 경영하는 다른 직무를 부여한다. 재사는 여사(閭師)·현사
(縣師)·유인(遺人)·균인(均人)의 관직 우두머리이다. 상사(上
士) 2인이 담당하며, 중사(中士) 4인이 보좌하고, 휘하에 부(府)

2인, 사(史) 4인, 서(胥) 6인, 도(徒) 60인이 있다.

② **균인**(均人) : 균인은 향(鄕)·수(遂)·공읍(公邑)의 토지 관련 부세를 심사 결정하는 관원으로서 토지의 역역(力役)과 부세 징수를 균등하게 하고, 산림(山林)·천택(川澤)과 채마밭 등의 납세의 비율을 공평하게 하며, 백성과 우마(牛馬)와 수레의 부역을 공평하게 하는 일을 주관한다. 중사(中士) 2인이 담당하며, 하사(下士) 4인이 보좌하고, 휘하에 부(府) 2인, 사(史) 4인, 서(胥) 4인, 도(徒) 40인이 있다.

③ **토균**(土均) : 토균은 토지에 관한 정령(政令)과 세금을 공평하게 하는 일을 관장하는 관원이다. 토지의 징세를 공평하게 하고, 산림(山林)·천택(川澤)과 채마밭 등의 농지 납세의 비율을 공평하게 하고 제후에게 봉한 토지 세금인 지공(地貢)을 균등하게 한다. 방국(邦國)과 도비(都鄙)의 토지 정령(政令)을 선포하고 토질의 우열에 근거하여 법의 경중을 정해 시행하며 금지사항과 부역의 규정을 관장한다. 상사(上士) 2인이 담당하고, 중사(中士) 4인, 하사(下士) 8인이 보좌하며, 휘하에 부(府) 2인, 사(史) 4인, 서(胥) 4인, 도(徒) 40인이 있다.

④ **토훈**(土訓) : 토훈은 전 국토의 토지형세와 생산물을 관찰 관리하는 관원이다. 먼 지방의 토지에서 나는 기이한 생산물들을 왕에게 제공하며 설명하고 참고하게 한다. 중사(中士) 2인이 담당하고, 하사(下士) 4인이 보좌하며, 휘하에 사(史) 2인, 도(徒) 8인이 있다.

⑤ **송훈**(誦訓) : 송훈은 사방에 산재해 있는 풍속(風俗)·고사(故事)·전고(典故) 등의 기록을 해설하고, 왕에게 아뢰어 옛일을 널

리 살펴보도록 하고, 각 지방의 풍속을 이해하도록 하는 일을 관장한다. 또 왕이 사방의 민정(民情)을 알게 하고 역사적 고사(故事)를 이해하게 하는 업무를 한다. 중사(中士) 2인이 담당하고, 하사(下士) 4인이 보좌하며, 휘하에 사(史) 2인, 도(徒) 8인이 있다.

⑥ **초인**(草人) : 초인은 토질(土質)을 개량하는 법을 관장하여, 적합한 토지를 조사 선택하고 관리하는 관원으로서, 토질을 비옥하게 하고, 토질의 형색(形色)을 관찰하며, 토질에 적합한 농작물을 파종하게 하는 일을 담당한다. 하사(下士) 4인이 담당하며, 휘하에 사(史) 2인, 도(徒) 12인이 있다.

⑦ **도인**(稻人) : 도인은 수택지(水澤地)와 농업 관련 업무를 담당하는 관원으로서 벼 심는 일을 관장한다. 상사(上士) 2인이 담당하고, 중사(中士) 4인, 하사 8인이 보좌하며, 휘하에 부(府) 2인, 사(史) 4인, 서(胥) 10인, 도(徒) 100인이 있다.

⑧ **장인**(場人) : '場'은 땅을 다져서 평평한 곳(墠)을 만든 것이니, 장인은 국가의 장포(場圃, 채마밭)에서 나는 채소와 나무의 과일이나 풀에서 열리는 열매, 진귀한 과일 등을 재배하여 철마다 거두어 보관하는 업무를 담당하는 관원이다. 각 장(場)마다 하사 2인이 담당하며, 휘하에 부(府) 1인, 사(史) 1인, 도(徒) 20인이 있다.

⑨ **봉인**(封人) : 봉인은 왕을 위하여 사직(社稷)의 제단과 담장 및 왕기(王畿)의 경계를 설치하는 일을 관장한다. 경계를 만들어 봉토(封土)하며 나무를 심는 일 등의 업무를 관리한다. 중사(中士) 4인이 담당하고, 하사(下士) 8인이 보좌하며, 휘하에 부(府) 2인, 사(史) 4인, 서(胥) 6인, 도(徒) 60인이 있다.

⑩ **사가**(司稼) : 사가는 농지의 토질을 관측하고, 품종을 선택하며, 재배 방법을 제정하여 교육하는 일을 관장하는 관리이다. 구체적인 책무는 야지(野地)의 경작지를 순시하여 곡물의 종별(種別)을 판명하고, 그 명칭과 적합한 재배지를 알아 재배 방법을 제정하며, 곡물의 성장과 수확 상황을 관찰하여, 그 해 세금 징수의 구체적인 조례(條例)를 확정하는 일 등을 한다. 하사(下士) 8인이 담당하며, 휘하에 사(史) 4인, 도(徒) 40인이 있다.

⑪ **산우**(山虞) : 산우는 산림의 행정을 주관하는 관원이다. 그의 직책은 산림의 정령(政令)을 관리하며, 조수(鳥獸)·목재(木材)·금옥(金玉) 등 물품의 산지를 책임지며, 생산에 종사하는 사람들을 위해 각종 금령(禁令)을 내린다. 대산(大山)마다 중사(中士) 4인이 담당하고, 하사(下士) 8인이 보좌하며, 휘하에 부(府) 2인, 사(史) 4인, 서(胥) 8인, 도(徒) 80인이 있고, 중산(中山)마다 하사(下士) 6인이 담당하고, 휘하에 사(史) 2인, 서(胥) 6인, 도(徒) 60인이 있으며, 소산(小山)마다 하사(下士) 2인이 담당하고, 휘하에 사(史) 1인, 도(徒) 20인이 있다,

⑫ **임형**(林衡) : 임형은 산림의 금령(禁令)을 관장하는 관원이다. 그의 직책은 임록(林麓)[79]의 산림을 순시하며, 금령(禁令)을 집행하고, 해당 지역의 임록을 지키는 백성들을 공평하게 대하며 그들의 공로를 포상하고 잘못을 견책한다. 대임록(大林麓)마다 하사(下士) 12인이 담당하고, 휘하에 사(史) 4인, 서(胥) 12인, 도(徒) 120인이 있다. 중임록(中林麓)을 담당하는 임형은 중산

---

79) 임록(林麓) : 정현(鄭玄)의 주(注)에 의하면, 대나무와 나무가 평지에서 자라는 것을 '林'이라 하고, 산기슭을 '麓'이라 한다.

(中山 : 중등의 산)을 담당하는 산우(山虞)의 편제와 같으며, 소
임록(小林麓)을 담당하는 임형은 소산(小山 : 작은 산)을 담당하
는 산우의 편제와 같다.

⑬ **천형**(川衡) : 천형은 천택(川澤)의 금령(禁令)을 관장하는 관원이
다. 그의 직책은 크고 작은 하천(河川)을 순시하며 하천의 원근
과 너비 및 물산이 산출되는 것을 공평하게 파악한다. 하천과
못과 늪 등을 관리하는 사람들을 공평하게 대하며, 때마다 금령
을 잘 지키는지 점검하고, 금령을 범한 자는 처벌한다. 대천(大
川)마다 하사(下士) 12인이 담당하고, 휘하에 사(史) 4인, 서(胥)
12인, 도(徒) 120인이 있으며, 중천(中川)마다 하사(下士) 6인이
담당하고, 휘하에 사(史) 2인, 서(胥) 6인, 도(徒) 60인이 있고,
소천(小川)마다 하사(下士) 2인이 담당하고, 휘하에 사(史) 1인,
서(胥) 2인, 도(徒) 20인이 있다.

⑭ **택우**(澤虞) : 택우는 호수와 늪지인 국택(國澤)의 행정을 관장하
는 관원이다. 그의 직책은 국택(國澤) 내의 금지하는 법령을 집
행하고 관리한다. 각 대택(大澤 : 큰 못)과 대수(大藪 : 큰 습지)
마다 중사(中士) 4인이 담당하고, 하사(下士) 8인이 보좌하며, 휘
하에 부(府) 2인, 사(史) 4인, 서(胥) 8인, 도(徒) 80인이 있으며,
중택(中澤)과 중수(中藪)를 담당하는 택우는 중천(中川)을 담당
하는 천형(川衡)의 편제와 같으며, 소택(小澤)과 소수(小藪)를 담
당하는 택우는 소천(小川)을 담당하는 천형의 편제와 같다.

⑮ **적인**(迹人) : 적인은 왕국이 소유한 사냥터의 행정을 관장하는
관원이다. 그의 직책은 경계구역 내의 금령을 집행하고 관리하
며 사냥하는 자는 적인의 허락을 받는다. 중사(中士) 4인이 담

당하며, 하사(下士) 8인 보좌하고, 휘하에 사(史) 2인, 도(徒) 40
인이 있다.

⑯ **유인**(囿人) : 유인은 국가가 소유한 공원(囿 : 園林)의 행정을
관장하는 관원이다. 그의 직책은 국가 소유 공원 내의 동물들
을 보호하고 방목하는 일과 울타리를 관리한다. 중사(中士) 4인
이 담당하며, 하사(下士) 8인 보좌하고, 휘하에 부(府) 2인, 서
(胥) 8인, 도(徒) 80인이 있다.

⑰ **광인**(丱人) : '丱'이라는 글자는 쇳돌(礦)이라는 뜻이니, 광인은
금이나 옥, 주석 등의 광물이 생산되는 지역의 행정을 관장하
는 관원이다. 그의 직책은 광물 생산지를 관리하며 지역 내를
감독하고, 생산지를 관측하며 지도를 그리고, 금령(禁令)을 집
행하며 순시한다. 생산된 광물들을 취해서 동관(冬官)의 백공
(百工)에게 공급한다. 중사(中士) 2인이 담당하고, 하사(下士) 4
인이 보좌하며, 휘하에 부(府) 2인, 사(史) 2인, 서(胥) 4인, 도
(徒) 40인이 있다.

(6) 징관물산관(徵管物産官)

『주례(周禮)』의 지관(地官) 직관 계열 중 각 산물(産物)의 징수 관련
관원에는 각인(角人) · 우인(羽人) · 장갈(掌葛) · 장염초(掌染草) · 장탄
(掌炭) · 장도(掌茶) · 장신(掌蜃) 등이 있다.

① **각인**(角人) : 각인은 산택(山澤)에서 생산되는 동물의 이빨 · 뼈
· 뿔 등의 물건을 징수하는 행정을 관장하는 관원이다. 하사(下
士) 2인이 담당하며, 휘하에 부(府) 1인, 도(徒) 8인이 있다.

② **우인**(羽人) : 우인은 때마다 산택(山澤)에서 생산되는 새의 깃털을 징수하는 행정을 관장하는 관원이다. 하사(下士) 2인이 담당하며, 휘하에 부(府) 1인, 도(徒) 8인이 있다.

③ **장갈**(掌葛) : 장갈은 산택(山澤)에서 생산되는 갈포(葛布)와 초공(草貢 : 마(麻)나 모시의 종류)을 징수하는 행정을 관장하는 관원이다. 하사(下士) 2인이 담당하며, 휘하에 부(府) 1인, 사(史) 1인, 서(胥) 2인, 도(徒) 20인이 있다.

④ **장염초**(掌染草) : 장염초는 염료(染料)가 되는 식물을 징수하는 일을 관장하는 관원이다. 하사(下士) 2인이 담당하며, 휘하에 부(府) 1인, 사(史) 2인, 도(徒) 8인이 있다.

⑤ **장탄**(掌炭) : 장탄은 산택(山澤)에서 생산되는 목탄(木炭)을 징수하는 일을 관장하는 관원이다. 하사(下士) 2인이 담당하며, 휘하에 사(史) 2인, 도(徒) 20인이 있다.

⑥ **장도**(掌荼) : 장도는 산택(山澤)에서 생산되는 띠풀(茅)의 이삭을 모아서 상사(喪事)에 공급하는 일을 관장하며, 씀바귀(荼) 등, 식용 가능한 야생 초목의 열매를 징수하는 일을 담당하는 관원이다. 하사(下士) 2인이 담당하며 휘하에 부(府) 1인, 사(史) 1인, 도(徒) 20인이 있다.

⑦ **장신**(掌蜃) : 장신은 대합조개 등의 패류(貝類)를 징수하는 일을 관장하는 관원이다. 하사(下士) 2인이 담당하며, 휘하에 부(府) 1인, 사(史) 1인, 도(徒) 8인이 있다.

(7) 시관관(市管官)

시관관은 시장에서 무역을 관리하는 관원이다. 『주례(周禮)』의 지관(地官) 직관 계열에는 사시(司市)·질인(質人)·전인(廛人)·서사(胥師)·고사(賈師)·사포(司虣)·사계(司稽)·서(胥)·사장(肆長)·천부(泉府)·사문(司門)·사관(司關)·장절(掌節) 등, 시장 무역관리의 직관(職官)이 있다.

① **사시**(司市) : 사시는 시장의 무역관리를 담당하는 최고 관리자로서 시장의 모든 정무를 관장한다. 시전(市廛)의 관리와 교화(敎化)·징세(徵稅)·형벌·금령(禁令) 등을 아울러 관장한다. 하대부(下大夫) 2인이 담당하며, 상사(上士) 4인, 중사(中士) 8인, 하사(下士) 16인이 보좌하고, 휘하에 부(府) 4인, 사(史) 8인, 서(胥) 12인, 도(徒) 120인이 있다.

② **질인**(質人) : 질인은 물가를 안정시키는 것을 주관하는 관원이다. 그의 직책은 시장의 물품·노비·우마(牛馬)·병기(兵器)·차량(車輛)·용기(用器) 및 계절마다 생산되는 진귀하고 특이한 물품의 물가를 안정시키는 일을 관장한다. 물건의 이동 증빙서류를 조사 검열하며, 도량형(度量衡)을 통일하고, 포목의 너비와 길이를 규정하며, 항상 순시하고 추출검사 한다. 위반자는 물품을 몰수한다. 중사(中士) 2인이 담당하며, 하사(下士) 4인이 보좌하고, 휘하에 부(府) 2인, 사(史) 4인, 서(胥) 2인, 도(徒) 20인이 있다.

③ **전인**(廛人) : 전인은 시전(市廛)의 물품세·점포세·토지세를 징수 관리하는 관원이다. 그의 직책은 시전(市廛)의 방산세(房産稅)·어음세·벌금·창고임대료 등을 관리하며, 거둬들인 현금을 천부(泉府)80)에 납부한다. 중사(中士) 2인이 담당하며, 하사

(下士) 4인이 보좌하고, 휘하에 부(府) 2인, 사(史) 4인, 서(胥)
2인, 도(徒) 20인이 있다.

④ **서사**(胥師) : 시전(市廛)의 20개 사(肆)[81]를 1차(次)라 하는데, 서
사는 1차(次)의 수장(首長)을 말한다. 20개 사(肆)의 행정을 관
장하고 화물의 가격을 균등하게 하며, 각종 형벌과 금령(禁令)
을 공포하여 시전의 작은 규분(糾紛)과 작은 소송 등을 처리한
다. 각 20개 사(肆)마다 서사 1인이 담당하며, 모두 사(史) 2인식
보좌한다.

⑤ **고사**(賈師) : 고사는 물가를 결정하는 책임을 맡은 시관(市官)이
다. 그의 담당은 물건을 분별하고 균등하게 하여 20개 사(肆)에
진열시키고 그 가격을 정한 후에 시장을 열게 하여 교역이 순조
롭게 되기를 촉진하는 것이다. 각 20사(肆)마다 고사 1인이 담
당하고 모두 사(史) 2인식 보좌한다.

⑥ **사포**(司虣) : 사포는 시장 내의 치안과 질서를 책임지는 시관(市
官)이다. 그의 직책은 시장 내의 금지사항을 공포하여 다툼과
소란을 금지하고, 폭력과 혼란을 금지해 시장의 질서를 유지하
고, 금령(禁令) 위반자를 체포, 처벌하는 것이다. 10사(肆)마다

---

80) 천부(泉府) : 천부는 시장의 물품을 세금으로 받아서 내주고 저장하며 백성들
   의 물품도 보관해주는 관청이다.
81) 사(肆) : '肆'는 시장에 일렬로 늘어선 점포의 행렬이다. 1肆(점포 1열)의
   점포 수는 정해진 것이 없다. 20肆마다 시장 관리들의 치사처(治事處 : 사무실)
   인 개차(介次)가 있고, 이곳의 우두머리가 胥師이다. 시관(市官)의 총치소(總
   治所 : 총사무실)는 사차(思次)라고 한다. 10肆마다 사포(司虣)가 있고, 5肆마
   다 사계(司稽)가 있고, 2肆마다 서(胥)가 있고, 1肆마다 사장(肆長)이 있다.
   肆의 행렬의 맨 앞(行首)에는 모두 항문(巷門)이 있고, 이 항(巷) 앞에는
   '서(敍)'라는 치사처(治事處)가 있다.

사포 1인이 담당한다.

⑦ **사계**(司稽) : 사계는 시장 내의 검열과 위법 행위자를 검거하는 시관(市官)이다. 그의 직책은 시장을 순시하며, 금령(禁令) 위반 자와 기이한 복장을 하였거나, 괴이한 물건을 소지한 자를 체포 하는 것이다. 시장 내의 도둑을 잡아 상황의 경중(輕重)에 따라 대중에게 보이거나 형벌에 처하는 일을 담당한다. 5사(肆)마다 1인이 담당한다.

⑧ **서**(胥) : 서는 사시(司市)에 속하는 아전으로 시전(市廛) 2사(肆) 의 장이다. 그의 직책은 2사(肆)의 정무를 관장하며, 채찍을 들 고 시장을 순시하면서 금지된 사항을 관장하고, 시장의 법규를 준수하지 않는 자를 구속하는 일을 맡는다. 2사(肆)마다 각 1인 이 담당한다.

⑨ **사장**(肆長) : 사장은 시전(市廛) 1사(肆)의 장이다. 그의 직책은 담당 사(肆)의 정무를 관리하며, 물건을 진열하고 화물세(貨物 稅)를 대리 징수하며, 금령(禁令)을 관장한다. 사(肆)마다 1인이 담당한다.

⑩ **천부**(泉府) : 천부는 시장의 세수(稅收) 및 물건의 공급과 수요를 조절하는 일을 관장한다. 그의 직책은 시장에서 징수한 부세(賦 稅)의 현금을 관리하며, 시장에서 물건이 팔리지 않아 어려움이 있는 백성이 있으면, 이를 거두어서 팔고자 하는 물건의 가격과 규격 등 목록을 내걸어 급매 자의 구매를 돕는 일을 담당한다. 외상으로 물건을 가져가는 자는 제사를 위한 일이라면 열흘을 넘으면 안 되고 상사(喪事) 때문이라면 3개월을 넘으면 안 된다. 백성 중에 빌려 가는 자가 있으면 담당 관리의 판단이 있고 난

뒤에 가격이 정해지는데 국가에서 정해서 이자를 적용한다. 한 해를 마치면 수입과 지출을 총결산하여 잉여금(剩餘金)은 직폐 (職幣)에 납부한다. 상사(上士) 4인이 담당하며, 중사(中士) 8인, 하사(下士) 16인이 보좌하고, 휘하에 부(府) 4인, 사(史) 8인, 고 (賈) 8인, 도(徒) 80인이 있다.

⑪ **사문**(司門) : 사문은 왕성(王城)의 12문(門)을 관리하는 총감(總 監)으로서 관문으로 부정한 물건이 들어오는 것을 관장한다. 그 의 직책은 왕성 성문의 열쇠를 관리하고, 국문(國門)의 개폐(開 閉)를 책임지며, 의복이 일반적이지 못하고 휴대한 물건이 일상 적이지 못한 이를 조사하며, 관문으로 통과 되는 물품의 세금을 징수하고, 물품이 규정에 위반되면 몰수하며, 사방에서 빈객(賓 客)이 도착하면 왕에게 보고하고 영접하는 일을 맡는다. 하대부 (下大夫) 2인이 담당하며, 상사(上士) 4인, 중사(中士) 8인, 하사 (下士) 16인이 보좌하고, 휘하에 부(府) 2인, 사(史) 4인, 서(胥) 4인, 도(徒) 40인이 있다. 관문마다 하사(下士) 2인, 부(府) 1인, 사(史) 2인, 도(徒) 4인을 둔다.

⑫ **사관**(司關) : 사관은 국문(國門)으로 출입 되는 물품의 관세를 징수하는 관원으로서 오늘날의 세관원에 해당되는 관리이다. 그의 직책은 국경을 출입하는 물품의 관인(官印 : 璽節)을 관장 하며, 사문(司門)과 사시(司市)와도 직무를 연계한다. 금지 품목 의 출입을 통제하고 기타 물품의 통관세와 창고임대료를 수납 한다. 상사(上士) 2인이 담당하며, 중사(中士) 4인이 보좌하고, 휘하에 부(府) 2인, 사(史) 4인, 서(胥) 8인, 도(徒) 80인이 있다. 관문마다 하사(下士) 2인, 부(府) 1인, 사(史) 2인, 도(徒) 4인을

둔다.

⑬ **장절**(掌節) : 장절은 나라의 부절(符節 : 신표)을 보관하고, 그것
들의 용도를 변별함을 관장하는 관원이다. 그의 직책은 국왕의
신표인 옥절(玉節)을 관리하며, 각종 부절의 용도를 구분하고,
국왕의 명령을 보좌한다. 상사(上士) 2인이 담당하며, 중사(中
士) 4인이 보좌하고, 휘하에 부(府) 2인, 사(史) 4인, 서(胥) 2인,
도(徒) 20인이 있다.

(8) 양식관리관(糧食管理官)

『주례(周禮)』의 지관(地官) 직관 계열에는 늠인(廩人)·사인(舍人)
·용인(春人)·창인(倉人)·치인(饎人)·고인(槀人)·유인(遺人) 등, 양
식관리의 직관(職官)이 있다.

① **늠인**(廩人) : 늠인은 사인(舍人)·창인(倉人)·사록(司祿) 관직의
우두머리로서, 구곡(九穀)[82]의 수입(收入)과 저장을 관장하는
관원이다. 그의 직책은 1년의 곡물 수입(收入) 수량을 관리하여
군신(群臣)들의 녹봉을 지급하고, 구휼(救恤)과 관부(官府) 부역
의 급료에 대비한다. 해마다 국가 재정지출의 넉넉하고 부족한
것을 헤아려 곡식이 쓰인 내력을 아뢰고 해마다 풍년과 흉년을
다스린다. 하대부(下大夫) 2인이 담당하고, 상사(上士) 4인, 중사

---

82) 구곡(九穀) : 9가지 곡물을 말한다. 정중(鄭衆)은 찰기장(黍)·메기장(稷)·차
조(秫)·쌀(稻)·미자(麻)·콩(大豆)·팥(小豆)·보리(大麥)·밀(小麥)의 9
가지를 들었는데, 정현(鄭玄)은 여기에서 차조(秫)와 보리(大麥)를 제외하고
수수(粱)와 고미(苽)를 넣어 구곡(九穀)이라 하였다. (「天官·大宰」 鄭玄의
注 참조.)

(中士) 8인, 하사(下士) 16인이 보좌하며, 휘하에 부(府) 8인, 사(史) 16인, 서(胥) 30인, 도(徒) 200인이 있다.

② **사인**(舍人) : 사인은 궁중의 곡물 사용을 공평히 하는 직무를 관장하는 관원이다. 그의 직책은 궁중에서 사용되는 곡식을 궁정(宮正)과 내재(內宰)에 나누어주고, 그것을 보관하여 궁중의 관리들에게 나누어주게 하는데, 법도에 따라 그 지출과 수입을 관리하며, 한 해를 마치면 그 정무의 회계를 담당한다. 상사(上士) 2인이 담당하며, 중사(中士) 4인이 보좌하고, 휘하에 부(府) 2인, 사(史) 4인, 서(胥) 4인, 도(徒) 40인이 있다.

③ **용인**(舂人) : 용인은 제사를 지내고 빈객을 접대할 때 뇌례(牢禮)에 쓰일 곡물을 공급하고, 방아를 찧어서 쌀을 생산하여 필요한 곳에 공급하는 일을 관장하는 관원이다. 그의 직책은 벼·고량(高粱)·기장 등의 곡물을 필요한 곳에 공급하는 일과 정미(精米)와 관련된 모든 업무를 관리한다. 창인(倉人)·늠인(廩人)·치인(饎人)과 직무를 연계한다. 엄(奄) 2인이 담당하고, 휘하에 여용침(女舂扰)[83] 2인, 혜(奚) 5인이 담당한다.

④ **창인**(倉人) : 창인은 곡물의 저장을 관장하는 관원이다. 그의 직책은 납입한 곡물을 저장하고, 곡물의 종류를 구분하여 국가의 사용에 대비하는 업무를 관리한다. 중사(中士) 4인이 담당하며, 하사(下士) 8인이 보좌하고, 휘하에 부(府) 2인, 사(史) 4인, 서(胥) 4인, 도(徒) 40인이 있다.

⑤ **치인**(饎人) : 치인은 제사와 빈객(賓客) 등에게 공급하는 익힌

---

83) 여용침(女舂扰) : 여자 노비로서 방아를 찧고 절구질하는 데에 능한 자이다. '扰'은 절구에서 쌀을 퍼내는 것이다.

음식을 관장하는 관원이다. 그의 직책은 제사, 혹은 빈객을 접
대할 때 보궤(簠簋)에 익힌 음식을 채워 공급하고, 국왕·왕후
와 세자에게 6곡의 밥을 제공하는 관리이다. 엄(奄) 2인이 담당
하고, 여치(女饎) 8인, 혜(奚) 40인이 있다.

⑥ **고인**(槀人) : 고인은 외조(外朝)나 내조(內朝)에서 공무로 인해
숙직하는 관리들에게 음식 제공을 관장하는 관원이다. 그의 직
책은 조정 내외에서 당직하는 관리에게 급식을 제공하며, 제사
에 쓰일 개를 기르는 일도 관리한다. 엄(奄) 8인이 담당하며,
휘하에 엄(奄)마다 여고(女槀) 각 2인과 혜(奚) 5인이 있다.

⑦ **유인**(遺人) : 유인은 나라에서 저장한 물건들을 관리하며, 왕국
의 희생과 곡물과 섶과 꼴을 관장하여 왕의 은혜를 베풀 때를
대비하고, 백성들의 어려움과 고난을 구제하며, 빈객 접대나 회
동(會同), 군사 훈련 때 도로에서 숙식을 제공하는 일을 관장하
는 관원이다. 중사(中士) 2인이 담당하며, 하사(下士) 4인이 보
좌하고, 휘하에 부(府) 2인, 사(史) 4인, 서(胥) 4인, 도(徒) 40인
이 있다.

(9) 목축관(牧畜官)

『주례(周禮)』의 지관(地官) 직관 계열 중, 목축을 담당하는 관원에
는 목인(牧人)·우인(牛人)·충인(充人) 등이 있다.

① **목인**(牧人) : 목인은 6가지 희생을 방목하여 기르는 업무를 담당
하는 관원이다. 그의 직책은 소, 말, 양, 돼지, 개, 닭 등 6가지
희생을 방목하여 기르고 번식시켜서 제사에 희생을 제공하는

일을 관리한다. 하사(下士) 6인이 담당하며, 휘하에 부(府) 1인, 사(史) 2인, 도(徒) 60인이 있다.

② **우인**(牛人) : 우인은 국가의 공적인 소를 방목하여 기르는 일을 관장하는 관원이다. 그의 직책은 국가의 공적인 소를 사육하여 제사와 식용 등, 소를 필요로 하는 곳에 공급하며, 제후들의 회동과 군사를 출동시키거나 국가의 공사에 병거(兵車)를 끄는 소를 공급하는 일을 관리한다. 중사(中士) 2인이 담당하고, 하사(下士) 4인이 보좌하며, 휘하에 부(府) 2인, 사(史) 4인, 서(胥) 20인, 도(徒) 200인이 있다.

③ **충인**(充人) : 충인은 제사에 쓰이는 희생을 관장하는 관원이다. 그의 직책은 제사 전 선정된 희생을 특별 사육하는 일을 관리한다. 하사(下士) 2인이 담당하고, 휘하에 사(史) 2인, 서(胥) 4인, 도(徒) 40인이 있다.

(10) 교화관(教化官, 교육담당)

『주례(周禮)』의 지관(地官) 직관 계열 중, 사씨(師氏) · 보씨(保氏) · 사간(司諫) · 사구(司救) · 조인(調人) · 매씨(媒氏) · 고인(鼓人) · 무사(舞師) 등이 교화를 담당하는 직관(職官)이다.

① **사씨**(師氏) : 사람을 가르쳐 인격을 양성하는 직책인 사씨는 소학(小學)의 교육담당 최고 책임자이며, 공(公) · 경(卿) · 대부(大夫) 등의 자제인 국자(國子)들을 미덕(美德)과 예의(禮儀)로써 교육을 담당하는 관원이다. 그의 직책은 왕에게 선도(善道)를 아뢰고, 중화(中和)의 덕(德), 인의(仁義)의 덕(德), 효덕(孝德) 등

삼덕(三德)과 효행(孝行), 우행(友行), 순행(順行) 등 삼행(三行)으로 왕세자와 공경(公卿), 대부(大夫)의 자제를 가르치는 일을 관장한다. 중대부(中大夫) 1인이 담당하고, 상사(上士) 2인이 보좌하며, 휘하에 부(府) 2인, 사(史) 2인, 서(胥) 12인, 도(徒) 120인이 있다.

② **보씨**(保氏) : 보씨는 소학(小學)의 교육을 담당하며 국왕의 나쁜 점을 간(諫)하는 일을 겸하고 있는 관리로써 사씨(師氏) 밑의 실용적인 교육을 담당하는 두 번째 관원이다. 그의 직책은 국왕의 과실(過失)을 간언하며, 공(公)·경(卿)·대부(大夫) 등의 자제인 국자(國子)들을 재예(才藝)로써 교육 양성하고, 예(禮), 악(樂), 사(射), 어(御), 서(書), 수(數)의 육예(六藝) 및, 육의(六義) 즉, 제사 때의 용모, 빈객 접대 때의 용모, 조정에서의 용모, 상사(喪事)에서의 용모, 부대에서의 용모, 수레를 몰 때의 용모 등, 6가지 의용(儀容)의 교육을 담당한다. 하대부(下大夫) 1인이 담당하고, 중사(中士) 2인이 보좌하며, 휘하에 부(府) 2인, 사(史) 2인, 서(胥) 6인, 도(徒) 60인이 있다.

③ **사간**(司諫) : '諫'은 '正(바르게 하다)'과 같은 뜻이니, 사간은 모든 백성의 도덕(道德)과 기술을 가리키는 일을 관장하는 관원이다. 그의 직책은 백성들의 도덕(道德)을 규찰 관리하고 붕우의 도(道)를 권장하며 도의(道義)로써 서로 절차탁마(切磋琢磨)하게 한다. 각 지역을 순행하고 살펴서 능력 있는 자를 판단하고 국사를 맡길 만한 자를 분별한다. 또한 향리(鄕里)의 치적을 심사하여 국왕에게 아뢰어 승진과 강등을 관리한다. 중사(中士) 2인이 담당하고, 휘하에 사(史) 2인, 도(徒) 20인이 있다.

④ **사구**(司救) : '救'는 '禁(금지하다)'과 같으니, 사구는 백성들의 사악함과 과실을 따져 힐문(詰問)하고, 예(禮)로서 그릇된 것을 방지하고, 구제하는 일을 담당하는 관원이다. 그의 직책은 백성 중에 사악함과 과실이 있는 사람은 질책하고, 예법(禮法)으로써 재해를 예방하며 그릇된 짓을 금지시켜 범죄를 방지하는 일을 관장한다. 중사(中士) 2인이 담당하고, 휘하에 사(史) 2인, 도(徒) 20인이 있다.

⑤ **조인**(調人) : '調'는 '화합(和合)한다'의 뜻과 같으니, 조인은 민간의 규분(糾紛)과 원한을 해결 중재하는 일을 관장하는 관원이다. 그의 직책은 백성들 간의 원한과 분규를 조정하여 화해하고 융화하는 것을 주 업무로 한다. 과실로 인한 살상(殺傷)일 때 민중들의 공론을 통해 협상과 화해를 주도한다. 화해하지 못하는 경우는 사건 발생의 시말(始末)과 상황을 기록하여 먼저 싸움을 일으킨 자를 주벌한다. 하사(下士) 2인이 담당하고, 휘하에 사(史) 2인, 도(徒) 10인이 있다.

⑥ **매씨**(媒氏) : 매씨는 백성들의 혼인을 관장하는 관원이다. 그의 직책은 백성들의 혼인에 관한 예법과 법령을 관리한다. 남녀가 출생 3개월 후 이름을 얻으면, 모두 출생연월일(年月日)과 이름을 등기하며, 남자는 30세에 장가들게 하고 여자는 20세에 시집을 가게 한다. 하사(下士) 2인이 담당하고, 휘하에 사(史) 2인, 도(徒) 10인이 있다.

⑦ **고인**(鼓人) : 고인은 북을 두드리고 징을 울리는 일을 담당하는 관원이다. 그의 직책은 육고(六鼓)와 사금(四金)[84]의 성향(聲響)

---

84) 육고(六鼓), 사금(四金) : 6가지 북과 4가지 쇠로 된 악기이다. 6고는 뇌고(雷鼓,

을 교육, 지도하여 성악(聲樂)을 조절하고, 군대를 지휘하며 관리, 배치하고, 사냥할 때 그 무리를 취산(聚散) 하는 일 등을 관장한다. 중사(中士) 6인이 담당하며, 휘하에 부(府) 2인, 사(史) 2인, 도(徒) 20인이 있다.

⑧ **무사(舞師)** : 무사는 야인(野人)에게 병무(兵舞)·불무(帗舞)·우무(羽舞) 등을 가르치는 일을 관장하는 악관(樂官)이다. 그의 직책은 병무(兵舞)를 가르쳐 산천의 제사에 춤추게 하며, 불무(帗舞)를 가르쳐 사직(社稷)의 제사에 춤추게 하고, 우무(羽舞)를 가르쳐 사방의 제사에 춤추게 하고, 황무(皇舞)를 가르쳐 기우제에 춤추게 하는 일을 관장한다. 서민과 백성들이 배우려 하면 그들에게 무(舞)를 가르친다. 하사(下士) 2인이 담당하고, 휘하에 서(胥) 4인, 무도(舞徒) 40인이 있다.

3) 춘관(春官)

춘관의 속관(屬官)은 총 70개의 관직으로 구성되어 있다. 춘관의 장관은 대종백(大宗伯)이며 부관은 소종백(小宗伯)이다. 춘관은 「예관(禮官)」으로서, 대종백이 속관을 거느리고 왕국의 예(禮)를 관장하

8면고이며, 하늘의 신에게 제사 지낼 때 사용), 영고(靈鼓, 6면고이며, 땅의 신에게 제사 지낼 때 사용), 노고(路鼓, 4면고이며, 종묘에 제사 지낼 때 사용), 분고(鼖鼓, 대고(大鼓)이며 길이가 8자이다. 군사를 운용할 때 사용), 진고(晉鼓, 길이가 6자 6치이며, 쇠 종류의 음악을 연주할 때 사용), 고고(鼛鼓, 길이가 12자이며, 부역을 시행할 때 사용)이며, 4금은 4종의 금속 악기로 금순(金錞, 북과 화합할 때 사용), 금탁(金鐲, 북을 조절할 때 사용하며 주로 행군할 때 사용), 금요(金鐃, 북을 중지시킬 때 사용), 금탁(金鐸, 북과 통하게 할 때 사용)이다. 군려(軍旅)와 전역(田役) 등을 행할 때 이것들을 연주하여 성악(聲樂)의 절주(節奏)를 삼는다.

여 왕이 제후국을 화합하는 것을 보좌한다. 대종백은 왕국의 천신(天神), 인귀(人鬼), 지기(地示(음 : 기))에 대한 제사의 예(禮)를 제정하고 시행하는 일을 관장하여 왕이 제후국을 세우고 안정시키는 것을 도우며, 길례(吉禮)로 제후국의 인귀와 천신과 지기를 제사 지내고, 흉례(凶禮)로 제후국의 우환을 애도하고, 빈례(賓禮)로 제후국을 화친하게 하고, 군례(軍禮)로 제후국을 동화하게 하고, 가례(嘉禮)로 백성들을 친목하게 한다. 또한 서옥(瑞玉)으로 제후의 등급을 구별하고, 예물(六摯)로 신하들의 등급을 구별하며, 옥기(玉器)로 천지와 사방을 구별하여 제사 지낸다. 대종백은 왕이 제후들과 예(禮)를 거행할 때 왕을 돕고, 각 제후국과 채읍과 향수(鄕遂)와 공읍(公邑)에 각각 준수해야 할 사전(祀典)을 반포(頒布)한다. 부관인 소종백은 대종백이 이러한 일들을 시행하도록 보좌하며, 왕국의 대례(大禮)에서 대종백을 돕고, 소례(小禮)에서는 대종백의 의법(儀法)과 같게 하여 예(禮)를 관장한다. 춘관의 속관은 무축(巫祝), 점복(占卜), 천문(天文), 악무(樂舞) 등 다양한 분야의 업무를 담당하지만 모두 예(禮)에 종사한다. 또한 예관(禮官)인 춘관(春官)에는 악사(樂事)를 담당하는 대사악(大司樂)이 성균(成均, 태학)의 법을 관장하여 왕국의 학정(學政)을 건립하고, 악사(樂師)가 국학(國學, 소학)의 정령(政令)을 관장하는 등, 교관(敎官)이 맡아야 할 교육기관의 법령과 교육을 예관(禮官, 악관)이 담당하는 특징을 보여준다.

춘관의 각 속관(屬官)을 기능과 역할에 근거하여 구분해 보면, 종백(宗伯), 예의관(禮儀官), 점복관(占卜官), 문사 · 천상관(文史 · 天象官), 음악관(音樂官), 거기관(車旗官) 등 대략 6가지로 분류할 수 있다.

(1) 종백(宗伯)

종백의 관(官)은 대종백(大宗伯)과 소종백(小宗伯)으로 나뉜다.

① **대종백**(大宗伯) : 대종백은 예관(禮官)의 주관(主官)으로써 춘관 (春官) 중 최고 높은 관직으로 경(卿) 1인이 담당하며 그 직분은 국가의 예의제도(禮儀制度)와 그 시행의 업무를 관장하고, 국왕 을 보좌하여 국가의 안전을 주관한다.

② **소종백**(小宗伯) : 소종백은 예관(禮官)의 부관으로서 중대부(中 大夫) 2인이 담당하며, 대종백을 보좌하여 국가의 대례(大禮)를 관장하고, 제사의 신위(神位)와 순서, 및 규정과 상관 예(禮)를 책임 집행한다.

(2) 예의관(禮儀官)

『주례』 춘관 직관 중, 제사 · 상장(喪葬) 등과 관련된 각종 예의를 담당하는 관원이 조직되어 있다. 사사(肆師) · 울인(鬱人) · 창인(鬯人) · 계인(鷄人) · 사준이(司尊彝) · 사궤연(司几筵) · 천부(天府) · 전서(典 瑞) · 전명(典命) · 사복(司服) · 전사(典祀) · 수조(守祧) · 세부(世婦) · 내종(內宗) · 외종(外宗) · 태축(大祝) · 소축(小祝) · 전축(甸祝) · 상축 (喪祝) · 조축(詛祝) · 사무(司巫) · 남무(男巫) · 여무(女巫) · 도종인(都 宗人) · 가종인(家宗人) · 직상(職喪) · 총인(冢人) · 묘대부(墓大夫) 등이 있다.

① **사사**(肆師) : 사사는 대종백을 보좌하여 상제(喪祭) · 사전(師田) · 빈객(賓客) 등의 예의(禮儀)를 관상하는 관원이다. 종묘의 금

령(禁令)을 주관하며, 대빈객(大賓客)을 접대할 때는 궤연(几筵)을 제공하고, 성대한 조회(大朝覲)가 있을 경우 빈객들을 도우며 대종백의 예의(禮儀) 업무를 도와 처리한다. 군사 훈련이나 정벌, 및 사냥에서 군중(軍中)의 사직(社稷)이나 옮긴 신주(遷主)에 제사를 지낼 경우 희생을 준비하고 신위(神位)를 설치하는 책임을 진다. 국가에 대규모 수해와 가뭄, 흉년이 발생하는 경우 백성들에게 제사를 지내게 하고, 국가의 대사(大事)에는 예의(禮儀)를 관리 감독하여 대종백을 보좌한다. 나라의 소사(小事)에는 예의를 관리 감독하고 그 일을 직접 관장하여 대종백이 행하는 예(禮)와 같이 한다. 하대부(下大夫) 4인이 담당하며, 상사(上士) 8인, 중사(中士) 16인이 보좌하고, 뭇 하사(下士)들 32인, 부(府) 6인, 사(史) 12인, 서(胥) 12인, 도(徒) 120인이 있다.

② **울인**(鬱人) : 울인은 제례와 빈객 접대의 관례(祼禮)를 시행할 때 관기(祼器)를 관장하는 관원이다. 그의 직책은 관기(祼器)를 관리하며, 제사와 빈객 접대의 관례에 울창주(鬱鬯酒)를 이준(彝尊)에 채워 진설한다. 관례의 예의와 절차를 아뢰고, 관례를 행할 때 세숫물을 준비하며 규찬(圭瓚)이나 장찬(璋瓚)을 씻고 진설한다. 하사(下士) 2인이 담당하며, 휘하에 부(府) 1인, 사(史) 1인, 도(徒) 8인이 있다.

③ **창인**(鬯人) : 창인은 울창주(鬱鬯酒) 공급을 관리하는 관원이다. 그의 직책은 울창주와 이준(彝尊)의 식건(飾巾)을 공급하는 일을 관장한다. 하사(下士) 2인이 담당하며, 휘하에 부(府) 1인, 사(史) 1인, 도(徒) 8인이 있다.

④ **계인**(鷄人) : 계인은 희생의 닭을 제공하는 관원이다. 그의 직책

은 희생으로 쓸 닭을 공급하며, 닭의 품질을 분별하는 일을 관장한다. 하사(下士) 1인이 담당하며, 휘하에 사(史) 1인, 도(徒) 4인이 있다.

⑤ **사준이**(司尊彝) : 사준이는 6준(尊)과 6이(彝) 등 주기(酒器)를 관리하는 관원이다. 그의 직책은 6준(尊)과 6이(彝)의 진설 위치를 책임지며, 규찬(圭瓚)에 술 붓는 일을 아뢰고, 각종 준이(尊彝)의 용도와 술을 채우는 종류를 판별한다. 하사(下士) 2인이 담당하며, 휘하에 부(府) 4인, 사(史) 2인, 서(胥) 2인, 도(徒) 20인이 있다.

⑥ **사궤연**(司几筵) : 사궤연은 궤석(几席)을 관리하는 관원이다. 그의 직책은 5궤(几)와 5석(席)의 종류와 명칭을 관장하며, 그의 용도와 진설의 위치를 판별한다. 하사(下士) 2인이 담당하며, 휘하에 부(府) 2인, 사(史) 1인, 도(徒) 8인이 있다.

⑦ **천부**(天府) : 천부는 조묘(朝廟)에 보관된 기구와 보물을 관리하는 관원이다. 그의 직책은 조묘에 보관된 서기(瑞器)의 수장(守藏)과 보위(保衛), 및 금기사항(禁令)을 관장한다. 상사(上士) 1인이 담당하고, 중사(中士) 2인이 보좌하며, 휘하에 부(府) 4인, 사(史) 2인, 서(胥) 2인, 도(徒) 20인이 있다.

⑧ **전서**(典瑞) : 전서는 옥서(玉瑞)와 옥기(玉器)를 보관하는 일을 관장하는 관원이다. 그의 직책은 신하들이 잡고 왕을 알현하는 옥서(玉瑞)와 신에게 예물로 바치는 옥기(玉器)를 수장하고 보관하는 일을 관리하며, 그의 명칭과 품질, 용도 등을 판별하여 옥서와 옥기의 장식을 만들어 설치한다. 중사(中士) 2인이 담당하며, 휘하에 부(府) 2인, 사(史) 2인, 서(胥) 1인, 도(徒) 10인이

있다.

⑨ **전명**(典命) : 전명은 왕이 내리는 작위 임명의 명령을 관장하는
관원이다. 그의 직책은 작위에 따른 제후 각각의 예의(禮儀)와
5등 군신(群臣)의 의제(儀制)를 관리한다. 중사(中士) 2인이 담
당하며, 휘하에 부(府) 2인, 사(史) 2인, 서(胥) 1인, 도(徒) 10인
이 있다.

⑩ **사복**(司服) : 사복은 국왕이 입는 길흉(吉凶)의 관복(冠服)을 관
장하는 관원이다. 그의 직책은 국왕이 대사(大事)나 대례(大禮)
에 착용하는 길복과 흉복의 명호(名號), 품질 및 용도를 판단하
여 구체적으로 관리한다. 중사(中士) 2인이 담당하며, 휘하에
부(府) 2인, 사(史) 1인, 서(胥) 1인, 도(徒) 10인이 있다.

⑪ **전사**(典祀) : 전사는 외사(外祀 : 四郊의 제단)의 제단을 관리
감독하는 관원이다. 그의 구체적인 직책은 사교의 외사 제단을
보호하고, 제단 밖 주위에 경계를 두며, 그 법령을 관장한다.
제사가 있으면 그 소속 관원들을 거느리고 풀을 베고 청소하며,
사구(司寇)에 소속된 사예(司隸)를 소집하여 부역시킨다. 중사
(中士) 2인이 담당하며, 하사(下士) 4인이 보좌하고, 휘하에 부
(府) 2인, 사(史) 2인, 서(胥) 4인, 도(徒) 40인이 있다.

⑫ **수조**(守祧) : 수조는 종묘(宗廟)의 제사를 담당하는 관원이다.
그의 구체적인 직책은 선왕(先王)과 선공(先公)의 묘(廟)와 조
(祧)를 관리하고, 염습(殮襲)하고 남은 의복을 보관하여 제사 때
에 각각 그 보관된 의복을 시동(尸童)에게 주어 입게 하는 일을
관장한다. 엄(奄) 8인이 담당하며, 여조(女祧)는 각각의 묘(廟)
마다 2인, 혜(奚) 4인이 있다.

⑬ **세부**(世婦) : 세부는 왕후(王后)가 예(禮)를 행하는 일을 보좌하는 궁중 여관(女官)이다. 그의 구체적인 직책은 여궁(女宮)의 숙계(宿戒)와 제사 때에 여관(女官)들이 진설한 제기 및 제품(祭品)을 점검하여 왕후의 예절에 관련된 일을 아뢰고, 육궁(六宮)의 사람들을 거느리고 제수를 장만하며, 외종(外宗)과 내종(內宗)의 예절에 관한 일을 관장한다. 왕후가 부인들에게 인사할 일이 있으면 이를 아뢰고 보좌하며, 육궁의 내사(內事)를 외관(外官)에 알릴 일이 있으면 모두 세부가 맡아 처리한다. 궁(宮)마다 경(卿) 2인이 담당하고, 하대부(下大夫) 4인이 보좌하며, 중사(中士) 8인, 여부(女府) 2인, 여사(女史) 2인, 혜(奚) 16인이 있다.

⑭ **내종**(內宗) : 내종은 종묘의 제사에 왕후가 예를 행하는 일을 보좌하는 궁중 여관(女官)이다. 종묘제례 중 두(豆)와 변(籩)을 올리며, 음악이 끝나고 철상(撤床)할 때가 되면 외종(外宗)에게 두(豆)와 변(籩)을 전달하는 일을 관장한다. 왕후에게 일이 있으면 곧 따르고, 경(卿)이나 대부(大夫)의 상사(喪事)가 있으면 왕후의 명을 받아 조문에 임하는 업무를 관리한다. 왕과 동성(同姓)인 여성이 담당한다.

⑮ **외종**(外宗) : 외종은 종묘 제사에 왕후가 예를 행하는 일을 보좌하는 궁중 여관(女官)이다. 구체적 업무는 종묘제례 중 왕후를 도와 옥두(玉豆)를 올리고 두(豆)와 변(籩)에 담은 제물을 관리한다. 제례 중 음악이 연주되고 왕후가 서직(黍稷)을 올릴 때 보좌하며, 궁중에서 거행되는 조(竈)·문(門)·호(戶) 등 소제사(小祭祀)에 직접 일을 관장하며, 제후의 조근례(朝覲禮)에 왕후가 참여하여 예를 행하는 경우 책임을 맡는다. 왕과 이성(異姓)

인 여성이 담당한다.

⑯ **태축**(大祝) : 태축은 6축(祝)[85]과 6기(祈)[86]의 업무를 담당하는 관원이며, 축사관(祝事官)의 최고 직책이다. 그의 직책은 6축의 축사(祝辭)를 관리하며, 6기를 관리하고, 6사(辭)[87]를 제작하여 상하, 친소, 원근의 관계를 소통하게 하고, 9제(祭)[88]의 명칭을 구별하며, 왕이 명령하고 규정한 제사를 거역하는 제후를 감독하고, 제사의 명호(名號)를 각 나라의 도(都)와 비(鄙)에 반포하는 일을 맡는다. 하대부(下大夫) 2인이 담당하며, 상사(上士) 4인이 보좌한다.

⑰ **소축**(小祝) : 소축은 소축(少祝)이라 칭하기도 하며 태축의 속관

---

85) 6축(祝) : 순축(順祝), 연축(年祝), 길축(吉祝), 화축(化祝), 서축(瑞祝), 책축(筴祝)의 6가지이다. 순축은 풍년을 기원, 연축은 오래도록 바르게 되기를 기원, 길축은 복과 상서(祥瑞)를 기원, 화축은 재난과 병화를 막는 기원, 서축은 제때 비가 내려 바람이나 가뭄의 재앙이 없기를 기원, 책축은 죄나 질병이 없기를 각각 기원하는 것이다.

86) 6기(祈) : 유(類), 조(造), 회(禬), 영(禜), 공(攻), 설(說)의 6가지이다. 유는 사제(師祭), 조는 노제(路祭), 회는 푸닥거리, 영은 산천에 지내는 제사, 공은 병이 낫도록 비는 제사, 설은 말로 책망하는 제사이다.

87) 6사(辭) : 사(祠), 명(命), 고(誥), 회(會), 도(禱), 뇌(誄)의 6가지이다. 사는 사령(辭令)이며, 명은 진실한 사업을 시작하는 뜻이며, 고는 위에서 아래를 훈시하는 말이며, 회는 회동에서 맹서하는 말이며, 도는 경하하는 말이니 복을 비는 말이며, 뇌는 죽은 사람 생전의 공덕을 칭송하는 말이다.

88) 9제(祭) : 명제(命祭), 연제(衍祭), 포제(炮祭), 주제(周祭), 진제(振祭), 유제(擩祭), 절제(絶祭), 요제(繚祭), 공제(共祭)의 9가지이다. 명제는 군주가 명하는 제사, 연제는 길에 지내는 제사, 포제는 섶나무를 태워 하늘에 지내는 제사, 주제는 사방에 지내는 제사, 진제는 군대를 떨쳐 일어나게 하는 제사, 유제는 폐나 간이나 젓갈 등으로 지내는 제사, 절제는 허파로 지내는 제사, 요제는 손으로 폐를 꺼내 근본을 따르는 제사, 공제는 받들어 시동에게 주는 제사이다.

(屬官)으로써 작은 제사의 축사(祝事)를 관장하며 태축이 축사
(祝事)를 행할 때 보좌한다. 구체적 업무는 소제사(小祭祀)나 앞
으로 다가올 일에 대해 복을 빌고 재앙을 물리치는 일을 비는
축호(祝號)89)를 관리하며 대제사에 태축을 보좌하고, 제사의 제
기(祭器)와 준작(尊爵)을 거두는 일을 돕는다. 대규모의 출병이
나 정벌이 있으면 북에 희생의 피를 발라 기도하는 축사(祝辭)
를 관장하며, 병재(兵災)나 약탈 등의 일이 발생하면 교사(郊社)
를 보호하는 책임을 맡는다. 중사(中士) 8인이 담당하고, 하사
(下士) 16인이 보좌하며, 휘하에 부(府) 2인, 사(史) 4인, 서(胥)
4인, 도(徒) 40인이 있다.

⑱ **전축**(甸祝) : 전축은 네 계절의 사냥이나, 병제(兵祭), 사제(師祭)
등의 축사(祝事)를 관장하는 관원이다. 구체적 업무는 사시(四
時)의 사냥에 표(表)를 세운 곳에 사제(師祭)의 축호(祝號)를 관
리한다. 하사(下士) 2인이 담당하며, 휘하에 부(府) 1인, 사(史)
1인, 도(徒) 4인이 있다.

⑲ **상축**(喪祝) : 상축은 나라의 크고 작은 상제(喪祭)의 축사(祝事)
를 담당하는 관원이다. 구체적 업무는 대상(大喪)의 영구(靈柩)
를 실은 수레가 장지를 향할 때 통솔과 안전을 관장한다. 잡역
(雜役)들에게 계빈(啓殯)을 명(命)하고, 조묘(祖廟)에 도착한 후
전제(奠祭)를 올리고, 노제(路祭)를 지내며, 우제(虞祭)의 축호
(祝號)를 담당한다. 경(卿)과 대부(大夫)의 상사(喪事)에도 관련

---

89) 축호(祝號) : 6축과 6호를 뜻한다. 6축은 신에게 제사를 지낼 때 사용하게
되는 여섯 종류의 기도문을 뜻하고, 6호는 신이나 제수(祭需)를 부를 때
아름답게 꾸며서 부르는 여섯 종류의 호칭을 뜻한다.

업무를 협조하며, 대·소렴(大·小殮) 및 관(棺) 꾸미는 일 등을
주관한다. 상사(上士) 2인이 담당하며, 중사(中士) 4인이 보좌하
고, 휘하에 하사(下士) 8인, 부(府) 2인, 사(史) 2인, 서(胥) 4인,
도(徒) 40인이 있다.

⑳ **조축**(詛祝) : 조축은 맹서(盟誓)나 맹약(盟約)의 축호(祝號)를 관
장하는 관원이다. 구체적 임무는 맹약 및 유(類), 조(造), 영(禜),
공(攻), 설(說)의 축호(祝號)를 관리하며, 회맹(會盟)의 재서(載
書)를 제작하여 국왕의 신용을 널리 펼치고, 각국의 계약과 신
용을 바로잡는 일을 관장한다. 하사(下士) 2인이 담당하며, 휘
하에 부(府) 1인, 사(史) 1인, 도(徒) 4인이 있다.

㉑ **사무**(司巫) : 사무는 무관(巫官)의 장(長)으로서 무관의 행정을
주관하며 무사(巫事)를 총괄한다. 국가에 큰 가뭄이 들면 남녀
무인들을 인솔하여 기우제를 지내고 춤을 추게 한다. 국가에
큰 재앙이 있으면 여러 무인들을 인솔하여 선대의 무행사(巫行
事) 기록을 보고 현재 무사(巫事)의 참고로 삼으며, 지신(地神)
에게 제사를 지낼 때 땅에 묻은 희생이나 옥(玉)을 관리한다.
모든 상사(喪事)에 강신(降神)의 예를 관장한다. 중사(中士) 2인
이 담당하며, 휘하에 부(府) 1인, 사(史) 1인, 서(胥) 1인, 도(徒)
10인이 있다.

㉒ **남무**(男巫) : 남무는 왕이 조상(弔喪) 할 때 수행하여 무사(巫事)
를 관장하는 무관(巫官)이다. 구체적 업무는 망사(望祀, 사방의
산천에 지내는 제사)와 연제(衍祭, 길에 지내는 제사), 공(攻, 병
이 낫도록 비는 제사), 설(說, 말로 책망하는 제사) 등 제사의
축호(祝號)를 관리하며, 국왕이 신하를 위하여 조상(弔喪)할 때,

도열(桃茢)90)을 잡고 국왕 앞에서 상서롭지 못한 것을 제거하는 일을 담당한다. 남무는 제한된 수가 없다. 그 사(師)는 중사(中士) 2인이 담당하고, 휘하에 부(府) 2인, 사(史) 4인 서(胥) 4인, 도(徒) 40인이 있다.

㉓ **여무**(女巫) : 여무는 왕후가 조상(弔喪) 할 때 수행하여 무사(巫事)를 관장하는 무관(巫官)이다. 해마다 때가 되면 신에게 빌어 재앙을 제거하고 신을 향초(香草)로 목욕시키는 일을 관장하며, 가뭄이 심하면 기우제에서 춤을 추고, 왕후가 조상(弔喪)을 위해 외출할 때, 도열(桃茢)을 잡고 왕후 앞에서 상서롭지 못한 것을 제거하는 일을 담당한다. 여무는 제한된 수가 없다. 그 사(師)는 중사(中士) 2인이 담당한다.

㉔ **도종인**(都宗人) : 도종인은 왕의 자제에게 봉한 봉지(封地)나 공·경(公·卿)의 식읍(食邑)에서 지내는 제사의 예(禮)를 주관한다. 도(都)91)의 제사 예절을 관장하며, 도의 예의(禮儀)와 궁실, 거기(車旗), 복식을 감독 규정한다. 만약 병란(兵亂)과 전란(戰亂)이 있게 되면, 모든 신의 제단을 보호한다. 나라에 큰 재앙이 있으면 즉시 제사를 명하고, 사후에 국왕에게 결과를 보고한다. 상사(上士) 2인이 담당하고, 중사(中士) 4인이 보좌하며, 휘하에 부(府) 2인, 사(史) 4인, 서(胥) 4인, 도(徒) 40인이 있다.

㉕ **가종인**(家宗人) : 가종인은 대부(大夫)가 받은 채읍(采邑) 제사의 예(禮)를 관장하는 관리이다. 구체적 업무는 대부의 채지(采地) 제사의 예(禮)를 주관하며, 국가에 큰 재화(災禍)가 있으면 즉시

---

90) 도열(桃茢) : 복숭아나무로 만든 비, 잡귀를 쫓는 데 씀.
91) 도(都) : 왕의 자제에게 봉한 봉지나 공·경(公·卿)의 식읍을 말함.

제사를 명하고, 사후에 국왕에게 결과를 보고한다. 대부 채지의 예와 의복, 궁실, 거기(車旗)의 금령(禁令)을 관리한다. 상사(上士) 2인이 담당하고, 중사(中士) 4인이 보좌하며, 휘하에 부(府) 2인, 사(史) 4인, 서(胥) 4인, 도(徒) 40인이 있다.

㉖ **직상**(職喪) : 직상은 제후의 상(喪)이나, 경(卿)과 대부(大夫), 사(士)와 그 밖의 작위(爵位)가 있는 자의 상(喪)을 관장하는 관원이다. 왕기(王畿) 내의 제후 및 경(卿)과 대부(大夫), 사(士)와 그 밖의 작위(爵位)가 있는 자의 상사(喪事)를 국가 규정의 상례에 따라 그 금령(禁令)을 집행하고, 상사(喪事)를 순차적으로 처리 관리한다. 상사(上士) 2인이 담당하고, 중사(中士) 4인이 보좌하며, 휘하에 하사(下士) 8인, 부(府) 2인, 사(史) 4인, 서(胥) 4인, 도(徒) 40인이 있다.

㉗ **총인**(冢人) : 총인은 국가의 공묘(公墓)를 관리하는 관원이다. 그의 구체적인 업무는 국왕의 묘지를 관리하며 그 경계 지역을 판단하고 지형과 구렁의 위치를 그려 도록으로 보관한다. 선왕의 분묘(墳墓)는 중앙에 위치하고 소(昭)는 왼쪽, 목(穆)은 오른쪽에 위치하게 하며, 제후의 묘는 앞 좌우에 위치하고, 경과 대부, 사의 묘는 뒤에 위치하며, 묘(廟)의 순서와 배열을 안치(安置)하는 일을 관장한다. 하대부(下大夫) 2인이 담당하고, 중사(中士) 4인이 보좌하며, 휘하에 부(府) 2인, 사(史) 4인, 서(胥) 12인, 도(徒) 120인이 있다.

㉘ **묘대부**(墓大夫) : 묘대부는 사묘(司墓)라 칭하기도 하며, 국가가 소유한 땅에 백성들의 묘지(墓地)에 관한 법규를 관리하는 관원이다. 그의 직책은 백성들의 묘지 경계를 관리하고, 지적도를

제작하며, 백성들이 친족관계에 따라 장례를 치르게 하여 그 묘지의 금령(禁令)을 관장한다. 하대부(下大夫) 2인이 담당하고, 중사(中士) 8인이 보좌하며, 휘하에 부(府) 2인, 사(史) 4인, 서(胥) 20인, 도(徒) 200인이 있다.

(3) 점복관(占卜官)

『주례』춘관 직관 중, 점복에 관한 관원은 태복(大卜) · 복사(卜師) · 귀인(龜人) · 수씨(菙氏) · 점인(占人) · 서인(簭人) · 점몽(占夢) · 시침(眡祲) 등의 관원(官員)이 있다.

① **태복**(大卜) : 태복은 복서(卜筮)의 업무를 총괄하는 관원이다. 구체적인 임무는 3조(兆)[92]와 3역(易)[93] · 3몽(夢)[94]의 관법을 관장한다. 나라의 길흉(吉凶) 조짐을 관찰하여 왕에게 아뢰어 정사에 반영하게 하고, 군왕을 세우거나 제후를 봉(封)하는 등의 국가 대사를 점칠 때는 불에 그을려 균열이 높아진 거북껍질

---

92) 3조(兆) : 조(兆)는 거북의 등껍질을 불에 그을려서 갈라지는 균열을 보고 길흉을 판단하는 것이다. 3조는 옥조(玉兆), 와조(瓦兆), 원조(原兆)이다. 옥조는 전욱(顓頊)의 조짐이고, 와조는 요(堯) 임금의 조짐이고, 원조는 주나라의 조짐을 뜻한다.

93) 3역(易) : 3역(易)은 연산(連山), 귀장(歸藏), 주역(周易)이다. 연산은 복희씨(伏羲氏)의 역으로 산에서 내기(內氣)를 반출하는 것과 같다. 귀장은 황제(黃帝)의 역으로 모든 만물이 돌아가지 않음이 없어서 그 속에 감추어진 것이다. 주역은 주나라의 역으로 현재 존재해 있는 역을 뜻한다.

94) 3몽(夢) : 3몽(夢)은 치몽(致夢), 기몽(觭夢), 함척(咸陟)이다. 치몽은 꿈에서 이르는 조짐으로 하후씨(夏后氏)가 만들었고, 기몽은 기이한 꿈을 얻는다는 뜻으로 은인(殷人)이 만들었고, 함척은 모두 얻는다는 뜻으로 주인(周人)이 만들었다고 한다.

을 대종백에게 보여 거북점을 보고, 큰 제사에서는 거북껍질의
높은 곳을 보고 거북점의 명을 듣는다. 소소한 일에는 대종백
을 대신하여 직접 거북점에 임한다. 하대부(下大夫) 2인이 담당
한다.

② **복사**(卜師) : 복사는 거북점을 관장하는 관원이다. 구체적 임무
는 거북의 4조(兆)[95]를 여는 일을 하며, 복사(卜事)가 있는 경우
거북껍질을 불에 그을려 그 탄 흔적이 명확하게 드러나게 한다.
거북점을 볼 때 거북껍질의 균열 형상의 상하, 좌우, 음양을 판
단하여 거북에게 점칠 일을 고하는 대종백에게 점괘를 주어 점
치는 일을 돕는다. 상사(上士) 4인이 담당한다.

③ **귀인**(龜人) : 귀인은 거북점을 치는 거북의 관리(取龜, 藏龜, 治
龜)를 관장하는 점복관(占卜官)이다. 구체적인 임무는 6종(種)의
점치는 거북이를 관리하는데, 가을에 거북이를 도살하고, 봄에
귀갑(龜甲)을 취하여 각각의 색깔과 유속(類屬)을 분별하여서
함에 넣어 조묘(祖廟)의 부고(府庫)에 보관한다. 중사(中士) 2인
이 담당하며, 휘하에 부(府) 2인, 사(史) 2인, 공(工) 4인, 서(胥)
4인, 도(徒) 40인이 있다.

④ **수씨**(菙氏) : 수씨는 거북껍질을 그을릴 횃불을 관장하는 관원
이다. 구체적인 임무는 초계(燋契, 초와 계는 거북껍질을 그을
릴 때 쓰는 불 지핀 나뭇단이다.)를 준비하여 복사(卜事)에 대비
하며, 잘 그을려진 거북껍질을 복사(卜師)에게 주어서 점치는
일이 잘 이루어지도록 보좌한다. 하사(下士) 2인이 담당하며,
휘하에 사(史) 1인, 도(徒) 8인이 있다.

---

95) 4조(兆) : 4조는 방조(方兆), 공조(功兆), 의조(義兆), 궁조(弓兆)를 말한다.

⑤ **점인**(占人) : 점인은 거북점을 관장하여 직접 점대를 가지고 점을 쳐서 그 길흉을 알리는 관원이다. 구체적인 임무는 국가에 8가지 대사(大事)가 있을 경우, 8개의 점대를 가지고 8가지를 점을 치며, 8괘로써 8가지 사유(事由)를 점쳐서 길흉을 본다. 점치는 일이 이루어지면 그 점괘의 내용을 기록하여 부고(府庫)에 보관하였다가 한 해를 마치면, 점을 친 내용들이 부합하였는지를 검토한다. 하사(下士) 8인이 담당하며, 휘하에 부(府) 1인, 사(史) 1인, 도(徒) 8인이 있다.

⑥ **서인**(筮人) : 서인은 시초대로 점치는 일을 관장하는 관원이다. 구체적인 임무는 3역(易)을 통하여 9서(筮)[96]를 판별하는 업무를 담당한다. 초봄인 상춘(上春)에 새로운 시초를 선택하여 국가의 점을 관장하는 부서에 이를 제공한다. 중사(中士) 2인이 담당하며, 휘하에 부(府) 1인, 사(史) 2인, 도(徒) 4인이 있다.

⑦ **점몽**(占夢) : 점몽은 꿈의 길흉을 해몽하는 관원이다. 구체적인 임무는 네 계절의 일월(日月)이 운행하여 서로 모이는 28수의 위치와 순서를 관찰하고 음양의 기운을 판별하여, 일월성신(日月星辰)의 합류 시간과 위치를 참고해 6가지 꿈의 길흉[97]을 점

---

96) 9서(筮) : 9서는 서경(筮更), 서함(筮咸), 서식(筮式), 서목(筮目), 서역(筮易), 서비(筮比), 서사(筮祠), 서삼(筮參), 서환(筮環)이다. 서경은 도읍을 옮길 때 점치는 것이다. 서함은 모두가 즐거워하는지 싫어하는지의 여부를 점치는 것이다. 서식은 시초를 제작하는 법식을 점치는 것이다. 서목은 일이 적절한가를 점치는 것이다. 서역은 대중들이 점을 기뻐하지 않으면 바꾸는 것이다. 서비는 점과 대중이 친밀해지는 것을 뜻한다. 서사는 희생과 날짜를 점치는 것이다. 서환은 군사가 이를 것인가, 오지 않을 것인가를 점치는 것이다.
97) 6몽(夢) : 6몽은 정몽(正夢), 악몽(噩夢), 사몽(思夢), 오몽(寤夢), 희몽(喜夢), 구몽(懼夢)이다. 정몽은 평소에 편안한 상태에서 꾸는 꿈. 악몽은 불길한 꿈인 악몽. 사몽은 깨어 있을 때 생각하던 일을 꾸는 꿈. 오몽은 깨어 있을

친다. 늦겨울 왕의 새해 길몽을 위하여 간청하고, 1년의 점몽 중 이미 부응(符應)된 기록을 왕에게 바친다. 중사(中士) 2인이 담당하며, 휘하에 사(史) 2인, 도(徒) 4인이 있다.

⑧ **시침**(眡祲) : 시침은 구름을 보고 길흉 및 운세를 점치는 관원이다. 구체적인 임무는 십휘(十煇)[98]의 법을 통하여 재앙과 복을 관찰하고, 길흉을 판별하여 백성들의 삶이 편안할 수 있도록 재앙을 제거하는 일을 한다. 정월(正月)에 업무를 시작하여 한 해를 마치면 안택(安宅)의 결과를 통계한다. 중사(中士) 2인이 담당하며, 휘하에 사(史) 2인, 도(徒) 4인이 있다.

(4) 음악관(音樂官)

『주례』춘관 직관 중, 음악을 담당하는 관원은 대사악(大司樂)·악사(樂師)·대서(大胥)·소서(小胥)·태사(大師)·소사(小師)·고몽(瞽蒙)·시료(眡瞭)·전동(典同)·경사(磬師)·종사(鐘師)·생사(笙師)·박사(鎛師)·매사(韎師)·약사(籥師)·모인(旄人)·약장(籥章)·사간(司干)·전용기(典庸器)·제루씨(鞮鞻氏) 등이 있다.

때 본 것을 밤에 꾸는 꿈. 희몽은 길몽인 좋은 꿈. 구몽은 두려운 꿈이다.
98) 십휘(十煇) : 십휘는 침(祲), 상(象), 휴(鑴), 감(監), 암(闇), 몽(瞢), 미(彌), 서(敘), 제(隮), 상(想)이다. 침은 음과 양이 서로 침범하여 태양이 빛을 잃은 상태. 상은 태양에서 적조가 보이는 경우. 휴는 태양 주위에 햇무리가 성행하는 것. 감은 구름의 기운이 태양으로 다가서는 상태. 암은 태양이 완전히 먹혀 있는 상태. 즉 일식. 몽은 해와 달이 어두컴컴하여 광채가 없는 상태. 미는 흰 무지개가 하늘을 두른 상태. 서는 구름이 순서대로 산같이 태양 위에 있는 상태. 제는 태양의 기가 오르는 듯한 상태. 상은 햇무리가 빛나는 상태이다.

① **대사악**(大司樂) : 대사악은 악관의 장(長)이며 대악정(大樂正)이라고 칭하기도 한다. 태학(大學)의 교정(敎程)을 관장하여, 나라의 학정(學政)을 관리하고, 나라의 자제들을 모아 교육을 시행한다. 도(道)와 덕(德)이 있는 자들에게 교육을 전담하게 하여 악덕(樂德)과 악어(樂語), 악무(樂舞)로써 공·경(公·卿)과 대부(大夫)의 자제를 가르치고, 육률(六律)99)과 육동(六同)100)과 오성(五聲)과 팔음(八音)101)과 육무(六舞)102)로써 음절(音節)과 조화를 이루게 한다. 왕국 혹은 제후 국가를 세울 때는 음란한 음악, 정도(正道)에 지나친 음악, 망국의 음악, 나태한 음악을 금지하는 일을 맡는다. 중대부(中大夫) 2인이 담당한다.

② **악사**(樂師) : 악사는 소악정(小樂正) 혹은 악정(樂正)이라고도 칭하며, 대사악(大司樂)과 함께 동관별직(同官別職)이다. 소학(小學)의 행정을 관장하여, 공·경(公·卿)·대부(大夫)의 자제들에게 소무(小舞)를 가르치며, 음악을 만들 때는 악기 진설의 위치와 음악연주의 선후 차서(次序)를 담당하고, 악사(樂事)의 정무를 관리한다. 악관(樂官)들의 행정업무를 관리하며, 그들의 불편 사항을 청취하고 해결하는 일을 담당한다. 하대부(下大夫)

---

99) 육률(六律) : 육률은 양성(陽聲)에 합치하는 양률을 말하는데, 황종(黃鐘), 태주(太蔟), 고선(姑洗), 유빈(蕤賓), 이칙(夷則), 무역(無射)을 말한다.
100) 육동(六同) : 육동은 음률(陰律)을 말하며, 대려(大呂), 협종(夾鐘), 중려(仲呂), 임종(林鐘), 남려(南呂), 응종(應鐘)이다.
101) 팔음(八音) : 팔음은 8가지 악기로 금(金), 석(石), 사(絲), 죽(竹), 포(匏), 토(土), 혁(革), 목(木)으로 만든 악기의 총칭이다.
102) 육무(六舞) : 육무는 6가지 무용으로 운문대권(雲門大卷 : 황제의 음악), 대함(大咸 : 요임금의 음악), 대소(大磬 : 순임금의 음악), 대하(大夏 : 우임금의 음악), 대호(大濩 : 탕임금의 음악), 대무(大武 : 무왕의 음악)이다.

4인이 담당하고, 상사(上士) 8인이 보좌하며, 휘하에 하사(下士) 16인, 부(府) 4인, 사(史) 8인, 서(胥) 8인, 도(徒) 80인이 있다.

③ 대서(大胥) : 대서는 공·경(公·卿)과 대부(大夫)의 자제 중, 무(舞)를 배울 학사(學士)들의 명부(名簿)와 소집을 담당하는 관원이다. 구체적 임무는 공·경(公·卿)과 대부(大夫)의 자제들이 무(舞) 익히는 것을 관장하며, 그들의 진퇴(進退)와 움직임의 차례를 모두 음악 규칙에 맞게 하고, 육악(六樂)의 악장과 무(舞)가 서로 어울리게 하여 무위(舞位)를 바르게 한다. 장유(長幼)에 따라 선후와 출입의 차례를 정해주고, 악관(樂官)의 우열을 정밀이 관찰하며, 악기의 진열을 점검하고, 악관 중, 교악(敎樂)과 용악(用樂) 관련 업무를 관리한다. 중사(中士) 4인이 담당한다.

④ 소서(小胥) : 소서는 대서(大胥)가 무(舞)를 익히는 학사(學士)들을 소집하는 일에 협조하고, 감독하는 일을 책임지는 관원이다. 구체적 임무는 학사들의 소집과 감독의 업무를 관리하며, 태만하고 불경스러운 사람을 발견하면 굉(觥, 무소뿔로 만든 잔)으로 벌주를 내린다. 춤추는 행렬을 살피며 불성실한 학사(學士)들을 독려하고, 종(鐘)과 경(磬)을 달아맬 위치를 검토하여 바로잡는다. 하사(下士) 8인이 담당하고, 휘하에 부(府) 2인, 사(史) 4인, 도(徒) 40인이 있다.

⑤ 태사(大師) : 태사는 악공(樂工)의 장(長)이다. 육률(六律)과 육동(六同)을 관장하여 음양(陰陽)의 소리를 조화롭게 하고, 시(詩)의 육의(六義)를 가르쳐 지(智), 인(仁), 성(聖), 의(義), 충(忠), 화(和)의 육악덕(六樂德)으로 악가(樂歌)를 익히는 기초로 삼으며, 육률의 화답으로 악가를 익히는 자들의 음조(音調)를 살펴

안다. 대제례(大祭禮)와 향연(饗宴), 사례(射禮)에 고몽(瞽蒙, 악관)을 인솔하여 당(堂)에 올라 악기를 연주하며 시가(詩歌)를 부르게 하고, 당(堂) 아래에서는 관악기를 연주하게 하며 소고(小鼓)를 치도록 한다. 하대부(下大夫) 2인이 담당한다.

⑥ **소사**(小師) : 소사는 악가(樂歌)를 가르치는 것을 관장하는 악관(樂官)이다. 구체적 임무는 고(鼓)와 도(鼗)와 축(柷)과 어(敔)와 훈(塤)과 소(簫)와 관(管)과 현(弦) 등의 악기연주와 노래를 가르치는 일을 관장한다. 대제사(大祭祀)와 향연(饗宴)이 있으면 당(堂)에 올라 악기를 연주하며 시가(詩歌)를 부르고, 당(堂) 아래에서는 관악기를 연주하게 하며 응고(應鼓)를 치도록 한다. 국왕과 왕후 및 세자의 상례(喪禮)에 태사를 도와 함께 악기를 진열한다. 상사(上士) 4인이 담당한다.

⑦ **고몽**(瞽蒙) : 고몽은 금슬(琴瑟) 및 현악기의 노래 연주와 송시(誦詩)를 담당하는 악관(樂官)이다. 구체적인 임무는 도(鼗)와 축(柷)과 어(敔)와 훈(塤)과 소(簫)와 관(管)과 현(弦) 등의 악기연주와 시가(詩歌)를 연주하며, 태사의 지시를 따르고, 구덕(九德)과 육시(六詩)의 시가(詩歌)를 관장한다. 상고(上瞽) 40인, 중고(中瞽) 100인, 하고(下瞽) 160인이 있다.

⑧ **시료**(眡瞭) : 시료는 종(鐘), 박(鎛), 경(磬), 우(竽), 생(笙) 등 악기의 악사(樂事)를 담당하는 악관(樂官)이다. 구체적인 임무는 음악을 사용할 때 도(鼗)를 두드리고, 송경(頌磬)과 생경(笙磬)을 치며, 태사가 매달라고 하는 악기를 맡아서 매단다. 모든 악사(樂事)에서 고몽(瞽蒙)이 연주할 수 있도록 곁에서 돕는다. 국왕과 왕후 및 세자의 상례(喪禮)와 대려제(大旅祭) 때 부장품(副

葬品)인 악기를 진설하며, 조회(朝會)하러 온 제후와 활쏘기할 때 종고(鐘鼓)를 울린다. 시료는 300인이 담당하며, 부(府)4인, 사(史) 8인, 서(胥) 12인, 도(徒) 120인이 있다.

⑨ **전동**(典同) : 전동은 악기의 화음을 관장하는 악관(樂官)이다. 구체적인 임무는 육률(六律)과 육동(六同)의 화음을 조정하고, 천지와 사방의 음양(陰陽)의 소리를 분별하여 각종 악기를 만든다. 중사(中士) 2인이 담당하며, 휘하에 부(府) 1인, 사(史) 1인, 서(胥) 2인, 도(徒) 20인이 있다.

⑩ **경사**(磬師) : 경사는 경쇠와 편종(編鐘)을 연주하는 것을 교육하는 악관(樂官)이다. 그의 직책은 국왕의 옥경(玉磬)과 편종(編鐘)을 치는 방법을 맡아 가르치며, 잡악(雜樂)과 연악(燕樂) 연주 중에서 경쇠와 편종을 치는 방법도 지도한다. 중사(中士) 4인이 담당하며, 하사(下士) 8인이 보좌하고, 휘하에 부(府) 4인, 사(史) 2인, 서(胥) 4인, 도(徒) 40인이 있다.

⑪ **종사**(鐘師) : 종사는 종(鐘)류의 악기연주를 지도하는 악관(樂官)이다. 그의 직책은 종(鐘), 박(鎛), 고(鼓), 경(磬)을 두드리며 연주하고, 비(蠶)를 연주하여 잡악(雜樂)과 조화를 이루게 한다. 중사(中士) 4인이 담당하며, 하사(下士) 8인이 보좌하고, 휘하에 부(府) 2인, 사(史) 2인, 서(胥) 6인, 도(徒) 60인이 있다.

⑫ **생사**(笙師) : 생사는 생(笙)류의 악기 연주를 지도하는 악관(樂官)이다. 그의 직책은 우(竽)·생(笙)·훈(塤)·약(籥)·소(簫)·지(篪)·적(篴)·관(管)과 용(舂)·독(牘)·응(應)·아(雅)의 연주를 교육한다. 국왕과 왕후 및 세자의 상례(喪禮)와 대제(大祭)에 부장품(副葬品)인 악기를 진설하는 일을 맡는다. 중사(中士)

2인이 담당하며, 하사(下士) 4인이 보좌하고, 휘하에 부(府) 2인, 사(史) 2인, 서(胥) 1인, 도(徒) 10인이 있다.

⑬ **박사**(鎛師) : 박사는 박(鎛)류의 악기연주를 가르치는 악관(樂官)이다. 그의 직책은 모든 제사에 금속으로 만든 악기를 연주하고, 향사(饗食)나 빈객 접대의 사례(射禮)에서도 그 일을 관장한다. 중사(中士) 2인이 담당하며, 하사(下士) 4인이 보좌하고, 휘하에 부(府) 2인, 사(史) 2인, 서(胥) 2인, 도(徒) 20인이 있다.

⑭ **매사**(韎師) : 매사는 매악(韎樂)을 가르치는 악관(樂官)이다. 그의 직책은 동이(東夷)의 음악인 매악을 지도하고, 제사에 그 소속 무리를 인솔하여 동이의 춤을 추는 것을 관장한다. 하사(下士) 2인이 담당하고, 휘하에 부(府) 1인, 사(史) 1인, 무자(舞者) 16인, 도(徒) 40인이 있다.

⑮ **약사**(籥師) : 약사는 경(卿)과 대부(大夫)의 자제인 국자(國子)에게 우무(羽舞)와 약무(籥舞)를 지도하는 악관(樂官)이다. 제사와 빈객을 접대하거나 향사(饗食)에 우무(羽舞)와 약무(籥舞)를 추며, 국왕과 왕후 및 세자의 상례에 부장품(副葬品)인 악기를 진설하는 일을 맡는다. 중사(中士) 4인이 담당하고, 휘하에 부(府) 2인, 사(史) 2인, 서(胥) 2인, 도(徒) 20인이 있다.

⑯ **모인**(旄人) : 모인은 산악(散樂)에 맞추어 추는 춤과 이악(夷樂)에 맞추어 추는 춤을 지도하는 악관(樂官)이다. 그의 직책은 산악무(散樂舞)와 이악무(夷樂舞)를 가르치는 일을 관장하며, 제사나 빈객 접대의 향연에 사방의 무사(舞士)를 위촉하여 산악무(散樂舞)와 이악무(夷樂舞)를 추게 한다. 하사(下士) 4인이 담당하며, 휘하에 무자(舞者)는 제한이 없으며, 부(府) 2인, 사(史)

2인 서(胥) 2인, 도(徒) 20인이 있다.

⑰ **약장**(籥章) : 약장은 야악(野樂)의 토고(土鼓)와 빈약(豳籥)을 관장하는 악관(樂官)이다. 중사(中士) 2인이 담당하고, 하사(下士) 4인이 보좌하며, 휘하에 부(府) 1인, 사(史) 1인, 서(胥) 2인, 도(徒) 20인이 있다.

⑱ **사간**(司干) : 사간은 무구(舞具)를 보관, 관리하는 악관(樂官)이다. 그의 직책은 춤을 출 때 사용하는 기구를 관리한다. 제사 때 무인(舞人)들이 이미 배치되면, 도구를 주고, 춤이 끝나면, 이를 회수하여 보관한다. 국왕과 왕후 및 세자의 상례에 부장품(副葬品)인 무구(舞具)를 진설하는 일을 맡는다. 하사(下士) 2인이 담당하며, 휘하에 부(府) 2인, 사(史) 2인, 도(徒) 20인이 있다.

⑲ **전용기**(典庸器) : 전용기는 악기와 용기(庸器)[103]를 보관, 관리하는 악관(樂官)이다. 그의 직책은 악기(樂器) 및 큰 공로로 인한 기념물을 제작한 기물(器物)을 수장한다. 큰 제사가 있을 때 관원들을 거느리고 순거(筍虡)[104]를 설치하고 용기(庸器)를 진열한다. 국왕과 왕후 및 세자의 상례에 부장품(副葬品)인 악기를 걸기 위해 순거(筍虡)를 설치한다. 하사(下士) 4인이 담당하며, 휘하에 부(府) 4인, 사(史) 2인, 서(胥) 8인, 도(徒) 80인이 있다.

---

103) 용기(庸器) : 정벌한 나라에서 획득한 숭정(崇鼎)이나 관정(貫鼎)과 병장기에 쇠를 부어 만들어 글을 새긴 것. 공로자를 위해 그 공을 새기려고 쇠를 부어 만든 물건.

104) 순거(筍虡) : '筍'은 '虡(악기 다는 틀)'의 뜻으로 순거는 종이나 경쇠를 매다는 틀이다.

⑳ **제루씨**(鞮鞻氏) : 제루씨는 사방 이민족의 악가(樂歌)를 관장하
는 악관(樂官)이다. 그의 직책은 이민족의 악무(樂舞)와 노래를
관리한다. 제례(祭禮)와 향연(饗宴)에 관악기를 연주하며 노래
를 부른다. 하사(下士) 4인이 담당하며, 휘하에 부(府) 1인, 사
(史) 1인, 서(胥) 2인, 도(徒) 20인이 있다.

(5) 문사 · 천상관(文史 · 天象官)

『주례』춘관 직관 중 태사(大史) · 소사(小史) · 내사(內史) · 외사(外
史) · 어사(御史) · 풍상씨(馮相氏) · 보장씨(保章氏) 등 문사(文史)와 천
상(天象)을 관리하는 직관(職官)이 있다.

① **태사**(大史) : 태사는 사관(史官)의 수장(首長)이다. 그의 직책은
전법(典法)과 예적(禮籍) 및 천문(天文)을 담당한다. 구체적인
임무는 국가의 육전(六典 : 육관(六官)의 관리가 지켜야 할 법전
으로서 치전(治典), 교전(敎典), 예전(禮典), 정전(政典), 형전(刑
典), 사전(事典))을 세워서 제후국을 다스리고, 팔법(八法 : 관부
(官府)의 관리들을 다스리는 8가지 통법)을 관장하여 관부(官府)
를 다스리고, 팔칙(八則 : 기내(畿內)의 채읍(采邑)을 다스리는
8가지 규정)을 관장하여 도(都)와 비(鄙)를 다스린다. 제후국의
도비(都鄙)와 백성들이 약속하거나 맹세한 문서를 양분(兩分)하
여 각각 육관(六官 : 천관(天官), 지관(地官), 춘관(春官), 하관(夏
官), 추관(秋官), 동관(冬官))과 태사(大史)가 보관한다. 만약 약
속이나 맹세가 문란해지면 법으로 다스리고, 위법자에게는 형
벌을 내린다. 세(歲)와 연(年)을 바로 잡아 일력(日曆)을 제정하

고 사시(四時)의 순서에 따라 할 일을 하게 하며, 관부와 각 도비(都鄙)에 반포하여 제후들에게 신년(新年) 12개월의 초하루를 알린다. 대제(大祭)가 있을 때 태복(大卜)과 함께 제삿날을 점치고, 백관(百官)들에게 재계하고 침숙하는 날을 당부하며, 제사의 업무를 담당하는 관원에게 예서(禮書)를 익혀 따르게 한다. 회동(會同)이나 조근(朝覲)의 경우 역시 예서(禮書)의 규정에 따라 업무를 익히게 한다. 대규모의 출사(出師)나 정벌이 있을 경우 천시(天時)와 길흉(吉凶)을 살핀다. 천도(遷都)할 때는 국성(國城), 궁실(宮室), 종묘(宗廟)의 계획을 조성한다. 대상(大喪)이 있으면 그 업무를 직접 감독하여 살피고, 제후의 상(喪)인 경우 왕명을 받아 시호를 내린다. 활쏘기 연회에서는 관중(貫中)한 횟수를 계산하여 사례(射禮)에 따라 집행한다. 하대부(下大夫) 2인이 담당하며, 상사(上士) 4인이 보좌한다.

② **소사**(小史) : 소사는 태사(大史)의 부관(副官)이다. 그의 직책은 왕국과 제후국의 기록을 관장하며, 왕자(王者)의 세계(世系)를 정확히 기록하고, 소(昭)와 목(穆)을 판별한다. 대제례(大祭禮)에서는 태사(大史)와 여러 집행관이 예법을 읽을 때, 소사는 예서(禮書)상의 규정에 따라 소목(昭穆)과 제물의 희생 및 서직(黍稷)의 위치를 검토하여 바로 잡는다. 대상(大喪), 대빈객(大賓客), 대회동(大會同), 대군려(大軍旅)의 일에는 태사(大史)를 보좌한다. 나라의 예법(禮法)을 사용할 때 그 소소한 일을 관장하며, 경(卿)이나 대부(大夫)의 상(喪)에는 시호를 내리고 뇌사(誄辭)를 낭독한다. 중사(中士) 8인이 담당하며, 하사(下士) 16인이 보좌하며, 휘하에 부(府) 4인, 사(史) 8인, 서(胥) 4인, 도(徒) 40

인이 있다.

③ **내사**(內史) : 내사는 궁중에 있으면서 태재(太宰)를 도와 왕사(王事)를 아뢰는 일을 담당하는 관원(官員)이다. 그의 직책은 왕의 팔병(八柄)의 법을 관리하여 태재(太宰)를 도와 왕이 천하를 다스리는 것을 아뢰며, 국가제정의 법칙과 왕이 하달하는 시정(施政)의 명령 부본(副本)을 보관한다. 제후와 경과 대부에게 내린 작위(爵位)의 왕명을 간책(簡策)에 기록하고, 서사(敍事)의 법을 관장하여 각국의 제후들이 올린 상소(上疏)를 왕에게 아뢰어 정사를 청취하게 하고, 왕이 녹(錄)으로 제정하면 내사(內史)가 녹사(錄辭)로 제작하여 목판에 써서 내어준다. 왕이 기내(畿內)의 제후들에게 왕명을 하달하는 경우 내사(內史)가 이를 작성하고 부본(副本)을 보관한다. 중대부(中大夫) 1인이 담당하며, 하대부(下大夫) 2인이 보좌하고, 휘하에 상사(上士) 4인, 중사(中士) 8인, 하사(下士) 16인, 부(府) 4인, 사(史) 8인, 서(胥) 4인, 도(徒) 40인이 있다.

④ **외사**(外史) : 외사는 내사 아래에서 기외(畿外)로 나가는 왕명(王命)을 관장하는 관원이다. 그의 직책은 사방 제후국의 기록물과 3황(皇) 5제(帝)의 전적(典籍) 및 고서의 편명(篇名)을 관리한다. 만약 문서를 사방으로 보낼 일이 있으면, 왕의 명령을 기록하여 사자(使者)에게 준다. 상사(上士) 4인이 담당하고, 중사(中士) 8인이 보좌하며, 휘하에 하사(下士) 16인, 서(胥) 2인, 도(徒) 20인이 있다.

⑤ **어사**(御史) : 어사는 각 제후국의 도비(都鄙)와 기내(畿內)의 백성들에게 행정사항을 글로 적어 보내는 일을 관장하는 관원이

다. 그의 직책은 제후국과 도비(都鄙) 및 기내(畿內)의 백성들에게 행정 명령을 관리하여 태재(大宰)를 보좌하고 왕에게 아뢴다. 만약 왕의 명령이 있으면 이를 문서로 만들고, 정사에 종사하는 관직의 인원수와 사망과 파면으로 인한 관직의 공석(空席)을 심사 평가하는 일을 맡는다. 중사(中士) 8인이 담당하고, 하사(下士) 16인이 보좌하며, 휘하에 사(史) 120인, 부(府) 4인, 서(胥) 4인, 도(徒) 40인이 있다.

⑥ **풍상씨**(馮相氏) : 풍상씨는 천문(天文)과 성력(星曆)을 관리하는 관원이다. 그의 직책은 12세(歲), 12월(月), 12신(辰), 10일(日), 28숙(宿)을 관장하여, 4시(時)의 절기(節氣)에 따라 그 합당한 일을 판별한다. 일월성신(日月星辰)의 천체의 운행을 관찰하여 동지(冬至)와 하지(夏至)를 살피고, 춘분(春分)과 추분(秋分)을 살펴서 1년의 기후를 판단한다. 중사(中士) 2인이 담당하고, 하사(下士) 4인이 보좌하며, 휘하에 부(府) 2인, 사(史) 4인, 도(徒) 8인이 있다.

⑦ **보장씨**(保章氏) : 보장씨는 천문(天文)과 성력(星曆)을 관리하는 관원이다. 그의 직책은 천상의 항성(恒星)을 관찰하여 기상을 점치며, 일월성숙(日月星宿)의 운행과 변화를 기록하여 화복(禍福)의 변천을 관찰하고, 그의 길흉을 판별한다. 12세(歲)의 별 운행을 점쳐 그 지역의 요사스러움과 상서로움을 관찰한다. 중사(中士) 2인이 담당하고, 하사(下士) 4인이 보좌하며, 휘하에 부(府) 2인, 사(史) 4인, 도(徒) 8인이 있다.

(6) 거기관(車旗官)

『주례』춘관 직관 중 건거(巾車)·전로(典路)·거복(車僕)·사상(司常) 등 거(車)와 기(旗)를 관리하는 직관(職官)이 있다.

① **건거**(巾車) : 건거는 관청의 수레(公車)에 관한 행정을 관리하는 관원으로서 거관(車官)의 수장(首長)이다. 구체적인 업무는 관청 수레의 용도와 수레에 꽂는 깃발을 판단하고, 등급과 차서(次序)을 분별하며 차량의 출입을 관리한다. 하대부(下大夫) 2인이 담당하고, 상사(上士) 4인이 보좌하며, 휘하에 중사(中士) 8인, 하사(下士) 16인, 부(府) 4인, 사(史) 8인, 공(工) 100인, 서(胥) 5인, 도(徒) 50인이 있다.

② **전로**(典路) : 전로는 왕과 왕후의 오로(五路)[105]를 관리하는 관원이다. 구체적인 업무는 왕과 왕후가 타는 오로(五路)의 수레를 관장하며, 그 명호(名號)와 물색(物色) 및 쓰임새와 수레에 말의 멍에를 씌우고 제거하는 일을 관장한다. 중사(中士) 2인이 담당하며, 하사(下士) 4인이 보좌하고, 휘하에 부(府) 2인, 사(史) 2인, 서(胥) 2인, 도(徒) 20인이 있다.

③ **거복**(車僕) : 거복은 군사용 수레의 업무를 담당하는 관원이다. 구체적인 업무는 군로(軍路)인 융로(戎路)와 광거(廣車), 궐거(闕車), 평거(苹車), 경거(輕車)를 관리한다. 출병(出兵)과 회동(會同)이 있을 때 각종 병거(兵車)를 공급한다. 중사(中士) 2인이 담당하며, 하사(下士) 4인이 보좌하고, 휘하에 부(府) 2인, 사

---

105) 오로(五路) : 오로는 왕과 왕후가 타는 다섯 종류의 수레이다. 즉 옥로(玉路), 금로(金路), 상로(象路), 혁로(革路), 목로(木路)이다.

(史) 2인, 서(胥) 2인, 도(徒) 20인이 있다.

④ **사상**(司常) : 사상은 깃발을 관리하는 관원이다. 구체적 임무는 구기(九旗)[106]의 사물 명칭을 관장하고 각 소속의 표지(標識)를 구별하여 국사(國事)에 사용한다. 중사(中士) 2인이 담당하며, 하사(下士) 4인이 보좌하고, 휘하에 부(府) 2인, 사(史) 2인, 서(胥) 4인, 도(徒) 40인이 있다.

4) 하관(夏官)

『주례』 하관의 속관은 총 70개의 직관(職官)이 있다. 장관은 대사마(大司馬)이고 부관은 소사마(小司馬)이다. 하관(夏官)은 「정관(政官)」으로서, 대사마가 속관을 거느리고 왕국의 정전 (政典)을 관장하여 왕이 제후국을 다스리는 것을 보좌한다. 제후국의 구법(九法)[107]을 제정하고 시행하는 일을 관장하여 왕을 도와 제후국의 정치가 바르게 되도록 한다. 구벌지법(九伐之法)[108]을 통해 제후국의 실정(失

---

106) 구기(九旗) : 표시가 서로 다른 등급과 용도를 나타내는 깃발이다. 즉 상(常), 기(旂), 전(旃), 물(物), 기(旗), 여(旟), 조(旐), 수(旞), 정(旌)의 9가지 깃발이다.

107) 구법(九法) : 나라를 다스리는 데 준수하여야 할 9가지 법칙. 곧 제기봉국(制畿封國), 설의변위(設儀辨位), 진현흥공(進賢興功), 건목입감(建牧立監), 제군힐금(制軍詰禁), 시공분직(施貢分職), 간계향민(簡稽鄉民), 균수평칙(均守平則), 비소사대(比小四大) 등을 말한다.

108) 구벌(九伐) : 왕명(王命)을 어긴 자를 처벌하는 9가지 법목(法目). 1. 약자를 짓밟고 소수자를 침범하면 땅을 줄일 것, 2. 어진 이를 해치고 백성을 해치면 토벌할 것, 3. 안으로 백성에게 포악하고 밖으로 남의 나라를 능멸하면 갈아치울 것, 4. 들이 황폐하고 백성이 흩어지면 땅을 깎을 것, 5. 험고(險固)함을 믿고 복종하지 않으면 칠 것, 6. 제 친족을 해치거나 죽이면 죄를 다스릴 것, 7. 제 임금을 내쫓거나 시해하면 죽일 것, 8. 명령을 범하거나 정법(正法)을 능멸하면 봉쇄할 것, 9. 안팎으로 윤리가 문란하거나 짐승의 행동을 하면

政)과 부정을 징벌하며, 군부(軍賦)를 징수하고, 사계절에 맞춰 백성들을 교육하여 군사 훈련을 하고, 중동(中冬)에 검열의 예(禮)를 거행하며, 왕이 친정(親征)을 하면 계령(戒令)을 관장하는 일 등은 군정(軍政)에 관한 것이지만, 대역(大役), 대회동(大會同), 대사(大射), 대제사(大祭祀), 대상(大喪), 상제(喪祭) 등을 거행할 때 필요한 물자와 인원을 제공하고 돕는 일도 담당한다. 정월 초하루에는 제후국과 기내(畿內)의 채읍에 왕이 바르게 다스릴 일들을 선포한 뒤 이어서 문서로 작성한 정법(政法)을 공포한다. 부관인 소사마의 직장(職掌)은 경문(經文)이 일실(逸失) 되어 일부만 남아 있는데, 작은 제사(祭祀), 회동(會同), 향례(饗禮), 사례(射禮), 정벌(征伐), 전렵(田獵), 상사(喪事)에는 모두 대사마의 법과 동일하게 하여 그 일을 관장한다. 하관(夏官)의 속관은 군사마(軍司馬), 여사마(輿司馬), 행사마(行司馬), 장강 (掌疆), 사갑(司甲)의 직문(職文)이 소실되어 볼 수 없으나, 「서관」에 보이는 관원(官員)의 규모가 여타의 관보다 크고 조직이 상세하다. 조의(朝儀)를 관장하는 사사(司士)나 왕명을 출납하는 대복(大僕)과 소신(小臣), 왕의 면복(冕服)과 침묘(寢廟)를 담당하는 관직은 천관(天官)에 속하고, 사례(射禮)를 관장하는 선인(繕人)과 사인(射人), 제사 준비 과정을 시찰하는 제복(祭伏), 역귀(疫鬼)를 몰아내는 방상씨(方相氏), 제사에 희생과 갖가지 짐승을 공급하는 관직들은 춘관(春官)에 속한다.

죽여 없앨 것. 등을 말함. (以九伐之法正邦國, 馮弱犯寡則眚之, 賊賢害民則伐之, 暴內陵外則壇之, 野荒民散則削之, 負固不服則侵之, 賊殺其親則正之, 放弒其君則殘之, 犯令陵政則杜之, 外內亂鳥獸行則滅之.)

(1) 사마(司馬)

사마는 대사마(大司馬)와 소사마(小司馬), 군사마(軍司馬), 여사마(輿司馬), 행사마(行司馬) 등으로 구분되며, 그중 군사마(軍司馬), 여사마(輿司馬), 행사마(行司馬)는 『주례』 직명(職名)에는 존재하나, 직문(職文)은 존재하지 않는다.

① **대사마(大司馬)** : 대사마는 '정관(政官)'의 주관(主官)으로서 하관(夏官) 직관(職官) 중의 최고의 수장이다. 경(卿) 1인이 담당하며, 군정(軍政) 및 봉건 제후국의 일을 관장한다. 구체적인 업무는 제후국의 '구법(九法)'을 건립하고 시행하는 일을 관장하며, 왕을 보좌하여 제후국을 다스린다. 각 제후국의 강역(疆域)과 구역(區域)을 규정하고, 제후와 신하의 예의(禮儀)를 세우고, 지위를 분별하여 제후국을 바르게 한다. 주목(州牧)을 세우고 제후국의 군장(君長)을 세워 상하(上下), 존비(尊卑), 등 각각의 등차를 유지케 한다. 군대를 규제하고 금령(禁令)을 다스려서 나라를 규찰하며, 공세(貢稅)를 합리적으로 분배하여 각 제후국의 규모에 따라 부담하게 한다. 작위(爵位)의 존비와 토질에 따라 지역을 균등히 하여 각 제후국을 안정되게 하고, '구벌(九伐)'의 법을 통하여 제후국을 바로 잡으며, 구기(九畿)와 연관된 사항의 기록에 따라 세금을 거두고 직무를 분담한다. 사계절에 맞춰 군사 훈련을 하고 백성들에게 작전(作戰)과 숙영(宿營) 등을 교육한다.

② **소사마(小司馬)** : 소사마는 '정관(政官)'의 부관으로서 대사마를 보좌하는 일을 한다. 경문(經文)이 일실(逸失) 되어 구체적인 업

무는 상세하지 않으나, 작은 제사(祭祀), 회동(會同), 향례(饗禮), 사례(射禮), 정벌(征伐), 전렵(田獵), 상기(喪紀) 등의 관련 업무를 맡는다. 중대부(中大夫) 2인이 담당한다.

(2) 정법(政法)·정령관(政令官)

하관(夏官)의 사마(司馬) 직관 중 정법과 정령을 관장하는 직관은 대사마·소사마 이외에 사훈(司勳)·양인(量人)·사사(司士)·광인(匡人)·도사마(都司馬)·제자(諸子)·사관(司爟) 등이 있다.

① **사훈**(司勳) : 사훈은 공상(功賞)과 육향(六鄕) 상지(賞地)의 법령을 주관하는 관원이다. 구체적인 업무는 육향(六鄕) 상지(賞地)의 법칙을 관장하여 그 공로에 등급을 매긴다. 왕을 보좌하여 공로가 있는 것을 「훈(勳)」이라 하고, 나라에 공로가 있는 것을 「절(切)」이라 하고, 백성들에게 공로가 있는 것을 「용(庸)」이라 하고, 노동으로 공로가 있는 것을 「노(勞)」라 하고, 법을 제정하고 치적에 공이 있는 것을 「역(力)」이라 하고, 전쟁에 공이 있는 것을 「다(多)」라고 한다. 공로가 있는 자들은 그 이름을 왕의 깃발인 태상(太常)에 기록하여 태증(太烝)의 제사에서 사훈이 이를 신에게 알리는 일을 관장한다. 상사(上士) 2인이 담당하며, 하사(下士) 4인이 보좌하고, 휘하에 부(府) 2인, 사(史) 4인, 서(胥) 2인, 도(徒) 20인이 있다.

② **양인**(量人) : 양인은 국가와 제후국을 건립하고 그 토지를 측량하는 일을 주관하는 관원이다. 구체적인 업무는 국가를 건설하는 정법(政法)을 관장하여 구주(九州)에 제후국을 분건(分建)하

고, 국성(國城)의 규모를 기획하며, 궁실(宮室)의 방향 위치와 범위 및 시장, 도로, 문, 교량 등을 측량한다. 군대의 보루나 병영을 측량하여 건축하고, 군영의 시장, 도로 및 군사(軍社)를 설치할 곳을 측량한다. 제후국의 토지와 천하 도로의 길이와 수를 모두 기록하여 보관한다. 하사(下士) 2인이 담당하며, 휘하에 부(府) 1인, 사(史) 4인, 도(徒) 8인이 있다.

③ **사사**(司士) : 사사는 모든 신하의 호적과 기록을 담당하는 관원이다. 구체적인 업무는 여러 신하의 명부(名簿) 이력을 관장하며, 관리의 승진, 심사, 임용 등의 행정업무를 주관한다. 해마다 모든 신하의 공적과 과오와 퇴출과 진급한 수, 증원되고 감원된 수를 문서로 올리고, 그 해의 귀하고 천한 이를 판단한다. 국가의 도(都), 가(家), 현(縣), 비(鄙)의 수를 파악하고, 경(卿)과 대부(大夫), 사(士)의 서자(庶子) 숫자를 파악하고 이를 근거로 왕에게 승진과 진퇴를 보고한다. 조회에서 왕과 신하의 조회 위치를 바로잡는다. 왕성(王城) 내(內) 사(士)의 정무와 계령(戒令)을 관장한다. 회동(會同)이나 접빈례(接賓禮)가 있을 때 선사(選士)들을 뽑아 왕을 돕게 하고, 사방으로 가는 사신의 부사(副使)로 삼는다. 3년마다 사(士)의 업무를 평가하여 작록(爵祿)과 진퇴를 결정한다. 하대부(下大夫) 2인이 담당하며, 중사(中士) 6인이 보좌하고, 휘하에 하사(下士) 12인, 부(府) 2인, 사(史) 4인, 서(胥) 4인, 도(徒) 40인이 있다.

④ **광인**(匡人) : 광인은 제후국을 순행하며 법칙(法則)으로 제후를 바로잡는 일을 담당하는 관원이다. 구체적인 업무는 '팔법(八法)'과 '팔칙(八則)'을 널리 알려 각 제후국을 바로 잡는 일을 관

장하며, 그들의 사특한 행위를 관찰하여 감히 법도를 위반하는 일이 없도록 한다. 중사(中士) 4인이 담당하며, 휘하에 사(史) 4인, 도(徒) 8인이 있다.

⑤ **도사마**(都司馬) : 도사마는 도(都, 행정구역 명칭)의 군정(軍政)을 담당하는 관원이다. 구체적인 업무는 도(都)의 사서자(士庶子)와 병력, 거마(車馬), 병기(兵器) 등의 군사 계령(戒令)을 관장하며, 왕국의 대·소사마의 관법(官法)에 따라 그들의 정교(政敎)를 관리하며, 사마(司馬)의 지휘를 따른다. 각 도(都)마다 상사(上士) 2인이 담당하며, 중사(中士) 4인이 보좌하고, 휘하에 하사(下士) 8인, 부(府) 2인, 사(史) 8인, 서(胥) 8인, 도(徒) 80인이 있다.

⑥ **제자**(諸子) : 제자는 왕족 및 공(公), 경(卿), 대부(大夫), 사(士) 자제들의 쉬(倅, 장자(長子) 이외의 아들)를 관리하는 관원이다. 구체적인 업무는 왕족 및 공(公), 경(卿), 대부(大夫), 사(士) 자제들의 계령(戒令)과 훈련을 관장하며, 그들의 귀천과 재능의 고하를 판별하고, 조회 때 그 위치를 규정한다. 왕이 순수(巡守), 회동(會同), 정벌(征伐) 등의 대사(大事)가 있으면 국자(國子)들을 인솔하여 태자(太子)에게 이르러 태자가 등용할 수 있게 한다. 만약 출병이 있을 경우 그들에게 수레와 갑옷을 주어 군대를 이루게 한다. 하대부(下大夫) 2인이 담당하며, 중사(中士) 4인이 보좌하고, 휘하에 부(府) 2인, 사(史) 2인, 서(胥) 2인, 도(徒) 20인이 있다.

⑦ **사관**(司爟) : 사관은 불을 사용하는 행정을 담당하는 관원이다. 그의 직책은 불을 사용하는 법령을 관장하며, 때마다 들풀들을

태우는 시행령을 하달한다. 백성 중에 실화로 인해 들풀을 태우면 형벌을 내린다. 하사(下士) 2인이 담당하며, 휘하에 도(徒) 6인이 있다.

(3) 지리관(地理官)

하관(夏官)의 직관 중 군사지형 및 도적(圖籍)의 지리를 관장하는 직관은 장고(掌固)·사험(司險)·직방씨(職方氏)·토방씨(土方氏)·합방씨(合方氏)·회방씨(懷方氏)·형방씨(形方氏)·산사(山師)·천사(川師)·원사(邍師) 등이 있다.

① **장고**(掌固) : 장고는 성곽과 구지(溝池), 수거(樹渠) 등 견고한 방어 시설의 보수와 관리를 담당하는 관원이다. 그의 구체적인 직책은 성곽과 해자와 연못인 구지와 울타리와 도랑인 수거 등 방어 시설의 보수와 건축을 관장하며, 현(縣), 비(鄙)와 공읍(公邑)에서 온 귀족 자제와 복역 중인 평민들이 경비와 방어를 잘 하도록 행정을 담당한다. 상사(上士) 2인이 담당하며, 하사(下士) 8인이 보좌하고, 휘하에 부(府) 2인, 사(史) 4인, 서(胥) 4인, 도(徒) 40인이 있다.

② **사험**(司險) : 사험은 산림(山林)이나 천택(川澤)의 험준한 지역을 관리하는 관원이다. 그의 구체적인 직무는 구주(九州)의 지도를 관장하며, 산천이나 천택의 험지를 잘 알아서 도로를 내고 오구오도(五溝五涂)[109]를 건설하며, 나무를 심어서 견고한 방어 시

---

109) 오구오도(五溝五涂) : 오구는 수(遂 : 좁고 작은 수로), 구(溝), 혁(洫), 회(澮), 천(川)이며, 오도는 경(徑), 진(畛), 도(涂), 도(道), 노(路)를 말한다.

설을 만든다. 모든 곳에 금령을 지키게 하고, 도로를 통과하는 자에게 적용한다. 나라에 큰 변고가 있으면 울타리를 쳐서 도로를 막아 통행을 금하고, 그 소속 관원들에게 경비를 하게 하여 오직 부절(符節)이 있는 자만을 통과시키게 한다. 중사(中士) 2인이 담당하고, 하사(下士) 4인이 보좌하며, 휘하에 사(史) 2인, 도(徒) 40인이 있다.

③ **직방씨**(職方氏) : 직방씨는 사방의 모든 땅을 주재하고 공물을 관리하는 관원이다. 구체적인 직무는 천하의 지도를 관장하며, 천하의 땅을 맡아서 각 나라의 도비(都鄙)와 사이(四夷), 팔만(八蠻), 칠민(七閩), 구맥(九貊), 오융(五戎), 육적(六狄)의 백성들과 그들의 재용(財用), 구곡(九穀), 육축(六畜)의 수목(數目)을 판별하고 헤아려 각 지역 백성의 이익과 재난을 상세히 파악하는 일을 담당한다. 중대부(中大夫) 4인이 담당하며, 하대부(下大夫) 8인이 보좌하고, 휘하에 중사(中士) 16인, 부(府) 4인, 사(史) 16인, 서(胥) 16인, 도(徒) 160인이 있다.

④ **토방씨**(土方氏) : 토방씨는 토지에 집을 지어 살게 하고 각국 도비(都鄙)의 주거지역을 건설하는 등의 업무를 관리하는 관원이다. 구체적인 직무는 토규(土圭)의 관법(官法)을 관장하여 해의 그림자를 측정하고, 그 측정을 통해 토지와 방위를 측량하여 거주지역을 선택하며, 나라의 도비(都鄙)를 건설한다. 토질을 판단하여 합당한 작물을 심게 하고, 토지를 주어 재사(載師)에게 맡긴다. 상사(上士) 5인이 담당하며, 하사(下士) 10인이 보좌하고, 휘하에 부(府) 2인, 사(史) 5인, 서(胥) 5인, 도(徒) 50인이 있다.

⑤ **합방씨**(合方氏) : 합방씨는 사방 이민족들의 업무를 조화롭고 동일하게 하는 일을 관리하는 관원이다. 구체적인 업무는 천하의 도로가 통하게 하고, 화물이 유통되게 하며, 도량형(度量衡)의 표준을 통일시키고, 사람들 간의 원한을 제거하며 양호한 사회 풍기를 조성하는 일을 관장한다. 중사(中士) 8인이 담당하며, 휘하에 부(府) 4인, 사(史) 4인, 서(胥) 4인, 도(徒) 40인이 담당한다.

⑥ **회방씨**(懷方氏) : 회방씨는 사방의 백성들과 공물(貢物)을 모집하는 일을 관리하는 관원이다. 그의 직책은 국왕의 성덕(盛德)에 의지해 원방에서 오는 백성들을 관장한다. 각 제후국 백성의 공물과 구주(九州) 외의 진상품을 관리하며 보내고 맞이하는 일을 책임진다. 중사(中士) 8인이 담당하며, 휘하에 부(府) 4인, 사(史) 4인, 서(胥) 4인, 도(徒) 40인이 있다.

⑦ **형방씨**(形方氏) : 형방씨는 사방의 각 제후국 국경과 경계를 관리하는 관원이다. 그의 직책은 각 제후국의 지역(地域)을 제정하고, 제후국에 봉해준 국경을 규정한다. 중사(中士) 4인이 담당하며, 휘하에 부(府) 4인, 사(史) 4인, 서(胥) 4인, 도(徒) 40인이 있다.

⑧ **산사**(山師) : 산사는 각국의 산림 명칭과 그곳에서 생산되는 물품을 관리하는 관원이다. 구체적인 임무는 기외(畿外) 제후국의 산림을 관장하며, 그곳에서 생산되는 물품과 그 이로움과 재난을 분별하여 각 제후국에 분배해 준다. 중사(中士) 2인이 담당하며, 하사(下士) 4인이 보좌하고, 휘하에 부(府) 2인, 사(史) 4인, 서(胥) 4인, 도(徒) 40인이 있다.

⑨ **천사**(川師) : 천사는 각국의 천택(川澤) 및 그곳에서 생산되는
산물(産物)을 관리하는 관원이다. 구체적인 임무는 기외(畿外)
제후국의 천택 명호(名號)를 관장하며, 그곳에서 생산되는 물품
과 그 이로움과 재난을 분별하여 각 제후국에 분배해 준다. 중
사(中士) 2인이 담당하며, 하사(下士) 4인이 보좌하고, 휘하에
부(府) 2인, 사(史) 4인, 서(胥) 4인, 도(徒) 40인이 있다.

⑩ **원사**(邍師) : 원사는 각국의 구릉(丘陵), 분연(墳衍 : 언덕과 분
지), 원습(原隰 : 들판과 습지) 등의 지명을 관리하는 관원이다.
구체적인 임무는 사방의 지명을 관장하고 구릉, 분연, 원습의
명칭과 생산 물품을 판별하여 도(都)와 읍(邑)의 지역을 건설한
다. 중사(中士) 4인이 담당하며, 하사(下士) 8인이 보좌하고, 휘
하에 부(府) 4인, 사(史) 8인, 서(胥) 8인, 도(徒) 80인이 있다.

(4) 거마(車馬) · 병기관(兵器官)

하관(夏官)의 직관 중 거마와 병기를 관장하는 직관은 사우(司右)
· 융우(戎右) · 제우(齊右) · 도우(道右) · 대어(大馭) · 융복(戎僕) · 제
복(齊僕) · 도복(道僕) · 전복(田僕) · 어부(馭夫) · 여분씨(旅賁氏) · 교
인(校人) · 마질(馬質) · 취마(趣馬) · 무마(巫馬) · 목사(牧師) · 수인(廋
人) · 어사(圉師) · 어인(圉人) · 사병(司兵) · 사과순(司戈盾) · 사궁시
(司弓矢) · 선인(繕人) · 고인(槁人) 등이 있다.

① **사우**(司右) : 사우는 거우(車右110))를 주관하는 관원이다. 그의

---

110) 우(右) : 우는 용력(勇力) 있는 무사로 왕이 타는 전차의 오른쪽에 타는
전사(戰士)이다.

직책은 융우(戎右), 제우(齊右), 도우(道右) 등 군우(群右)의 행정을 관장한다. 군여(軍旅)의 회동에서 전거(戰車)의 졸(卒)과 오(伍)를 순서대로 합류시키고 편성하며, 거우(車右)를 배치한다. 상사(上士) 2인이 담당하며, 하사(下士) 4인이 보좌하고, 휘하에 부(府) 4인, 사(史) 4인, 서(胥) 8인, 도(徒) 80인이 있다.

② **융우**(戎右) : 융우는 국왕의 융로(戎路)와 목로(木路)의 우(右)를 담당하며, 창과 방패를 들고 적을 막는 경호의 용사이다. 왕고(王鼓) 치는 법을 보좌하며 왕의 명령을 진중(陣中)에 전달하는 일을 관장한다. 중대부(中大夫) 2인이 담당하며, 상사(上士) 2인이 보좌한다.

③ **제우**(齊右) : 제우는 국왕의 옥로(玉路)와 금로(金路)의 우(右)를 담당하며, 창과 방패를 들고 적을 막는 경호의 용사이다. 그의 직책은 제사(祭祀), 회동(會同), 빈객 접대 때에 왕이 행차하는 일을 관장한다. 왕이 수레를 타면 말을 붙들고, 수레가 움직이면 왕을 모시고 함께 타 오른쪽에 자리하며 경계(警戒)를 담당한다. 하대부(下大夫) 2인이 담당한다.

④ **도우**(道右) : 도우는 국왕의 도거(道車 : 象路)의 우(右)를 담당하며, 창과 방패를 들고 적을 막는 경호의 용사이다. 그의 직책은 왕이 수레를 타면 말을 붙잡으며, 왕을 모시고 수레 오른쪽에 자리하고 경계(警戒)를 관장한다. 왕에게 수레 위에서 행할 예를 아뢰며, 왕이 식례(式禮)를 하면, 즉시 내려서 말의 앞에 있고, 왕이 수레에서 내리면, 즉시 일산을 펴서 따른다. 상사(上士) 2인이 담당한다.

⑤ **대어**(大馭) : 대어는 국왕의 옥로(玉路)를 모는 일을 담당하는

관원이다. 그의 직책은 옥로를 모는 일을 책임지며, 국왕을 태워 제사에 참여하는 일을 관장한다. 중대부(中大夫) 2인이 담당한다.

⑥ **융복**(戎僕) : 융복은 국왕의 융로(戎路 : 革輅)를 모는 일을 담당하는 관원이다. 그의 직책은 융로 및 부거(副車)의 행정을 관장하여 수레에 오르는 사람들의 의복을 규정하고 모든 병거(兵車)의 법규를 담당한다. 중대부(中大夫) 2인이 담당한다.

⑦ **제복**(齊僕) : 제복은 국왕의 금로(金路)를 모는 일을 담당하는 관원이다. 그의 직책은 금로를 몰아 조회하러 오는 제후를 접대하는 일을 관장한다. 하대부(下大夫) 2인이 담당한다.

⑧ **도복**(道僕) : 도복은 국왕의 상로(象路)를 모는 일을 담당하는 관원이다. 그의 직책은 상로를 운행하는 일을 관장하여, 왕의 조회와 한가할 때의 출입 시 제공하며, 부거(副車)의 행정도 전담한다. 상사(上士) 12인이 담당한다.

⑨ **전복**(田僕) : 전복은 국왕의 전로(田路 : 사냥하는 수레)를 모는 일을 담당하는 관원이다. 그의 직책은 전로를 운행하는 일을 관장하여, 왕의 사냥과 천하의 교야(郊野)를 순행(巡行)할 때 제공하며 부거(副車)의 행정도 담당한다. 사냥할 때 각각의 수레를 배치하며, 사냥감을 포획한 자에게는 깃발을 꽂아 주고 헌납하게 하는 일을 관리한다. 상사(上士) 12인이 담당한다.

⑩ **어부**(馭夫) : 어부는 이거(貳車)·종거(從車)·사거(使車)를 담당하는 관원이다. 그의 직책은 부거(副車)인 이거·종거와 사역하는 수레인 사거를 관리하여 공마(公馬)를 분류하고 여섯 말을 조련시키는 일을 관장한다. 중사(中士) 20인이 담당하고, 하사

(下士) 40인이 보좌한다.

⑪ **여분씨**(旅賁氏) : 여분씨는 국왕을 수행하는 호위 담당 관원이
다. 그의 직책은 창과 방패를 가지고 국왕의 전거를 에워싸고
수행한다. 좌우 각각 8명이 있으며 수레가 정지하면 전거의 바
퀴가 움직이지 않도록 잡는다. 군사 행동이 있을 때 갑옷을 입
고 수레를 호위하며 출정한다. 중사(中士) 2인이 담당하며, 하
사(下士) 16인 보좌하고, 휘하에 사(史) 2인, 도(徒) 8인이 있다.

⑫ **교인**(校人) : 교인은 왕의 마필(馬匹) 및 그 행정을 담당하는 관
원이다. 그의 직책은 말의 사료와 훈련의 업무를 관장하며, 말
을 여섯 종류(種馬, 戎馬, 齊馬, 道馬, 田馬, 駑馬)로 구분하여 각
각 그 소속되는 것을 판단한다. 골고루 좋은 말을 분배하여 승
(乘 : 4필의 말)을 기르게 한다. 승마(乘馬)에는 사(師) 1인이 있
고 4개의 마구간이 있다. 3승이 1조(皁)가 되는데, 조에는 취마
(趣馬) 1인이 있다. 3조를 계(繫)라 하는데 계에는 어부(馭夫) 1
인이 있다. 6계를 구(廐)라 하는데 구에는 복부(僕夫) 1인이 있
으며, 6구로써 교(校 : 校人)를 이루는데 교에는 좌와 우가 있다.
무릇 대제사(大祭祀)나 조근(朝覲)・회동(會同)에 있어서는, 단
색의 말을 분별하여 사용한다. 폐마(幣馬 : 예물로 바치는 말)를
장식하여 채찍을 잡고 따르고, 모든 빈객이 올리는 폐마도 거두
어들인다. 대상(大喪)에서는 수레를 끄는 말을 장식하고 장지에
도착하면 함께 매장한다. 사냥에서는 새나 짐승을 모는 수레를
인솔한다. 사해(四海)나 산천에 왕이 순수할 일이 있을 때는 누
런 망아지(黃駒)를 죽여 제물로 삼는다. 국가의 사신에게는 폐
마(幣馬)를 제공한다. 군사(軍事)에는 말들의 힘이 균일하도록

배분한다. 어부(馭夫) 휘하의 관리인들 녹봉과 궁중에서 말을 관리하는 직책에 있는 사람들의 녹미(祿米)에 차등이 있게 한다. 중대부(中大夫) 2인이 담당하며, 휘하에 상사(上士) 4인, 하사(下士) 16인, 부(府) 4인, 사(史) 8인 서(胥) 8인, 도(徒) 80인이 있다.

⑬ **마질**(馬質) : 마질은 말의 값을 평가하고 군용(軍用)의 말을 공급하는 일을 담당하는 관원이다. 그의 직책은 공가(公家)에서 말을 사서 말의 우열과 값을 평가하는 일을 관장하며, 말에 대한 소송이 있으면, 이를 청취하여 판단한다. 중사(中士) 2인이 담당하며, 휘하에 부(府) 1인, 사(史) 2인, 고(賈) 4인, 도(徒) 8인이 있다.

⑭ **취마**(趣馬) : 취마는 말을 사육하는 일을 담당하는 관원이다. 그의 직책은 교인(校人)을 도와 양마(良馬)를 선별하고, 말의 사료를 조절하며, 말을 6등급으로 나누는 일을 관장한다. 말을 사용하는 순서를 정해 고루 사용하도록 하며, 계절에 따라 말을 기르는 곳을 분별하고 어부(馭夫)의 지휘를 따른다. 하사(下士)로 조(皂) 1인과 도(徒) 4인이 담당한다.

⑮ **무마**(巫馬) : 무마는 병든 말을 치료하는 관원, 즉 마의(馬醫)이다. 그의 직책은 수의사를 도와서 약으로 말의 질병을 치료하는데 비용은 교인(校人)에게서 받으며, 말이 죽으면 고(賈)를 시켜 팔게 하여 그 돈을 교인에게 납부한다. 하사(下士) 2인이 담당하며, 휘하에 의(醫) 4인, 부(府) 1인, 사(史) 2인, 고(賈) 1인, 도(徒) 20인이 있다.

⑯ **목사**(牧師) : 목사는 말의 방목(放牧)을 담당하는 관원이다. 그

의 직책은 원교의 목지(牧地)를 관장하여 울타리를 설치하고 함부로 방목하는 것을 금지하며, 어인(圉人)에게 목지(牧地)를 분배하여 준다. 초봄에는 목지에 불을 지르고, 중춘(仲春)에는 말을 교접시키며 그 행정을 전담한다. 사냥을 시행할 때는 산우(山虞)와 택우(澤虞)를 도와 들풀을 불사른다. 하사(下士) 4인이 담당하며, 휘하에 서(胥) 4인, 도(徒) 40인이 있다.

⑰ **수인**(廋人) : 수인은 말을 훈련시키는 관원이다. 그의 직책은 말을 사육하고 훈련시키는 업무를 관장하며, 어사(圉師)와 어인(圉人)을 바르게 선발하는 일을 주관한다. 하사(下士)인 한(閑) 2인이 담당하고, 휘하에 사(史) 2인, 도(徒) 20인이 있다.

⑱ **어사**(圉師) : 어사는 말을 사육하는 일을 전담하는 관원이다. 그의 직책은 어인(圉人)이 말을 잘 키우도록 교육하는 일을 담당한다. 봄에는 짚이나 풀을 깐 깔개를 제거하여 마구간을 소독하며, 여름에는 하늘을 가려 시원하게 해주고, 겨울에는 마구간으로 들이는 일을 관장한다. 승(乘 : 4마리)마다 1인이 담당하며, 도(徒) 2인이 따른다.

⑲ **어인**(圉人) : 어인은 말을 기르고 말에게 꼴을 먹이는 일을 관장하며, 어사가 시키는 일을 따른다. 양마(良馬) 한 마리에 1인이 담당하며, 노마(駑馬)는 여(麗)에 1인이 있다.

⑳ **사병**(司兵) : 사병은 병기(兵器)를 관리하는 관원이다. 그의 직책은 오종(五種)의 병기(戈, 殳, 戟, 酋矛, 夷矛의 5가지 병기)와 각종 방패를 관장하며, 그것의 품질과 등급을 판단하여 군사상의 수요에 공급한다. 군사 행동이나 회동(會同)이 있을 때 전거(戰車)에 5가지 병기를 설치한다. 중사(中士) 4인이 담당하며,

휘하에 부(府) 2인, 사(史) 4인, 서(胥) 2인, 도(徒) 20인이 있다.

㉑ **사과순**(司戈盾) : 사과순은 창인 과(戈)와 방패인 순(盾)을 관리
하는 관원이다. 그의 직책은 과(戈)와 순(盾) 등의 병기를 관장
하여 분배하는 일을 담당한다. 제사에서는 여분씨(旅賁氏)에게
수(殳)를 주고, 고사(故士)에게는 과(戈)와 순(盾)을 주며, 춤추
는 자가 사용하는 병기도 준다. 군려(軍旅)나 회동(會同)에 보조
전거(戰車)인 이거(貳車)와 왕의 전거인 승거(乘車)에 창과 방패
를 설치하고, 여분씨(旅賁氏)와 호사(虎士)에게 창과 방패를 주
어 호위하게 한다. 하사(下士) 2인이 담당하며, 휘하에 부(府)
1인, 사(史) 2인, 도(徒) 4인이 있다.

㉒ **사궁시**(司弓矢) : 사궁시는 활과 화살을 관리하는 관원이다. 그
의 직책은 여섯 종류의 활인 6궁(弓)과 네 종류의 쇠뇌인 4노
(弩)와 여덟 종류의 화살인 8시(矢)의 형태와 규격을 관장하며,
명호(名號)와 품질을 판별하고 그것을 보관하며 수령과 교부를
담당한다. 하대부(下大夫) 2인이 담당하고, 중사(中士) 8인이 보
좌하며, 휘하에 부(府) 4인, 사(史) 8인, 서(胥) 8인, 도(徒) 80인
이 있다.

㉓ **선인**(繕人) : 선인은 왕이 사용하는 활과 쇠뇌와 화살과 화살통
및 깍지 등을 맡아 관리하는 관원이다. 그의 직책은 왕이 사용
하는 활과 화살에 관계된 일을 관장하고 보좌한다. 상사(上士)
2인이 담당하고, 하사(下士) 4인이 보좌하며, 휘하에 부(府) 1인,
사(史) 2인, 서(胥) 2인, 도(徒) 20인이 있다.

㉔ **고인**(槀人) : 고인은 활과 쇠뇌와 화살의 제조를 관리하는 관원
이다. 그의 직책은 직금(職金 : 秋官, 司寇 소속)에게 경비를 받

아 공장(工匠 : 기술자)에게 발급하여 활과 쇠뇌와 화살을 구매 제작하는 일을 책임지고, 납품받은 물품을 사궁시(司弓矢)와 선인(繕人)에게 다시 납품하는 일을 담당한다. 자재나 재료의 경비와 활과 쇠뇌와 화살의 수입 지출을 명부에 기재하고 보관하여 통계를 검정한다. 중사(中士) 4인이 담당하며, 휘하에 부(府) 2인, 사(史) 4인, 서(胥) 2인, 도(徒) 20인이 있다.

(5) 포양(捕養)·훈련금수관(訓鍊禽獸官)

하관(夏官)의 직관 중 동물을 포획하여 기르고, 길들이는 일을 관장하는 직관에는 복불씨(服不氏)·석조씨(射鳥氏)·나씨(羅氏)·장축(掌畜) 등이 있다.

① **복불씨**(服不氏) : 복불씨는 맹수를 길들이고, 사례(射禮)를 행할 때 보좌하는 관원이다. 그의 직책은 맹수를 길들이고 길러 순종하게 하며, 빈객이 조회를 와서 사례(射禮)를 행할 때 과녁을 설치하는 일을 보좌한다. 그리고 깃발을 들고 화살 막이인 핍(乏)에 위치하여 활쏘기를 기다리며 그 성적을 보고한다. 하사(下士) 1인이 담당하며, 휘하에 도(徒) 4인이 있다.

② **석조씨**(射鳥氏) : 석조씨는 새를 쏘아 맞히는 일과 화살을 거두는 일을 관장한다. 그의 직책은 새를 쏘아 맞히며, 제사와 빈객 접대, 회동(會同)과 군사 행동에 까마귀와 솔개 등의 악조(惡鳥)들을 활과 화살로 잡아 몰아내며, 국왕이 활을 쏘면 그 화살을 거두는 일을 담당한다. 하사(下士) 1인이 담당하며, 휘하에 도(徒) 4인이 있다.

③ **나씨**(羅氏) : 나씨는 그물로 새를 포획하는 일을 관장하는 관원
이다. 그의 직책은 그물을 이용하여 까마귀류를 잡는 일을 담당
한다. 12월 납(臘)제사에는 촘촘한 그물로 까마귀를 잡고, 중춘
(仲春)에는 봄새를 그물로 잡아 비둘기를 헌상하여 국노(國老
: 나라의 원로. 즉 퇴직한 경대부)들을 봉양한다. 하사(下士) 1
인이 담당하며, 휘하에 도(徒) 8인이 있다.

④ **장축**(掌畜) : 장축은 새를 기르는 일을 담당하는 관원이다. 그의
직책은 조류(鳥類)를 길러 왕성하게 번식시키고 길들이는 일을
관장한다. 해마다 때가 되면 철새들을 진상하고, 음식을 만들
새를 제공한다. 하사(下士) 2인이 담당하며, 휘하에 사(史) 2인,
서(胥) 2인, 도(徒) 20인이 있다.

(6) 예의관(禮儀官)

하관(夏官)의 직관 중 예의(禮儀)와 예(禮) 관련 업무를 담당하는
직관에는 사인(射人)·대복(大僕)·소신(小臣)·제복(祭僕)·어복(御
僕)·절복씨(節服氏)·변사(弁師)·예복(隸僕)·방상씨(方相氏)·소자
(小子)·양인(羊人)·훈방씨(訓方氏)·탐인(撢人) 등이 있다.

① **사인**(射人) : 사인은 사례(射禮)의 행정과 모든 일을 관장하는
관원이다. 그의 직책은 나라의 삼공(三公 : 太師, 太傅, 太保), 고
(孤), 경(卿), 대부(大夫)가 왕을 조회할 때의 각각의 위치(자리)
를 관장한다. 제후가 천자를 알현할 때 예의(禮儀)를 보좌하며,
나라에 큰일이 있으면 삼가야 할 일들을 관장하고, 모든 예(禮)
관련 사항을 왕이 행할 수 있도록 보좌한다. 사례(射禮)에서는

사법(射法)의 요구에 따라 대사(大射)의 예의를 익히고, 왕대사(王大射)에서는 법도와 거리에 따라 과녁을 설치하며, 화살이 나가는 방향을 아뢰고, 쏘는 일이 끝나면 화살을 거두어 오도록 한다. 복불씨(服不氏)가 과녁에 제사할 때는 그 위치를 만들고 태사(大史)와 함께 맞은 화살을 계산한다. 사마(司馬)를 보좌하여 사례(射禮)의 예법을 다스린다. 제사에서는 왕이 희생을 쏘는 일을 돕고 고(孤)와 경(卿), 대부(大夫)의 예법도 보좌한다. 대상(大喪)에서는 대복(大僕)과 함께 운구를 옮기고, 경대부에게 일을 관장하게 하고, 여막 짓는 일을 도우며, 불경한 자는 엄하게 처벌한다. 하대부(下大夫) 2인이 담당하며, 상사(上士) 4인, 하사(下士) 8인이 보좌하고, 휘하에 부(府) 2인, 사(史) 4인, 서(胥) 2인, 도(徒) 20인이 있다.

② **대복(大僕)** : 대복은 왕의 의복과 서는 위치 및 왕명의 전달 등 업무를 담당하는 관원이다. 그의 직책은 국왕이 업무에 따라 착용해야 하는 복식과 예(禮)를 행할 때 서야 할 위치를 관장하며, 국왕의 명령을 전달하고, 군신(群臣)들의 상소를 보고한다. 왕이 조회할 때는 먼저 위치를 바르게 하고 왕이 조회에서 물러나 노문(路門)으로 들어오면 또한 그와 같이한다. 원한이 있는 자나, 급히 명령을 전달하려는 자들을 기다렸다가 북소리가 들리면 빠르게 어복(御服)과 어서자(御庶子)를 맞이하여 전한다. 제사나 빈객 접대, 상사(喪事)에서는 왕의 의복과 위치를 바르게 하고 법도에 맞는 의식을 왕에게 아뢰고 왕이 희생을 가르면 그 일을 보좌한다. 왕이 궁문(宮門)이나 국문(國門)을 출입할 때는 좌측으로부터 어거(馭車)하여 앞에서 말을 몬다. 정벌이나

사냥 등의 일에는 왕고(王鼓)를 보좌하고, 왕이 조회를 보지 못할 때는 삼공(三公)과 고(孤)와 경(卿)에게 알리는 일을 관장한다. 하대부(下大夫) 2인이 담당한다.

③ **소신**(小臣) : 소신은 왕의 소명(小命)과 소소한 예의(禮儀)를 관리하는 관원으로 대복(大僕)의 속관(屬官)이다. 그의 직책은 왕의 칙문(勅問)이나 소명(小命) 등을 처리하고, 삼공(三公)과 고(孤)와 경(卿)이 아뢰는 일이나, 그들에게 내리는 왕명을 수행하며, 왕이 한가로이 지낼 때의 의복과 위치를 규정한다. 왕이 한가롭게 외출하여 노닐 때 앞서 걸으며 인도한다. 소제례(小祭禮)·소빈객(小賓客)·소향사(小鄕食)와 사례(射禮) 때 모든 구체적인 업무를 총괄하며, 중요한 일이 있을 경우 대복(大僕)을 보좌한다. 상사(上士) 4인이 담당한다.

④ **제복**(祭僕) : 제복은 왕명에 따라 제사와 관련된 모든 업무를 처리하는 관원으로 대복(大僕)의 속관(屬官)이다. 그의 직책은 왕의 명령을 받들어 제사를 조사하며, 제사에 참여하는 유사(有司)들을 경계하고, 제사에 종사하는 모든 관료가 제공하는 희생의 수량을 기록하고 재계와 준비를 검열한다. 제사가 끝나면 제사에 참여한 관원들을 인솔하여 왕에게 보고하고, 왕명에 따라 노고를 위로하며 불경한 자는 견책한다. 중사(中士) 6인이 담당한다.

⑤ **어복**(御僕) : 어복은 왕의 명령에 따라 하급 관리나 서민들이 아뢰는 상소와 기타 사소한 일을 처리하는 관원이다. 그의 직책은 사마(司馬) 소속의 부(府), 사(史), 서(胥), 도(徒)의 하급 관리와 백성들의 상소를 처리하고, 국왕이 그들에게 조문(弔問)하

고 위로(慰勞)하는 일을 관장한다. 왕이 한가한 때 외부에 내리는 명령을 전달하며, 노고(路鼓)를 번갈아 가며 교대로 지킨다. 하사(下士) 12인이 담당하며, 휘하에 부(府) 2인, 사(史) 4인, 서(胥) 2인, 도(徒) 20인이 있다.

⑥ **절복씨**(節服氏) : 절복씨는 왕의 면복(冕服)을 담당하는 관원이다. 그의 직책은 왕의 예복(禮服)을 조절하고, 제사와 조근(朝覲 : 조회)때 곤복(袞服)과 면복(冕服)을 관장하며, 교사(郊祀)에서는 절복씨(節服氏) 2인이 구면(裘冕)을 입고 창을 잡아 시동(尸童)을 맞이하고 보내며 시동의 수레를 따른다. 하사(下士) 8인이 담당하며, 휘하에 도(徒) 4인이 있다.

⑦ **변사**(弁師) : 변사는 왕의 면류관을 관리하는 관원이다. 그의 직책은 왕의 오면(五冕)[111]과 피변(皮弁)을 관리하며, 제후(諸侯), 고(孤), 경(卿), 대부(大夫)의 면류관과 피변은 각각 등급에 따라 만드는데 그 금령(禁令)을 관장한다. 하사(下士) 2인이 담당하며, 휘하에 공(工) 4인, 사(史) 2인, 도(徒) 4인이 있다.

⑧ **예복**(隷僕) : 예복은 왕의 궁실과 수레에 오를 때 밟고 오르는 돌을 씻는 등의 일을 담당하는 관원이다. 그의 직책은 오묘(五廟)의 침(寢)을 청소하고 더러운 곳을 치우는 등의 잡무를 관장한다. 제사 때 침묘(寢廟)를 청소하며, 왕궁과 종묘에 제사가 있으면 도로를 정리하고 행인의 통행을 금지한다. 대상(大喪)이 있을 경우 왕이 거처하는 침궁(寢宮)에서 초혼례(招魂禮)를 진

---

111) 오면(五冕) : 오면은 곤면(袞冕), 별면(鷩冕), 취면(毳冕), 포면(布冕), 현면(玄冕)이다. 면복(冕服)은 6종류인데 오면이라 한 것은 면류관에 류(旒)가 없는 대구(大裘)를 포함시키지 않았다.

행한다. 하사(下士) 2인이 담당하며, 휘하에 부(府) 1인, 사(史) 2인, 서(胥) 4인, 도(徒) 40인이 있다.

⑨ **방상씨**(方相氏) : 방상씨는 궁중의 역귀(疫鬼 : 전염병)를 쫓는 관원이다. 그의 직책은 곰가죽을 뒤집어쓰고 황금으로 된 4개의 눈을 하고 현의(玄衣 : 검은 상의)와 주상(朱裳 : 붉은 하의)을 입고 창을 잡고 방패를 쳐들고 100명의 노예를 인솔하고, 계절마다 어려움이 있을 때면 허수아비를 만들어서 집안을 수색하고 역질(疫疾)을 몰아낸다. 대상(大喪)에는 영구(靈柩) 앞에 가며 묘지에 이르면 광속으로 들어가서 창으로 네 모퉁이를 쳐서 방량(망량(魍魎) : 도깨비)을 몰아낸다. 광부(狂夫) 4인이 담당한다.

⑩ **소자**(小子) : 소자는 제사에 음식과 희생을 바치는 일을 관리하는 관원이다. 그의 직책은 왕이 지내는 제사에 일곱 부위로 자른 희생 양과 익힌 소, 두(豆)에 담는 썰은 고기를 담당한다. 사직(社稷)에 희생의 피를 바르는 제사와 오사(五祀)에 짐승의 피를 칠하는 제사를 맡는다. 희생의 피로 제례의 악기와 제기 및 군기(軍器)에 피를 바르며, 제사에 제수(祭羞)를 돕고 제공한다. 하사(下士) 2인이 담당하며, 휘하에 사(史) 1인, 도(徒) 8인이 있다.

⑪ **양인**(羊人) : 양인은 희생 양(羊)과 제례에 희생을 절개하는 일을 담당하는 관원이다. 그의 직책은 희생 양을 관리하여 모든 제사에 작은 양을 깨끗이 씻어서 절개하여 양의 머리를 바친다. 빈객을 접대할 때도 필요한 양(羊)을 제공한다. 하사(下士) 2인이 담당하며, 휘하에 사(史) 1인, 고(賈) 2인, 도(徒) 8인이 있다.

⑫ **훈방씨**(訓方氏) : 훈방씨는 사방의 백성들을 교도(敎導)하는 일을 담당하는 관원이다. 그의 직책은 국왕에게 사방 제후들의 정사(政事)와 군신 상하의 의향을 전달하고, 대대로 전해 내려오는 고사(古事)를 아뢴다. 새해 정월에는 왕명을 포고하여 사방에 이르도록 한다. 4계절에 나타나는 희귀한 산물(産物)들과 편리한 도구들을 관찰하여 백성들의 기호를 파악하고 교화하는 일을 관장한다. 중사(中士) 4인이 담당하며, 휘하에 부(府) 4인, 사(史) 4인, 서(胥) 4인, 도(徒) 40인이 있다.

⑬ **탐인**(撢人) : 탐인은 국왕의 의도를 알아 천하에 전하는 일을 담당하는 관원이다. 그의 직책은 각 제후국에 국왕의 의향을 설명하고, 국왕의 정사를 전달하는 이 두 가지 업무를 천하를 순행하며 자세히 알린다. 백성들을 화합하게 하고, 기쁘게 하여 왕을 옹호(擁護)하게 한다. 중사(中士) 4인이 담당하며, 휘하에 사(史) 4인, 도(徒) 8인이 있다.

(7) 경위(警衛) · 정찰관(偵察官)

하관(夏官)의 직관 중 경비와 정찰 관련 업무를 담당하는 직관에는 호분씨(虎賁氏) · 환인(環人) · 설호씨(挈壺氏) 등이 있다.

① **호분씨**(虎賁氏) : 호분씨는 왕이 출타할 때 호위를 담당하는 관원이다. 그의 직책은 왕이 출행할 때 앞과 뒤를 호위하는 호사(虎士)를 관장하며, 왕이 행중(行中)일 때 경비를 맡고 장애물을 설치하여 통행을 금지한다. 왕이 성중(城中)에 있을 때는 왕궁을 수비하고 국가에 큰 변고가 있을 때는 왕궁의 문을 경비한

다. 사방으로 사신을 보낼 때 사신으로 가는 사(士)나 대부(大夫)를 호위하여 따른다. 도로가 외적이나 홍수 등으로 막혀 통행할 수 없거나 긴급하게 병사를 모집하는 등의 사건이 발생하면 봉명(奉命)을 받아 사방에 사신으로 간다. 하대부(下大夫) 2인이 담당하며, 중사(中士) 2인이 보좌하고, 휘하에 부(府) 2인, 사(史) 8인, 서(胥) 80인, 호사(虎士) 800인이 있다.

② **환인**(環人) : 환인은 응전(應戰) 및 군중(軍中)의 간악(奸惡)한 일을 조사하는 등의 업무를 담당하는 관원이다. 그의 직책은 적군과 응전하고 반역을 감찰하며, 왕국을 순찰하고, 적에게 정보를 제공하거나 내부에 적군과 공모한 자를 체포한다. 서로 적국이 된 제후국의 송사를 해결해 주고 군대의 위용을 떨쳐 포위된 읍(邑)을 항복시킨다. 하사(下士) 6인이 담당하며, 휘하에 사(史) 2인, 도(徒) 12인이 있다.

③ **설호씨**(挈壺氏) : 설호씨는 호(壺)를 매달아 군중(軍中)의 우물이 있는 곳을 표시하고, 말고삐를 매달아 야영할 수 있는 곳을 표시하며, 삼태기를 매달아 식량이 있는 곳을 표시하는 일을 관장한다. 모든 군사 행동에 시간을 측정하는 물 항아리(물시계)를 매달아 순서대로 경계와 경비를 교대하는데 물의 양과 밤에 시간을 볼 수 있게 모두 물과 불을 사용하여 곁에서 지키며, 사계절의 낮과 밤의 길이를 구분한다. 하사(下士) 6인이 담당하며, 휘하에 사(史) 2인, 도(徒) 12인이 있다.

5) 추관(秋官)

『주례』 추관의 속관은 총 66개의 직관(職官)이 있다. 추관의 장관
은 대사구(大司寇)이고 부관은 소사구(小司寇)이다. 추관은 「형관(刑
官)」으로서, 대사구가 속관들을 거느리고 왕국의 금령(禁令)을 관장
하여 왕이 위법한 제후국을 징벌하는 것을 보좌한다. 왕국의 삼전(三
典)을 제정하고 시행하는 일을 관장하여 왕이 위법한 제후국을 징벌
하고 사방 각국의 반역을 금지하는 것을 돕는 것이다. 또한 오형(五
刑)으로 위법한 백성을 규찰하여 다스리고, 환토(圜土 : 獄城)로 불량
한 백성을 모아서 가르치고, 양조(兩造)의 법으로 백성들이 소송을
남발하지 못하게 하며, 가석(嘉石 : 文石, 죄의 내용을 적은 돌)에 불
량한 백성들을 앉혀서 잘못을 고치게 하고, 폐석(肺石 : 赤石) 위에
힘없고 억울한 백성들이 서서 자신들의 호소가 조정에 도달할 수 있
게 한다. 정월 초하루에는 제후국과 기내(畿內)의 채읍에 왕의 형법
을 선포한 뒤 이어서 문서로 작성한 형법을 공포하고, 왕과 제후가
회동하여 맹약(盟約)할 때 맹서(盟誓)의 작성을 감시하고 관리하며,
제후로부터 서민에 이르는 모든 소송을 방전(邦典), 방법(邦法), 방성
(邦成)을 기준으로 판결한다. 대제사(大祭祀)에서 백관의 서계(誓戒)
를 감시하고 백족(百族 : 府, 史, 胥, 徒)의 서계를 주관하며, 조근(朝
覲), 회동(會同), 대상(大喪)의 예(禮)에서 왕을 앞에서 인도하고, 대군
려(大軍旅)에서 법령을 어긴 장사(將士)를 처벌한다. 부관인 소사구는
대사구의 일을 보좌하는데. 왕국이 위태롭거나, 천도(遷都)하거나,
사군(嗣君)을 세워야 할 때 백성을 소집하여 의견을 묻는 「삼순(三詢)
의 법」을 관장하고, 왕국의 재정 계획을 위해 3년에 한 번 백성들의
숫자를 보고하는 일을 관장한다. 추관의 속관은 장찰(掌察) 이하 장

화회(掌貨賄), 도칙(都則), 도사(都士), 가사(家士)의 5개 직관은 관명(官名)만 있고 직문(職文)은 소실되었다. 직관의 대부분은 형법(刑法), 옥송(獄訟), 금령(禁令), 예민(隸民), 사맹약(司盟約)과 같이 형법이나 형벌에 가까운 형관(刑官)의 직무에 해당하지만, 나머지 빈객(賓客), 교왕(交往)류는 춘관(春官)에 속하고, 인구수를 조사하여 바치는 사민(司民)의 직무나 초목을 제거하여 논밭을 만드는 책씨(柞氏) 등은 지관(地官)에 속한다. 대사마가 형관(刑官)이면서도 왕국의 오례(五禮)에 참여해야 하고 대제사(大祭祀)에 견생(犬牲)을 바치는 직무가 있으므로, 대제사에 견생을 공급하는 견인(犬人)이 형관(刑官)에 속하는 것은 「관련(官聯)」의 법에 따른 것이다.

추관의 각 속관(屬官)을 기능과 역할에 근거하여 구분해 보면, 사구(司寇), 옥송관(獄訟官), 형금관(刑禁官), 포양금수관(捕養禽獸官), 소독제해관(消毒除害官), 예의관(禮儀官) 등으로 분류할 수 있다.

(1) 사구(司寇)

사구의 관직에는 대사구(大司寇)와 소사구(小司寇)·사사(士師)·향사(鄕師) 등의 직관이 있다.

① **대사구**(大司寇) : 대사구는 태사(大士)라고도 불리며, 형관(刑官)의 주관(主官)으로 추관(秋官) 직관 계열 중 가장 높은 지위의 수장으로서 경(卿) 1인이 담당하며, 사법과 형옥(刑獄) 관련 업무를 총괄한다. 구체적 업무는 왕국의 3전(三典)을 수립하고 관장하여 왕을 보좌하고 제후국을 형벌로써 제어하고 사방을 감찰한다. 왕과 제후들이 회동(會同)에서 내맹약할 때는 직접 참

여하여 맹약의 기록을 감독하고, 그 문서를 국가의 담당 관청인 천부(天府)에 올려 보관하게 한다. 제후의 송사나 옥사(獄事)는 6전(六典)으로 결정하고, 경이나 대부의 송사나 옥사는 8법(八法)으로 판단하며, 서민들의 송사나 옥사는 8성(八成)으로 판결한다. 국왕이 직접 군대를 인솔하여 정벌하는 경우 군법을 어긴 장사(將士)들을 처단하며, 직접 감옥에 감금한다. 국왕이 직접 참석하는 대제사·대상(大喪)·대빈객(大賓客)·대군려(大軍旅) 등의 대사(大事)에 소속 관리를 파견하여 도로를 통제하고 보행을 금지한다.

② **소사구**(小司寇) : 소사구는 미사(彌士)라고도 불리며, 형관(刑官)의 부관(副官)으로 중대부(中大夫) 2인이 담당하며, 대사구를 보좌하여 사법(司法) 정무를 처리한다. 구체적 업무는 외조(外朝)의 정령(政令)을 관장하며, 민중들의 의견을 수렴하고, 대사구를 도와 외조(外朝)에서 송사(訟事)와 옥사(獄事)를 결정하며, 조근(朝覲)과 회동(會同) 때 국왕의 앞에서 길을 열며 사악한 이들을 물리친다. 왕이 경대부를 파견하여 국가의 소규모 사항을 처리할 때 군법을 어긴 장사들을 처벌하며 형의 집행을 직접 감독한다. 국가에 중대한 사안이 발생하면 속관(屬官)을 파견하여 교통을 통제하고 통행을 금지하며, 매년 연말에 수사(遂士)·현사(縣士)·방사(方士) 등의 형관(刑官)에게 명하여 심리(審理)와 판결을 통계 내고 판결문을 천부(天府)에 보내어 수장한다.

③ **사사**(士師) : 사사는 옥송(獄訟)을 직접 주관하며, 대사구(大司寇) 관부(官府) 중의 법령을 관장하는 관원이다. 그의 직책은 국가의 5가지 금지법을 관장하여 형벌을 가하는 일을 좌우에서

보좌하고, 5가지 경계로써 좌우에 형벌을 표시하여 백성이 죄를 짓지 않게 한다. 6향(鄕) 중의 주(州)와 당(黨)과 족(族)과 여(閭)와 비(比) 등을 연대하여 백성 중 10명이나 5명을 함께 부려 행정구역 내의 연합을 조정하고, 서로 신뢰하고 화목하게 하며 외적의 침입에 대비한다.

또한 도적 잡는 일을 돕게 하고 형벌을 내리며 포상하는 일을 관장한다. 사법관의 8종 성법(成法)을 관장하여 관부(官府)의 형벌을 판정한다. 옥사와 송사의 조서를 감시하여 사구(司寇)에게 아뢰어 옥사를 판단하고, 송사를 결정하는 데 도움을 주어 국가의 법령이 이루어지도록 한다. 국가에 기근이 발생하면 감형을 시행하고, 재해 지역의 백성들을 대피시키고, 대피시킬 수 없는 백성들에게는 곡식을 나누어 준다. 대상(大喪)이나 제후가 빈객이 되면 소속 관리들을 거느리고 왕궁에 통행을 통제하고 보행을 금지한다. 한해를 마치면 심리 안건의 총결산을 하도록 명하고, 정월 초하루에는 소속 관원들을 이끌고 국가의 관청이나 교외(郊外) 및 야(野)에 금지 사항을 게시한다. 하대부(下大夫) 4인이 담당한다.

④ **향사**(鄕師) : 향사는 6향(鄕)의 옥송(獄訟)을 주관하는 관원이다. 그의 직책은 각 향의 옥사와 송사 및 왕성(王城)의 옥사와 송사를 관장한다. 향(鄕) 내의 인구수를 관리하고 법령을 감시하며 송사를 판결하고, 소송을 심판하여 사건의 경중을 판단하며, 범행의 경중에 따라 형량을 부과한다. 대제사·대상(大喪)·대빈객(大賓客)·대군려(大軍旅) 등이 있을 경우 본향(本鄕)에 금령을 담당하며, 속관들을 인솔하여 도로를 지키고 통행을 금지한

다. 국가에 대사(大事)가 있을 경우 국법이나 금법(禁法)을 어긴 자를 견책한다. 상사(上士) 8인이 담당하며, 중사(中士) 16인이 보좌하고, 뭇 하사(下士)들 32인이 담당하며, 휘하에 부(府) 6인, 사(史) 12인, 서(胥) 12인, 도(徒) 120인이 있다.

(2) 옥송관(獄訟官)

옥사나 송사를 관장하는 직관에는 수사(遂士)·현사(縣士)·아사(訝士) 등이 있다.

① **수사(遂士)** : 수사는 육수(六遂)의 사법을 주관하며, 육향(六鄉) 외 사교(四郊)의 사법을 겸하여 관리하는 관원이다. 그의 직책은 사교를 관장하며 각각 그 수(遂)에 살고 있는 백성수를 관장하고, 그 계령(戒令)을 규찰하며, 옥송과 송사를 판결한다. 사건의 경중을 판단하여 범행의 경중에 따라 형벌을 부과하고, 사형에 해당하는 죄를 지은 자는 결심하여 20일 동안 기다렸다가 요약된 서류를 직권으로 사구(司寇)에게 보고하여 명을 기다린다. 옥사나 송사의 판단이 완결되면 사사(士師)가 완비된 서류를 받아 교외로 나가 형을 집행하고, 각각 그 수(遂)에 통보하며 관련된 수에서는 3일 동안 그 시체를 전시하게 한다. 만약 왕이 친이 행차하는 일이 있으면 모든 백성을 동원하고 각각 그 수(遂)의 금령을 관장하며, 소속 관원들을 거느리고 통행을 금지한다. 교(郊)에 큰일이 있으면 명령을 위반한 자를 견책하고 벌준다. 중사(中士) 12인이 담당하며, 휘하에 부(府) 6인, 사(史) 12인, 서(胥) 12인, 도(徒) 120인이 있다.

② **현사**(縣士) : 현사는 야(野)의 사법을 관장한다. 각각 그 현(縣)의 백성수를 관장하고, 계령(戒令)을 규찰하며, 그 옥사나 송사를 듣고 살펴 판결한다. 죄가 사형에 해당하면 서류를 갖추어 30일 동안 기다렸다가 직권으로 사구(司寇)에게 올려 명을 기다린다. 옥사나 송사의 판결을 마치면 사사(土師)가 판결문을 받아 사형날짜를 협의하여 결정하고 각각 담당 현(縣)으로 나아가 현사가 시행하게 하며 그 시신을 3일 동안 전시하게 한다. 국가에 대역사가 있으면 현사는 민중들을 모아 각 현의 금령을 관장한다. 야(野)에 큰일이 있을 때는 그 명령을 어긴 자들을 처벌한다. 중사(中士) 32인이 담당하며, 휘하에 부(府) 8인, 사(史) 16인, 서(胥) 16인, 도(徒) 160인이 있다.

③ **아사**(訝士) : 아사는 사방 제후국의 옥송(獄訟) 및 국가의 빈객을 영접하는 일을 담당하는 관원이다. 그의 직책은 제후국의 송사나 옥사를 관장하여 죄와 형벌이 있다는 사실을 깨우쳐 준다. 제후국의 사법관이 심리한 판결에 의심스러움이 있으면 재심한다. 제후국 중에 옥사를 어지럽히는 곳이 있으면 직접 가서 바로 잡는다. 국가에 빈객이 오면 영접하고 보내는 일을 담당한다. 관(館)에 거처할 때는 소속 관원들을 인솔하여 왕이 행차할 때 통행을 막고, 객(客)에게 포악하게 구는 자는 견책하고 벌한다. 국가의 대사(大事)에는 소속 백성을 소집하여 맹서하는 사항과 금지 사항을 읽어 준다. 중사(中士) 8인이 담당하며, 휘하에 부(府) 4인, 사(史) 8인, 서(胥) 8인, 도(徒) 80인이 있다.

(3) 형금관(刑禁官)

형금(刑禁)을 관장하는 직관에는 조사(朝士)·사민(司民)·사형(司刑)·사자(司刺)·포헌(布憲)·금살륙(禁殺戮)·금포씨(禁暴氏)·장륙(掌戮)·사려(司厲)·사환(司圜)·장수(掌囚)·사예(司隸)·죄예(罪隸)·사씨(蜡氏)·옹씨(雍氏)·평씨(萍氏)·사오씨(司寤氏)·사훤씨(司烜氏)·척랑씨(條狼氏)·수려씨(修閭氏)·함매씨(銜枚氏)·직금(職金) 등이 있다.

① **조사**(朝士) : 조사는 외조(外朝)의 법금(法禁)과 형벌을 담당하는 관원이다. 그의 직책은 나라를 건설한 외조의 법령을 관장하여 왼쪽에 9극(棘)을 심어 고(孤)와 경(卿)과 대부(大夫)들이 자리하게 하며 모든 사(士)은 그 뒤쪽에 있게 하고, 오른쪽에 9극(棘)을 심어 공(公)·후(侯)·백(伯)·자(子)·남(男)이 자리하게 하며, 모든 관리가 그 뒤쪽에 있게 한다. 정면에는 3괴(槐)를 심어 삼공(三公)이 자리하게 하며 주장(州長)이나 소속 무리들이 그 뒤쪽에 있게 한다. 그 소속 관원들을 인솔하여 채찍으로 조회를 감시하며, 행인들을 통제한다. 조회에 임하여 무례하고 불경(不敬)하거나, 잘못된 위치에 서거나, 지위에 걸맞지 않은 언어를 금지시킨다. 백성들이 재물을 얻거나 노예가 6축(畜)을 얻으면 조사(朝士)에게 아뢴다. 10일 동안 게시하여 주인이 없으면 많은 것은 나라에서 환수하고, 작고 소소한 것은 백성이나 노예에게 가지게 한다. 조사(朝士)의 다스림에는 기일이 있는데, 국중(國中)에서는 10일이며, 교(郊)에서는 20일이며, 야(野)에서는 30일이며, 도(都)에서는 3개월이고, 방국(邦國)에서는 1년 이내

로 한정하고, 1년 안에 일을 결정하며, 이 기간 밖의 일은 취급하지 않는다. 백성으로서 재화를 매점하는 자는 국법으로 명하여 실행하게 하고, 명령을 어긴 자는 형벌로 다스린다. 도적들때문에 군사(軍士)들이 향읍(鄉邑) 및 가(家)의 사람을 살해하였을 때는 무죄이다. 원수를 갚기 위하여 조사(朝士)에게 먼저 보고하고 원수를 죽인 자는 무죄이다. 나라에 흉년이나 전염병, 상(喪)이나 도적들의 약탈이 있으면, 방국(邦國)들의 도(都)와 가(家), 현(縣)과 비(鄙) 등의 실제 상황에 근거하여 그 형벌을 가볍게 한다. 중사(中士) 6인이 담당하며, 휘하에 부(府) 3인, 사(史) 6인, 서(胥) 6인, 도(徒) 60인이 있다.

② **사민**(司民) : 사민은 호적(戶籍)을 관장하며, 거주민의 인구수를 관리하는 관원이다. 그의 직책은 인구수를 기재하는 일을 담당한다. 출생하여 치아가 나기 시작하면 호적에 기록하며, 그들이 거주하는 국중(國中)과 도비(都鄙) 및 교야(郊野)를 분별하여 남녀를 구분하고, 해마다 사망한 자를 삭제하고 태어난 자를 등재한다. 3년마다 대결산하여 모든 백성의 수를 사구(司寇)에게 보고하면 사구는 맹동(孟冬)에 이르러 사민(司民)의 날에 제사를 지내고, 인구수를 왕에게 올리면 왕은 절하고 받아서 천부(天府)에 올린다. 중사(中士) 6인이 담당하며, 휘하에 부(府) 3인, 사(史) 6인, 서(胥) 3인, 도(徒) 30인이 있다.

③ **사형**(司刑) : 사형은 형법(刑法)을 담당하는 관원이다. 그의 직책은 오형(五刑)의 법을 관장한다. 묵형(墨刑 : 이마에 먹물로 글자를 새기는 형벌)에 해당하는 죄가 500가지이고, 의형(劓刑 : 코를 베는 형벌)에 해당하는 죄가 500가지이며, 궁형(宮刑 : 거세

하는 형벌)에 해당하는 죄가 500가지이며, 월형(刖刑 : 발뒤꿈치를 베는 형벌)에 해당하는 죄가 500가지이며, 살형(殺刑 : 사형)에 해당하는 죄가 500가지이다. 사구(司寇)가 옥송(獄訟)을 판단하는 일이 있으면 오형의 형법에 따라 상응하는 형벌을 판단하여 죄행의 경중을 구분한다. 중사(中士) 2인이 담당하며, 휘하에 부(府) 1인, 사(史) 2인, 서(胥) 2인, 도(徒) 20인이 있다.

④ **사자**(司刺) : 사자는 오형(五刑) 형법 외의 숨겨진 사건을 조사하고 심리(審理)하는 일을 담당하는 관원이다. 그의 직책은 삼자(三刺 : 세 가지 질문), 삼유(三宥 : 너그럽게 여기는 세 가지), 삼사(三赦 : 사면의 세 가지)의 3법으로 백성의 인정(人情)을 구하고, 적절한 판결을 내려 형벌을 집행한다. 그런 뒤에도 잘못을 고치지 않으면 사형을 적용한다. 하사(下士) 2인이 담당하며, 휘하에 부(府) 1인, 사(史) 2인, 도(徒) 4인이 있다.

⑤ **포헌**(布憲) : 포헌은 형법과 금령(禁令)을 선포하는 관원이다. 그의 직책은 국가의 형법과 금령을 공포하는 일을 관장한다. 정월 초하루에 정절(旌節)을 가지고 사방에 선포하고, 국가의 법률을 고시하여 방국(邦國)의 도비(都鄙)까지 이르게 하고, 사해(四海)까지 통하게 하여 모두 경계하게 한다. 중사(中士) 2인이 담당하며, 하사(下士) 4인이 보좌하고, 휘하에 부(府) 2인, 사(史) 4인, 서(胥) 4인, 도(徒) 40인이 있다.

⑥ **금살륙**(禁殺戮) : 금살륙은 공공질서를 유지하고 백성들 간의 싸움과 살인을 금지하는 일을 담당하는 관원이다. 그의 직책은 백성들 간에 참살(斬殺)하고 살육(殺戮)하는 자를 사찰한다. 사람에게 상해를 입혀 피를 보였는데도 고하지 않은 자나, 옥송

(獄訟)을 막는 자는 사구(司寇)에게 보고하고 처벌한다. 하사(下士) 2인이 담당하며, 휘하에 사(史) 1인, 도(徒) 12인이 있다.

⑦ **금포씨**(禁暴氏) : 금포씨는 서민들의 폭력적인 소란을 규찰하는 관원이다. 그의 직책은 서민들이 폭력을 행사하여 타인을 억압하고, 허위를 꾸며 금령을 범하는 자와 말을 꾸며 불신을 조장하는 자를 관장하여 그 내용을 사구(司寇)에게 보고하고 처벌한다. 국가에 일이 있으면 민중들을 소집하여 금령(禁令)을 위반한 자를 법에 따라 처형하고, 남녀 노예들의 출입에 각 지방의 담당관을 두어 금령(禁令) 위반자를 처벌하게 한다. 하사(下士) 6인이 담당하며, 휘하에 사(史) 3인, 서(胥) 6인, 도(徒) 60인이 있다.

⑧ **장륙**(掌戮) : 장륙은 처형을 담당하는 관원이다. 그의 직책은 간적(姦賊)과 간첩 등의 범죄자를 참살(斬殺)하고, 처형 후에 시체를 찢어 전시하는 일을 관장한다. 부모를 살해한 자는 화형에 처하고, 왕의 친척을 죽인 자는 육신을 찢어 죽인다. 살인한 자는 죽여서 저잣거리에 엎어 놓고 3일 동안 전시해 놓아 죄가 크다는 사실을 사람들에게 주지시킨다. 왕의 동족이나 명사(命士) 이상의 관직이 있는 자는 전사씨(甸師氏)가 처형한다. 묵형(墨刑)을 받은 자는 궁궐의 문을 지키게 하고, 의형(劓刑)을 받은 자는 관문(關門)을 지키게 하고, 궁형(宮刑)을 받은 자는 궁 안을 지키게 하고, 월형(刖刑)을 받은 자는 동산(囿)을 지키게 하고, 머리를 깎는 형벌을 받은 자는 창고를 지키게 한다. 하사(下士) 2인이 담당하며, 휘하에 사(史) 1인, 도(徒) 12인 있다.

⑨ **사려**(司厲) : 사려는 도적들의 무기와 훔친 재물을 몰수하는 일

을 담당하는 관원이다. 그의 직책은 도적들이 사용하던 무기와 재물을 압수하여, 물품의 종류, 수량, 가격을 확인하고 표시하여 사병(司兵)에게 제출한다. 그들 중, 남자는 죄예(罪隸)에 보내고, 여자는 용인(舂人)과 고인(槁人)으로 보낸다. 관직이 있는 자와 70세 이상인 자, 치아를 갈 나이가 안 된 어린아이는 노예로 삼지 않는다. 하사(下士) 2인이 담당하며, 휘하에 사(史) 1인, 도(徒) 12인 있다.

⑩ **사환**(司圜) : 사환은 범죄를 저질렀으나 오형(五刑)에 속하지 않은 죄인을 환토(圜土 : 감옥)에 모아 교화시키는 일을 담당하는 관원이다. 그의 직책은 백성에게 해를 끼쳤지만 범죄가 중하지 않은 자들에 대해 형벌을 가하여 고된 일을 맡겨서 옥에 가두어 교화시킨다. 능히 잘못을 고친 자 가운데 상죄(上罪)는 3년 동안 감옥에 두고, 중죄(中罪)는 2년, 하죄(下罪)는 1년 동안 감옥에 둔다. 잘못을 고치지 않고 환토를 나간 자는 주벌한다. 중사(中士) 6인이 담당하며, 하사(下士) 12인이 보좌하고, 휘하에 부(府) 3인, 사(史) 6인, 서(胥) 16인, 도(徒) 160인이 있다.

⑪ **장수**(掌囚) : 장수는 처형될 범죄자를 구금하고 형을 집행하는 일을 담당하는 관원이다. 죄인 중 상죄에 해당하면 양손을 하나로 묶어 쇠고랑을 채우고 발에는 차꼬를 채우며, 중죄에 해당하면 두 손을 각각 따로 묶고 발에 차꼬를 채우며, 하죄에 해당하면 쇠고랑만 채운다. 사형이 확정되면 왕에게 형을 고하고, 왕명을 받들어 외조(外朝)로 가면 사(士)가 쇠고랑을 채워 저잣거리로 끌고 가서 사형을 집행한다. 관직이 있거나 왕과 동족인 자가 사형이 확정되면 왕의 명령을 받들어 전사씨(甸師氏)에게

가서 사형 집행을 기다리게 한다. 하사(下士) 12인이 담당하며, 휘하에 부(府) 6인, 사(史) 12인, 도(徒) 120인이 있다.

⑫ **사예**(司隷) : 사예는 노예를 관장하는 관원이다. 그의 직책은 오예(五隷 : 罪隷와 四翟의 노예)를 관리하는 법을 관장하여 그들의 의복과 병기들을 분별하고 그 행정도 관장한다. 그 노예들을 인솔하여 도적들을 포박하게 하고, 국가 안의 힘든 일을 사역하게 하며, 모든 관료를 위해 각 관청에 쓰이는 기물을 축적하게 한다. 또 죄인을 구속하는 일도 한다. 사적(四翟 : 蠻, 閩, 夷, 貊)의 노예를 관리하며 그들이 왕궁과 국왕 외출 시 행궁을 엄중히 지키고 방어하게 한다. 중사(中士) 2인이 담당하며, 하사(下士) 12인이 보좌하고, 휘하에 부(府) 5인, 사(史) 10인, 서(胥) 20인 도(徒) 200인이 있다.

⑬ **죄예**(罪隷) : 죄예는 죄를 지어 노예가 된 자들로 각 관청의 소소한 사역을 담당하는 직책이다. 왕궁을 수비하고 차단벽을 설치하여 엄중히 금지하는 등의 일을 한다. 죄예에는 120인 있다.

⑭ **사씨**(蜡氏) : 사씨는 시체(屍體)를 묻거나 처리하는 업무를 담당하는 관원이다. 그의 직책은 부패한 시체를 처리하고, 국가의 모든 부패한 시체를 마음대로 묻는 일을 금지하는 일도 관장한다. 국가의 대제사(大祭祀)에서는 주(州)나 이(里)에 명령하여 깨끗하지 않거나 금령(禁令)을 범하여 형벌을 받은 자나, 감옥에서 교육받은 죄수를 괴롭힌 백성이나, 흉복(凶服)을 입은 자가 남의 눈에 띄지 않게 단속하게 한다. 도로에서 사망한 사람이 있다면 묻도록 명령하고, 죽은 이의 의복이나 기물들은 지방행정 관청에 진열하여 가족이 찾아가기를 기다린다. 하사(下士)

4인이 담당하며, 휘하에 도(徒) 40인이 있다.

⑮ 옹씨(雍氏) : 옹씨는 농경 수로(水路)에 관련된 금령(禁令)을 담당하는 관원이다. 그의 직책은 구(溝), 독(瀆), 회(澮), 지(池) 등의 수로 시설의 금령을 관장하며, 농업 생산에 방해되는 것을 금하며, 산을 공원으로 만드는 것을 막고, 호수, 강, 못 등의 어류를 독살하는 것을 금지한다. 하사(下士) 2인이 담당하며, 휘하에 도(徒) 8인이 있다.

⑯ 평씨(萍氏) : 평씨는 물과 수로의 시설을 관리하는 관원이다. 그의 직책은 국가의 수로를 관장하며, 물속 생물의 성장과 번식에 해를 가하는 행동과 하천에서 수영을 금지한다. 하사(下士) 2인이 담당하며, 휘하에 도(徒) 8인이 있다.

⑰ 사오씨(司寤氏) : 사오씨는 야시(夜時)를 관장하는 관원이다. 그의 직책은 별들의 운행과 위치를 통해 밤 중 시간을 구분하고, 밤에 순라를 도는 일과 밤에 통행금지를 행하는 일을 보고한다. 새벽 이전, 자정, 일몰 후에는 임의로 통행하는 것을 금지한다. 하사(下士) 2인이 담당하며, 휘하에 도(徒) 8인이 있다.

⑱ 사훼씨(司烜氏) : 사훼씨는 불의 금기사항을 담당하는 관원이다. 그의 직책은 태양의 빛을 이용하여 불을 피우고, 달빛을 이용하여 이슬을 채취하여 제사의 제물을 세척하고, 명촉(明燭)을 제공하고, 정화수를 제공하는 일을 관장한다. 국가의 대제사(大祭祀), 대빈객(大賓客), 대상례(大喪禮) 등이 있으면 궁실 안밖과 거리에 화촉(火燭)을 밝힌다. 하사(下士) 6인이 담당하며, 휘하에 도(徒) 12인이 있다.

⑲ 척랑씨(條狼氏)[112] : 척랑씨는 도로의 청소와 채찍으로 사람을

피하게 하는 일을 담당하는 관원이다. 그의 직책은 채찍을 잡고 앞에서 행인들이 길을 비키도록 하며, 맹세할 때는 채찍을 가지고 대중 앞으로 나아가 선언문을 낭독하며 큰 소리로 알리는 일을 관장한다. 하사(下士) 6인이 담당하며, 휘하에 서(胥) 6인, 도(徒) 60인이 있다.

⑳ **수려씨**(修閭氏) : 수려씨는 왕성의 여문(閭門)과 도로를 관리하는 관원이다. 그의 직책은 왕성에서 숙직하며 번을 서는 자와 국가의 예비 인력을 돕는 일을 관장하여, 그들이 도둑을 잡으면 상을 내리고 잡지 못하면 형벌을 가한다. 왕성 내에서 임의로 말과 마차를 달리는 것을 금한다. 하사(下士) 2인이 담당하며, 휘하에 사(史) 1인, 도(徒) 12인이 있다.

㉑ **함매씨**(銜枚氏) : 함매씨는 소란스럽고 시끄러운 말을 금지하는 관원이다. 그의 직책은 소란스럽게 떠드는 사람을 살피는 일을 관장한다. 국가의 대제사(大祭祀)에는 소란스러움이 없도록 금지령을 내리며, 군사 행동이나 사냥 중에 하무를 물려 떠들지 못하도록 하고, 왕성 내에서 떠들썩하고 탄식하며, 도로에서 노래를 부르거나 곡(哭)하며 다니는 것을 금지시킨다. 하사(下士) 2인이 담당하며, 휘하에 도(徒) 8인이 있다.

㉒ **직금**(職金) : 직금은 금과 옥 등의 감별, 수장(收藏), 보관의 계령(戒令)을 담당하는 관원이다. 그의 직책은 금, 옥(玉), 주석(朱錫), 석(石), 주사(朱砂), 공청(空青)을 수집하고 보관하는 일을 관장한다. 세금으로 징수된 금, 옥 등의 물건을 분별하여 금이나 주석은 병기창고에 들이고, 옥(玉), 석(石), 주사(朱砂), 공청

---

112) 조(條)는 척(滌)과 같은 통용자로 척랑씨(條狼氏)라고 말한다.

(空靑)은 옥부(玉府)나 내부(內府)의 창고에 들인다. 사(士)가 벌금형을 받아 배상한 금이나 돈도 받아서 사병(司兵)에 들인다. 상제(上帝)에게 제사 지낼 때는 금판(金版)을 제공하고 제후를 위해 잔치를 열 때도 금판을 제공한다. 국가에 큰일이 있어 금과 석(石)을 쓰게 되면 그 출납 명령을 관장한다. 상사(上士) 2인이 담당하며, 하사(下士) 4인이 보좌하고, 휘하에 부(府) 2인, 사(史) 4인, 서(胥) 8인, 도(徒) 80인이 있다.

(4) 포양금수관(捕養禽獸官)

동물을 포획하고 기르는 일을 담당하는 직관에는 명씨(冥氏)·혈씨(穴氏)·시씨(翨氏)·만예(蠻隸)·민예(閩隸)·이예(夷隸)·맥예(貊隸) 등이 있다.

① **명씨**(冥氏) : 명씨는 맹수(猛獸)를 포획하는 일을 담당하는 관원이다. 그의 직책은 올가미나 그물을 설치하는 일을 관장하며, 함정이나 덫을 만들어 맹수를 잡고, 영고(靈鼓)를 두드리면서 맹수를 쫓는다. 맹수를 잡으면 그 가죽과 털과 이빨을 잘 다듬어 헌상한다. 하사(下士) 2인이 담당하며, 휘하에 도(徒) 8인이 있다.
② **혈씨**(穴氏) : 혈씨는 동굴에 서식하는 맹수를 포획하는 일을 담당하는 관원이다. 그의 직책은 동굴에서 겨울잠을 자는 곰 등의 맹수를 잡고, 정기적으로 진귀한 털이나 가죽을 헌상한다. 하사(下士) 1인이 담당하며, 휘하에 도(徒) 4인이 있다.
③ **시씨**(翨氏) : 시씨는 매와 같은 맹금류(猛禽類)를 포획하는 일을

담당하는 관원이다. 그의 직책은 맹금류를 잡고, 정기적으로 새의 깃털을 헌상하는 일을 관장한다. 하사(下士) 2인이 담당하며, 휘하에 도(徒) 8인이 있다.

④ **만예**(蠻隸) : 만예는 남쪽 이민족인 남만(南蠻)을 정벌하여 잡는 포로들로서 교인(校人)[113]이 말을 기르는 일을 보좌한다. 왕궁에 있는 자들은 국가의 무기를 가지고 왕궁을 경비하며, 왕이 야외에 있을 때는 행궁(行宮) 숙소를 엄중히 경비하는 일을 관장한다. 담당 인원은 총 120인이다.

⑤ **민예**(閩隸) : 민예는 남만(南蠻)의 별종(別種)이며, 남쪽 이민족을 정벌하여 잡은 포로들로서 가축 기르는 사역을 관장하여 새를 기르고 번식시키는 일을 책임진다. 또 왕세자의 궁에서 일을 맡아 할 노예들을 선발한다. 담당 인원은 총 120인이다.

⑥ **이예**(夷隸) : 이예는 동이(東夷)를 정벌하여 잡은 포로들로서 목인(牧人)을 보조하며, 소와 말과 새들의 말을 깨우치고 기르는 일을 관장한다. 왕궁을 경비하며, 왕이 야외에 있을 때는 행궁(行宮) 숙소를 엄중히 경비하는 일은 만예(蠻隸)가 하는 일과 같다. 담당 인원은 총 120인이다.

⑦ **맥예**(貊隸) : 맥예는 복불씨(服不氏)를 보좌하는 일을 담당하여 맹수를 기르고 길들이는 일을 가르치며, 짐승의 말을 깨우치는 일을 관장한다. 왕궁을 경비하며, 왕이 야외에 있을 때는 행궁(行宮) 숙소를 엄중히 경비하는 일은 만예(蠻隸)가 하는 일과 같다. 담당 인원은 총 120인이다.

---

113) 교인(校人) : 사마(司馬) 소속으로 왕의 말을 관장하는 직책이다.

(5) 소독제해관(消毒除害官)

해충과 잡초를 제거하고 소독하는 일을 담당하는 직관에는 서씨
(庶氏)·전씨(翦氏)·적발씨(赤犮氏)·호탁씨(壺涿氏)·정씨(庭氏)·
곡씨(蟈氏)·척족씨(硩族氏)·치씨(薙氏) 등이 있다.

① **서씨**(庶氏) : 서씨는 독충(毒蟲)을 제거하고 몰아내는 일을 담당
하는 관원이다. 그의 주된 업무는 독충을 방제하고 몰아내는
일을 담당하며, 가초(嘉草)로 연기를 피워서 쫓아낸다. 독충을
제거할 때 명령을 내리고 계획을 수립하는 일을 관장한다. 하사
(下士) 1인이 담당하며, 휘하에 도(徒) 4인이 있다.

② **전씨**(翦氏) : 전씨는 좀벌레를 제거하는 일을 담당하는 관원이
다. 그의 주된 업무는 기청제(祈晴祭)인 영제(禜祭 : 재앙을 막는
제사)를 지내어 좀벌레를 쫓고, 망초(莽草 : 약초)를 태워서 연
기를 피워 모든 해충을 제거하는 일을 맡는다. 하사(下士) 1인
이 담당하며, 휘하에 도(徒) 2인이 있다.

③ **적발씨**(赤犮氏) : 적발씨는 담벽 틈에 숨어 있는 벌레를 제거하
는 관원이다. 그의 주된 업무는 담장이나 벽 틈새에 살고 있는
벌레들을 제거하며, 조개껍질을 태운 재를 사용하여 박멸하고,
물과 조개껍질을 썪어 벽에 뿌려서 집의 벽틈에서 기생하는 해
충을 제거한다. 하사(下士) 1인이 담당하며, 휘하에 도(徒) 2인
이 있다.

④ **호탁씨**(壺涿氏) : 호탁씨는 물속의 수충(水蟲) 제거를 담당하는
관원이다. 흙으로 빚어 구워 만든 북을 쳐서 수충을 쫓고, 불에
달군 돌을 던져서 제거한다. 하사(下士) 1인이 담당하며, 휘하

에 도(徒) 2인이 있다.

⑤ **정씨**(庭氏) : 정씨는 요상한 울음을 내는 요조(夭鳥)를 잡는 관원이다. 그의 주된 업무는 나라 안에서 밤에 우는 괴이한 새를 활로 쏘아 잡는 일을 관장한다. 만약 그 조수(鳥獸)를 발견하지 못하면, 일식 때 만든 활과 월식 때 만든 화살로 밤에 쏜다. 하사(下士) 1인이 담당하며, 휘하에 도(徒) 2인이 있다.

⑥ **괵씨**(蟈氏) : 괵씨는 개구리와 맹꽁이, 두꺼비류를 제거하는 일을 관장하며, 모국(牡菊)을 불태워 그 재를 뿌려서 제거한다. 하사(下士) 1인이 담당하며, 휘하에 도(徒) 2인이 있다.

⑦ **척족씨**(硩蔟氏) : 척족씨는 요조(夭鳥)의 둥지를 제거하는 일을 관장한다. 현판에 십간(十干)의 명칭을 쓰고, 십이진(十二辰)의 명칭을 쓰고, 십이월(十二月)의 명칭을 쓰고, 십이세(十二歲)을 쓰고, 이십팔수(二十八宿)의 명칭을 써서 요조(夭鳥)의 둥지 위에 걸어서 제거한다. 하사(下士) 1인이 담당하며, 휘하에 도(徒) 2인이 있다.

⑧ **치씨**(薙氏) : 치씨는 잡초를 제거하는 일을 담당하는 관원이다. 그의 주된 업무는 잡초 제거와 관련된 일과 법령을 관장한다. 봄에 풀이 생겨나 자라나면 하지에 이르러 깎아 주고, 가을에 열매가 맺기 시작하면 풀을 베어 버리고, 동지에는 이를 갈아엎는다. 하사(下士) 2인이 담당하며, 휘하에 도(徒) 20인이 있다.

(6) 예의관(禮儀官)

예의와 의식을 담당하는 직관에는 대행인(大行人) · 소행인(小行人) · 사의(司儀) · 행부(行夫) · 환인(環人) · 상서(象胥) · 장객(掌客) · 장

아(掌訝)・장교(掌交)・조대부(朝大夫)・이기씨(伊耆氏)・견인(犬人)
・야려씨(野廬氏) 등이 있다.

① **대행인**(大行人) : 대행인은 각 제후의 조례(朝禮)와 빙례(聘禮)
등의 방문 사절과 위무(慰撫)의 일을 담당하는 관원이다. 그의
직책은 왕을 찾아오는 제후들과 그들의 사절을 접대하는 예를
관장하며, 각 제후와의 친밀과 화목을 도모한다. 봄에 제후들이
조회하러 오면 천하의 일을 도모하고, 가을에 조회하러 오면
대국(大國)과 소국(小國)들의 공로를 비교하고, 여름에 조회하
러 오면 천하의 계획을 진열하고, 겨울에 조회하러 오면 제후들
의 생각을 합하게 하고, 정해진 날짜에 조회할 때는 사방의 금
기(禁忌)를 발표하고, 제후들이 함께 천자를 알현할 때는 천하
의 정치를 시행하게 한다. 중대부(中大夫) 2인이 담당한다.

② **소행인**(小行人) : 소행인은 대행인을 보좌하여 각 제후국의 빈객
을 접대하는 예적(禮籍)을 담당하며, 사방의 사신들을 접대하는
관원이다. 그의 직책은 제후국 빈객의 예적(禮籍)을 관장하며,
사방 제후의 사신을 접대한다. 제후들에게 명령하여 봄에는 공
물(貢物)을 들이게 하고, 가을에는 공적을 평가하여 올리게 하
여 그 제후국의 문서로 삼아 예우하는 데 쓰게 한다. 제후들이
왕에게 조회하러 오면 왕기(王畿) 지역에서 위로하며 맞이한다.
교(郊)에 이르러 관사에 도착하면 종백(宗伯)을 보내어 안내하
게 한다. 사신이 대객(大客)이면 인도하여 왕을 알현하게 하고,
소객(小客)이면 그 폐백을 받고 건의하는 사항만 왕에게 아뢴
다. 왕의 사신을 사방에 보낼 때는 구의(九儀)114), 즉 빈객의 예

에 맞추어서 한다. 6가지의 부절(符節)115)을 통용하게 하고, 6가지 서(瑞)116)로 믿음을 고르게 하고, 6가지 폐백117)의 격식을 규정한다. 각 제후국의 백성들과 산물(産物)의 재용(財用) 및 이해(利害)의 상황을 조사하며, 각 제후국의 예속(禮俗), 정사(政事), 교육 및 형법(刑法), 금령(禁令)의 준수 여부, 각 제후국의 반란, 폭동, 악행 및 범법행위 등의 상황, 각 제후국이 전염병으로 인한 사망, 기근 및 백성들의 어려운 생계 상황, 각 제후국의 편안하고 화목하고 태평한 상황 등을 문서로 기록하고, 각 제후국의 이상 징후와 상황을 분별하여 왕에게 아뢰어 천하의 모든 사정을 두루 알게 한다. 하대부(下大夫) 4인이 담당한다.

③ **사의**(司儀) : 사의는 빈객을 접대하는 예의와 절도(節度)를 담당하는 관원이다. 그의 직책은 구의(九儀)에 맞춰 빈객을 맞이하고, 예를 돕는 일을 관장하여, 왕의 의용(儀容 : 몸가짐)과 사령(辭令 : 응대하는 말)과 읍양(揖讓 : 읍하고 사양하는 예)의 절도(節度)를 알려 준다. 상사(上士) 8인이 담당하며, 중사(中士) 16인이 보좌한다.

④ **행부**(行夫) : 행부는 역참을 관장하여 대행인(大行人)과 소행인(小行人)을 보좌하고, 사소한 일을 돕는 관원이다. 대국과 소국에 있는 역참에서 소소한 일의 좋고 나쁜 사항을 전달하는 일을 관장하는데 소소한 일에는 정해진 예법은 없다. 사신은 반드시

---

114) 구의(九儀) : 귀천과 상하의 품등을 바로 잡는 의식.
115) 육절(六節) : 호절(虎節), 인절(人節), 용절(龍節), 정절(旌節), 부절(符節), 관절(管節)이다.
116) 육서(六瑞) : 진규(鎭圭), 환규(桓圭), 신규(信圭), 궁규(躬圭), 곡벽(穀璧), 포벽(蒲璧)이다.
117) 육폐(六幣) : 규(圭), 장(璋), 벽(璧), 종(琮), 호(琥), 황(璜)이다.

정절(旌節)을 사용하는데 비록 이르는 길이 험난하더라도 때가 없이 반드시 전달해야 한다. 그 나라에 살면서 행인(行人)의 수고롭고 고된 일을 관장하고 사신들을 보좌한다. 하사(下士) 32인이 담당하며, 휘하에 부(府) 4인, 사(史) 8인, 서(胥) 8인, 도(徒) 80인이 있다.

⑤ **환인**(環人) : 환인은 빈객을 영접하고 환송하며 호위하는 일을 담당하는 관원이다. 그의 직책은 제후국의 조례(朝禮), 근례(覲禮), 빙문(聘問) 등의 빈객을 영송(迎送)하며, 정절(旌節 : 路節)로 사방을 통행하여 왕기(王畿)로 나아가게 한다. 빈객이 도중(道中)에 휴식을 취할 때 관사를 제공하고, 야려씨(野廬氏)에게 명하여 딱딱이를 치며 경계를 서도록 하고, 빈객이 재물과 기물을 가지고 있을 때, 경비하고 호위하여 도난을 방지한다. 중사(中士) 4인이 담당하며, 휘하에 사(史) 4인, 서(胥) 4인, 도(徒) 40인이 있다.

⑥ **상서**(象胥) : 상서는 만(蠻), 이(夷), 민(閩), 맥(貊), 융(戎), 적(狄) 등의 이민족 사신을 접대하고, 이들 나라로 사신 가는 이들의 통역을 담당하는 관원이다. 그의 직책은 만(蠻), 이(夷), 민(閩), 맥(貊), 융(戎), 적(狄)의 나라에서 오는 사신을 관장하여 왕의 말을 잘 전달하는 일을 담당하고 화친하게 한다. 만약 때마다 빈(賓)으로 들어오면 그들의 예(禮)와 그들의 언어에 맞추어서 전달한다. 그들의 영송(迎送) 예절과 폐백이나 사령(辭令)에 대한 빈(賓)의 보조가 된다. 대상(大喪)에는 국객(國客)들의 예의를 아뢰어 보좌하고, 그 지위를 바르게 한다. 군사 행동과 회동(會同)에서는 국객(國客)들의 폐백을 받고 빈(賓)을 대우하는 일

을 담당한다. 이민족마다 상사(上士) 1인이 담당하고, 중사(中士) 2인, 하사(下士) 8인이 보좌하며, 휘하에 도(徒) 20인이 있다.

⑦ **장객**(掌客) : 장객은 사방에서 오는 빈객 접대를 주관하며, 뇌례(牢禮)와 선물, 음식 등 업무를 책임지는 관원이다. 그의 직책은 사방 빈객들의 뇌례(牢禮)・옹희(饔餼 : 大禮燕), 승금(乘禽)・음식의 등급과 흉년이나 가뭄・돌림병・상사(喪事) 등의 사정으로 인한 감례(減禮)의 업무를 관장한다. 상사(上士) 2인이 담당하며, 하사(下士) 4인이 보좌하고, 휘하에 부(府) 1인, 사(史) 2인, 서(胥) 2인, 도(徒) 20인이 있다.

⑧ **장아**(掌訝) : 장아는 빈객의 영접을 담당하는 관원이다. 그의 직책은 각 나라의 「구의(九儀)」 존비(尊卑) 등급의 예적(禮籍)을 관리하며 빈객을 접대한다. 만약 국빈이 온다면 우인(牛人)・양인(羊人)・사인(舍人)・위인(委人) 등 관련 관원에게 알려, 도중(途中)에 필요한 물자를 준비하며, 아사(訝士)와 함께 변경에서 빈객을 영접하고 인도하여 입국하게 한다. 국성(國城)에 도착하면 빈객은 관사에 거주하고, 관사 문밖에 임시 업무소를 설치하여 빈객의 요구에 대처한다. 중사(中士) 8인이 담당하며, 휘하에 부(府) 2인, 사(史) 4인, 서(胥) 4인, 도(徒) 40인이 있다.

⑨ **장교**(掌交) : 장교는 각 나라를 순행하며, 제후 간의 우호를 관장하는 관원이다. 그의 직책은 부절(符節)과 옥백(玉帛) 등의 예물로 제후국과 만민(萬民)이 모이는 곳을 순시하며, 왕의 덕의(德意)와 지향하는 바를 알리고, 왕의 취향과 혐오하는 것을 알리게 하는 일을 주관한다. 제후들의 우호를 증진시키고, 구세(九稅 : 九賦의 세금)를 통한 이익과 구례(九禮 : 九儀)제도를 통한

화친(和親), 구목(九牧)제도에 의한 상호 연계, 구금(九禁 : 九法의 금지)제도가 형성한 각 제후국의 경외(敬畏), 구융(九戎 : 九伐)제도가 수립한 왕조의 위엄을 알리는 등의 일을 관장한다. 중사(中士) 8인이 담당하며, 휘하에 부(府) 2인, 사(史) 4인, 도(徒) 32인이 있다.

⑩ **조대부**(朝大夫) : 조대부는 왕의 사(士)이며, 왕의 자제나 경대부의 식읍(食邑)인 도(都)와 가(家)를 다스리는 관원이다. 그의 직책은 도(都)와 가(家)의 정사를 관장하여 조회에서 국사를 청취하고 기록하여, 도(都)와 가(家)의 군장(君長 : 군주와 경대부)에게 알린다. 만약 왕국에 정령(政令)이 있으면 도가(都家)에 하달하고, 정령 문서는 조대부를 통해 각 도가(都家)의 군장(君長)으로 옮겨진다. 도가(都家)에 미치지 못하는 일이 있으면 조대부를 견책한다. 군사를 일으켜야 할 일이 있으면 담당 유사(有司)를 처벌한다. 국가마다 상사(上士) 2인이 담당하며, 하사(下士) 4인이 보좌하고, 휘하에 부(府) 1인, 사(史) 2인, 서자(庶子) 8인, 도(徒) 20인 있다.

⑪ **이기씨**(伊耆氏) : 이기씨는 왕이 하사하는 지팡이나 예물함을 관장하는 관원이다. 그의 직책은 국가의 대제사(大祭祀)에 지팡이나 함(函)을 제공하는 일을 관장한다. 군대에서 작위(爵位)가 있는 자에게 지팡이를 수여한다. 국왕이 노인에게 하사하는 지팡이(齒杖 : 왕이 국가의 원로인 70세 이상 노인에게 하사하는 지팡이)를 공급한다. 하사(下士) 1인이 담당하며, 휘하에 도(徒) 2인이 있다.

⑫ **견인**(犬人) : 견인은 희생으로 쓰일 개를 담당하는 관원이다.

그의 직책은 희생으로 쓰일 개에 관한 업무를 맡으며, 제사에 털이 순색인 희생을 제공한다. 개를 고르고, 개를 인솔하는 자를 통솔하며, 그의 행정을 맡는다. 하사(下士) 2인이 담당하고, 휘하에 부(府) 1인, 사(史) 2인, 고(賈) 4인, 도(徒) 16인이 있다.

⑬ **야려씨**(野廬氏) : 야려씨는 도로, 교통, 여사(旅舍)의 업무를 담당하는 관원이다. 그의 직책은 왕국의 도로를 원활하게 소통하는 일을 관장한다. 왕국의 교(郊)와 야(野)의 도로를 살피고 숙식(宿息)과 우물과 울타리를 검열한다. 만약 빈객이 있으면 숙소 부근의 주민을 소집하여 딱딱이를 치며 경비를 서게 한다. 배나 수레가 오가는 좁은 도로나 뱃길은 차례대로 지나가게 지휘한다. 국가에 정벌, 사냥, 제사 등의 대사(大事)가 있으면 도로를 청소하고 보수하는 사람을 감독하여 도로에 관한 모든 금령(禁令)을 관리한다. 나라에 출사(出師)나 정벌이 있으면 도로를 청소하고 통행금지를 실시하여 수상한 차림을 한 자를 단속한다. 하사(下士) 6인이 담당하고, 휘하에 서(胥) 12인, 도(徒) 120인이 있다.

6) 동관 고공기(冬官 考工記)

『주례』가 미완성본인지 잔결본인지에 관해 이견이 있으나, 「동관」에 해당하는 부분을 「고공기」로 보충한 것은 사실로 여겨진다. 실제 「고공기」 경문(經文)의 체재와 내용은 『주례』의 기타 오관(五官)과 크게 다르다. 「천관(天官)·태재(大宰)」에서 육전(六典)의 여섯 번째를 '사전(事典)'이라고 하고(「天官·大宰」, "大宰之職, 掌建邦之六典, 以佐王治邦國. ……六曰事典.") 정현(鄭玄)이 이편을 '사공지관(司空之官)'이라고 함으로써(「考工記」, "冬官考工記第六"의 「釋文」, "陸曰鄭云, 此篇司空之官也. 司空篇亡.") 이후 동관 고공기(冬官 考工記)로 기록되고 그 장관과 부관은 대사공(大司空)과 소사공(小司空)으로 추정될 뿐이다. 「천관·소재」에서 동관의 속관이 60개라 하였지만, (「天官·小宰」, "以官府之六屬舉邦治, 一曰天官, 其屬六十掌邦治. ……六曰冬官, 其屬六十掌邦事.") 「고공기」에는 30개의 직관(職官)만 있다.

도성(都城)·궁실·관개(灌漑)의 구축, 차량·무기·농기구·옥기(玉器) 등의 제작에 관한 기사가 포함되어 있으며, 특히 차량을 제작하는 차공(車工)의 비중이 높고 상세하다. 이것은 주대(周代)에 이르러 물자의 이동과 전쟁 등이 빈번했음을 반영한다. 이 밖에도 야철(冶鐵)과 수공(手工) 분야의 높은 제작 기술을 보여주는 등, 춘추전국시기의 고대 과학기술과 지식의 결정이 담겨 있다. 전체는 목공(木工) 7직(職), 금공(金工) 6직, 피혁공(皮革工) 5직, 염색공 5직, 연마공(研磨工) 5직, 도공(陶工) 2직 등 30종의 직인(職人)의 명칭에 따라서 분류 기술하고 있는데 백공(百工)에 관한 기록을 하였다.

(1) 공목지공(攻木之工)

공목지공, 즉 목공(木工)은 나무를 다스리는 장인으로, 윤인(輪人)·여인(輿人)·궁인(弓人)·노인(廬人)·장인(匠人)·거인(車人)·재인(梓人)의 7가지 직종이 있다.

   ① **윤인**(輪人) : 윤인은 수레바퀴를 제작하는 장인이다. 그의 직책은 수레바퀴 제작을 관장한다.
   ② **여인**(輿人) : 여인은 수레의 차량을 제작하는 장인이다. 그의

직책은 수레의 몸체 부분 제작을 관장한다.

③ **궁인**(弓人) : 궁인은 활을 제작하는 장인이다. 그의 직책은 6가지 재료(간(幹), 각(角), 근(筋), 교(膠), 사(絲), 칠(漆))를 적시(適時)에 채취하여 정교한 기술로 활 제작을 관장한다.

④ **노인**(廬人) : 노인은 과(戈)·수(殳)·거극(車戟)·모(矛) 등 병기의 창 자루나 손잡이 제작을 관장한다.

⑤ **장인**(匠人) : 장인은 국가를 건설하는 장인이다. 그의 직책은 도로와 궁실의 건축 규범, 및 도로의 신설 측량 규범을 작성하여 도성(都城)을 건설하고 논밭의 수로를 축조하는 일을 관장한다.

⑥ **거인**(車人) : 거인은 사람을 3등분으로 나누어서 법규를 취하여 그것으로 기준을 삼아 자를 적용한다. 그리고 쟁기와 우차(牛車)를 제작하는 장인이며 이를 관장한다.

⑦ **재인**(梓人) : 재인은 악기를 다는 틀과 종(鐘)을 거는 틀, 활의 과녁, 음료를 담는 용기 등을 제작하는 장인으로 그들의 제작을 관장한다.

(2) 공금지공(攻金之工)

공금지공, 즉 금공(金工)은 쇠를 다스리는 장인으로, 축씨(築氏)·야씨(冶氏)·율씨(桌氏)·단씨(段氏)·도씨(桃氏)·부씨(鳧氏) 등 6가지 직종이 있다.

① **축씨**(築氏) : 축씨는 서도(書刀, 종이가 발명되기 전에 대나무에 문자를 새기는 데에 썼던 칼. 또는 그 잘못된 곳을 긁어 고치는 데 쓰인 칼.)를 제작하는 장인이다. 그의 직책은 길이 1자, 넓이

1치의 예리한 양질의 서도를 제작하는 일을 관장한다.

② **야씨**(冶氏) : 야씨는 사냥에 사용되는 도구를 제작하는 장인이
다. 그의 직책은 사냥 도구인 화살과 과(戈)·극(戟) 등의 창 제
작을 관장한다.

③ **율씨**(栗氏) : 율씨는 도량형(度量衡)의 기구를 제작하는 장인이
다. 그의 직책은 쇠와 주석을 제련하여 다양한 도량형 제작을
관장한다.

④ **단씨**(段氏) : 단씨의 직분 내용은 궐문(闕文) 되었다.

⑤ **도씨**(桃氏) : 도씨는 검(劍, 양쪽 날이 있는 칼)을 제작하는 장인
이다. 그의 직책은 검을 착용하는 자의 키에 따라 상중하 3종류
의 검 제작을 관장한다.

⑥ **부씨**(鳧氏) : 부씨는 악기인 종(鐘)을 제작하는 장인으로 그들의
제작을 관장한다.

(3) 공피지공(攻皮之工)

공피지공, 즉 피혁공(皮革工)은 가죽제품을 관장하는 장인으로, 함
인(函人)·포인(鮑人)·운인(韗人)·위씨(韋氏)·구씨(裘氏) 등 5가지
직종이 있다.

① **함인**(函人) : 함인은 갑옷을 제작하는 장인이다. 그의 직책은
물소가죽의 갑옷인 서갑(犀甲), 들소가죽인 시갑(兕甲)과 일반
가죽을 합성한 합갑(合甲)을 제작 관장한다.

② **포인**(鮑人) : 포인은 날가죽을 부드럽고 유연하고 매끄럽게 만
드는 장인으로 그들의 제작을 관장한다.

③ **운인**(䩵人) : 운인은 가죽으로 북을 만드는 장인이다. 그의 직책은 북의 가죽과 나무 틀을 제작 관장한다.

④ **위씨**(韋氏) : 위씨의 직관 내용은 궐문(闕文) 되었다.

⑤ **구씨**(裘氏) : 구씨의 직관 내용은 궐문(闕文) 되었다.

(4) 설색지공(設色之工)

설색지공, 즉 염색공은 화궤(畫績)・종씨(鍾氏)・광인(筐人)・황씨(幌氏) 등 4가지 직종이 있다.

① **화궤**(畫績) : 화궤는 5가지 색을 배합하고 그림과 자수를 관장하는 장인이다.

② **종씨**(鍾氏) : 종씨는 깃털을 염색하는 장인이다. 그의 직책은 깃털을 염색하여 훈(纁, 분홍빛), 추(緅, 검붉은색), 치(緇, 검은색)의 염색 제작을 관장한다.

③ **광인**(筐人) : 광인의 직관 내용은 궐문(闕文) 되었다.

④ **황씨**(幌氏) : 황씨는 명주실을 누이는 장인이다. 그의 직책은 잿물에 실과 비단을 담가 적신 후, 낮에 햇볕에 말리고, 밤에는 우물물에 담가 7일 동안 밤낮으로 하는데 이를 수련(水湅)이라고 한다.

(5) 괄마지공(刮摩之工)

괄마지공, 즉 연마공은 옥인(玉人)・즐인(榔人)・조인(雕人)・경씨(磬氏)・시인(矢人) 등 5가지 직종이 있다.

① **옥인**(玉人) : 옥인은 옥을 가공하는 장인이다. 그의 직책은 규벽

(圭璧)·장(璋) 등의 옥기(玉器)를 조각 제작하는 일을 관장한다.

② **즐인**(桰人) : 즐인의 직관 내용은 궐문(闕文) 되었다.

③ **조인**(雕人) : 조인의 직관 내용은 궐문(闕文) 되었다.

④ **경씨**(磬氏) : 경씨는 경쇠(磬)를 제작 관장하는 장인이다.

⑤ **시인**(矢人) : 시인은 화살을 제작 관장하는 장인이다.

(6) 단식지공(摶埴之工)

단식지공, 즉 도공(陶工)은 도인(陶人)·방인(瓬人) 등 2가지 직종
이 있다.

① **도인**(陶人) : 도인은 도기(陶器)를 제작하는 장인이다. 그의 직책
은 증(甑)·분(盆)·격(鬲)·유(庾) 등의 도기 제작을 관장한다.

② **방인**(瓬人) : 방인은 궤(簋, 기장 등을 담는 제기) 등 기물을 제작
관장하는 장인이다.

『주례(周禮)』의 특징과 가치

❶ 『주례』 설관분직(設官分職)의 특징

'설관분직(設官分職)'은 『주례』의 핵심 내용이다. 본서는 약 4만 5천여 자의 대량 문자를 활용하여 6대 분직(分職)의 360여 직관(職官) 및 각 관부의 직권(職權)과 직책(職責)을 상세히 기술하였다. 얼핏 보면 신선한 느낌을 주기도 하지만, 정독(精讀)해 보면 저자의 해박한 지식과 탁월한 정치적 천부적인 재능에 탄복하지 않을 수 없다. 따라서 『주례』 설관(設官)의 근거, 설관의 전반적인 사상 및 관원(官員) 설치 등 몇 가지 측면에서 『주례』 설관분직의 특징을 살펴보고자 한다.

중국의 설관(設官)은 결코 주나라 때부터 시작된 것은 아니다. 일찍이 염황(炎黃) 시대에 설관의 선례가 있었다. 전하는 바로는 황제(黃帝)가 천하의 통치자가 되었을 때, 하늘에 상서로운 구름이 일고 서기(瑞氣)가 나타나자, 황제는 모든 관직 명칭에 '운(雲)'자를 넣어 지었으며 관명을 '운사(雲師)'라고 칭하였다. 그리고 염제 신농씨(炎帝 神農氏)는 기록에 의하면 농사와 불을 사람들에게 전한 인물로 화덕(火德)으로 나라를 세웠다고 전해진다. 그러므로 화(火)를 본떠 관부의 수장을 정하고 화(火)의 명칭으로 수장의 명호로 삼았다. 그 예가 바로 '화사(火師)'이다. 공공씨(共工氏)는 기록에 의하면 물을 만사의 기강으로 삼았기 때문에 물을 본떠 관부의 수장을 제정하고 물의 명칭으로 수장의 명호를 삼았다. 그러므로 관명을 '수사(水師)'라 하였다. 그리고 태호 복희씨(太皥 伏羲氏)는 용(龍)을 만사의 기강으로 삼았기 때문에 용을 본떠 관부의 수장을 제정하고 용의 명칭으로 수장의 명호를 삼았다. 그러므로 관명을 '용사(龍師)'라 하였고, 소호씨(少皞氏)가 즉위하였을 때 마침 봉황새가 날아왔기 때문에 새를 본떠 관부의 수장을 제정하고 새의 명칭으로 수장의 명호를 삼았으니 '봉(鵬)'·'오조(五鳥)'·'오구(五鳩)'·'구호(九扈)'·'오치(五雉)' 등의 오관(五官)을 두었다고 전해져 온다.

소호씨(少皞氏) 이전의 설관(設官)은 모두 자연물의 명칭으로 관직을 명명(命名)하였다. 이러한 관명(官名)의 제정 방식은 상고시대 인류의 자연숭배사상을 반영한 것이다. 즉 황제(黃帝)는 부족의 토템으로 '구름'을 사용하고, 염제는 '불'을 토템으로, 공공씨는 '물'을 토템으로 사용하고, 태호씨는 '용'을 토템으로 사용하였으며, 소호씨는 '새'를 토템으로 한 것이다. 이것은 자연주의 이상화(理想化)의 산물이며, 길상(吉祥)과 긍정적 미래의 희망을 상징하는 것이다. 그리고 이들이 관직을 세운 것은 단지 하나의 형식일 뿐 구체적인 기능은 없었다. 예를 들면 소호씨는 축구(祝鳩)를 사도(司徒)로 삼고 실제 명칭은 축구로 하였으나, 실제적인 직무를 규정하지 않았다. 그러나 전욱(顓頊) 이후 점차 관(官)과 직(職)을 유기적으로 연결하여 명실상부한 일치를 추구하게 되었고, 요순시대에 이르러 설관분직(設官分職)은 이미 상서로움을 도모하거나 어떤 희망에 대한 의탁이 아니라, 치국(治國)의 필요를 위해 직관(職官)의 직권(職權)과 직책(職責)을 명확히 하였다. 예를 들면, 『맹자』에 사도(司徒) 관직을 설치한 구체적인 직책이 기재되어 있다.

（성인이 이에 근심하시어)설(契)로 하여금 사도(司徒)로 삼아 인륜으로써 가르치게 하였으니 바로 부자유친, 군신유의, 부부유별, 장유유서, 붕우유신이다.

使契爲司徒, 敎以人倫 : 父子有親, 君臣有義, 夫婦有別, 長幼有
序, 朋友有信.   『孟子・滕文公上』

'사도(司徒)'와 '사구(司寇)' 등의 직관은 요순(堯舜)시대에 이미 설
치되었고, 은나라에 이르러 '총재(冢宰)'·'태사(大師)'·'소사(少師)' 등
의 직관 명칭이 추가되었다. 『사기·본기』를 살펴보면,

소을왕이 세상을 떠나자, 아들 무정(武丁)왕이 즉위하였다. 무정왕
이 즉위한 후 은나라를 부흥시키려고 생각하였으나 아직 자신을
보좌해 줄 신하를 찾지 못했다. 3년 동안 아무 말도 하지 않고 정사
를 총재(冢宰)가 결정하도록 하였다.

帝小乙崩, 子帝武丁立. 帝武丁卽位, 思復興殷, 而未得其佐. 三
年不言, 政事決定於冢宰.   『史記・本紀・殷本紀』

또 『사기·본기』에서 말하기를,

주(紂)왕은 점점 더 음란해져 그칠 줄 몰랐다. 미자(微子)가 여러
차례 간했으나 듣지 않자, 태사(大師)·소사(少師)와 더불어 모의하
여 마침내 떠났다.

紂愈淫亂不止. 微子數諫不聽, 乃與大師・少師謀, 遂去.
                                                        『史記・本紀・殷本紀』

이상을 통해 보면,『주례』의 설관(設官) 기초는 요(堯)·순(舜)·우
(禹)의 제도를 따랐음을 알 수 있다.
주대(周代)의 설관(設官) 사상은 과거의 자연 상징물에서 출발한

천지자연 숭배 관념에서 완전히 벗어 나지는 못했다. 이것은 『주례』 설관의 상징적인 것에 불과하다. 그러나 이러한 상징적이고 표면적인 현상을 통해, 『주례』의 저자가 설관(設官)의 문제에 있어서 매우 고심했다는 것을 어렵지 않게 발견할 수 있다. 『주례』의 설관은 비록 옛 제도를 따랐지만, 저자는 결코 전대 직관(職官)을 그대로 답습한 것은 아니다. 당시 사회의 실제적인 관점에서 출발하여 정치 형태상 건국(建國) · 설관(設官)의 수요를 파악하여 국가의 정치 · 경제 · 문화 · 교육 · 군사 · 법률 · 과학기술 등 전방위적으로 국가의 체제를 구축하였다. 즉 새로운 국가체계를 공고히 하고 건전하게 하기 위하여 설관분직(設官分職)을 하였다. 이것은 기존의 직관제도에 새로운 내용을 가미했을 뿐만 아니라 새로운 생명력을 부여하고 전대(前代)에 없던 직관(職官)을 신설하여 옛 모습을 새롭게 한 것이다.

　『주례』의 건국(建國)과 설관(設官)은 정치형태상 군주전제(君主專制)의 정치형태이다. 그러나 후대의 군주제와 비교해 보면 매우 큰 차이가 있다. 후대의 군주제는 일국의 군주가 지고무상(至高無上)의 권력을 향유하고 신하와 백성들 사이에서 절대적인 권위를 가지며 천하의 신민(臣民)들을 주재하고, 국가를 한 사람의 소유로 간주하며 대소신료를 수족으로 여겼다. 심지어 신하와 백성들의 운명은 전적으로 군주 한 사람에 의해 좌우되기도 한다. 또한 국가의 재물을 자신의 소유로 여겨 제멋대로 사용하며 방일(放逸)하고 사치스럽기도 하다. 그러나 『주례』에 기재된 지고무상의 권력을 누린 국왕은 오히려 후대 군주들과는 다르다. 예를 들면, 나라를 세우고 나라를 옮기는 대사(大事)인 경우 한 사람의 말로써 마음대로 결정할 수 없다. 반드시 백관(百官)과 만민의 의견을 구해야 한다. 국가의 재화(財貨)

역시 임의로 낭비해서는 안 되며, 일상적인 재정지출은 일정한 감독과 제한을 받았다.

이로써 『주례』 정치형태의 군주제는 민권(民權) 일부를 보전하는 군주제임을 알 수 있다. 이러한 군주제도는 당시의 역사적 조건에서 적극적인 진보의 의의가 있다. 이는 고대 백성들과 근로자들이 민주(民主)를 요구하는 염원을 반영한 것이다.

설관분직(設官分職)에 있어서 『주례』의 저자는 심혈을 기울인 독창성을 갖추었다고 할 수 있다. 『주례』는 모두 366개의 직관(職官)[1]을 두었다. 표면상으로는 366개 직관은 각각 독립되어 있고, 각 관부(官府)은 서로 관련되지 않은 듯 보인다. 그러나 사실은 그렇지 않다. 『주례』의 저자는 건국과 치국의 정체사상(政體思想)에서 출발하여 건국·치국이라는 정치형태의 핵심을 중심으로 정치·경제·문화교육·형벌·과학기술 등 체제의 필요에 따라 '치(治)'·'교(敎)'·'예(禮)'·'정(政)'·'형(刑)'·'사(事)'의 6대 조직의 직관(職官)을 전방위적이고 유기적으로 설치하였는데, 그중 천관(天官)은 치관(治官), 지관(地官)은 교관(敎官), 춘관(春官)은 예관(禮官), 하관(夏官)은 정관(政官), 추관(秋官)은 형관(刑官), 동관(冬官)은 사관(事官)으로 각각 분류하였다.

『주례』의 저자는 6대 조직의 직관(職官)을 유기적으로 연결하기 위해 관부의 관리들을 '팔법(八法)'으로 다스렸다. 즉 '관속(官屬)'[2]·'관

---

1) 6관 소속의 관직 수는 고르지 않으나 천관 63직, 지관 78직, 춘관 70직, 하관 70직, 추관 66직이며 동관(고공기)은 공장(工匠) 30직을 각각 두어 모두 377직이다. 이 중에는 직관 명칭은 존재하나 직문(職文)이 없는 예도 있으므로 명확한 직능기재가 있는 경우는 366직이다.

2) 관속(官屬) : 관직 체계 내부의 상하 통속관계에 관한 규정을 말한다. 관속에는

직(官職)'3) · '관련(官聯)'4) · '관상(官常)'5) · '관성(官成)'6) · '관법(官法)'7)

총속(總屬) · 분속(分屬) · 당관지속(當官之屬) · 용산지속(冗散之屬)이 있다.
총속은 6관(官)에는 각각 60개씩의 속관이 있는데, 모두 그 장관(6卿)에게
예속되는 것을 말한다. 분속은 직무가 유사한 관직들이 우두머리 관직에게
예속되는 것을 말한다. 당관지속은 해당 관직에서 지위가 높은 사람에게
예속되는 것을 말한다. 용산지속은 춤추는 일에 종사하는 자가 모인(旄人)에
게 예속되고(「春官 · 旄人」), 왕국에서 용력(勇力)이 있는 사(士)가 사우(司
右)에게 예속되고(「夏官 · 司右」), 개의 상태를 살펴서 뽑거나 개를 이끌고
가는 사람이 견인(犬人)에게 예속되는 경우(「秋官 · 犬人」) 등을 말하는 것으
로, 모두 직명(職名)이나 관원의 수가 없는 관리들이다. 이 네 가지는 각각
존비에 따라 서로 예속되는데, 이를 통틀어 '관속(官屬)'이라 한다.

3) 관직(官職) : 관직들 사이에 직무상의 권리와 책임을 두어서 서로 월권하지
못하도록 하는 규정을 말한다.

4) 관련(官聯) : 다른 5관(官)의 관리들과 연계하여 함께 일을 수행하도록 하는
규정을 말한다. 호광충(胡匡夷)에 의하면, 본래부터 담당하는 직무를 갖고
일을 수행하는 자를 '유사(有司)'라고 하고, 일이 있을 때마다 특별히 와서
도와주는 자를 '집사(執事)'라고 한다. 따라서 '집사'는 다른 관직의 관리들과
연계하여 함께 일을 수행하기 위한 임시적인 것으로, 일을 수행하여 임무를
마친 후에는 본직으로 돌아간다. 이것이 '관련(官聯)'의 범주에 해당한다. 반면에
'유사(有司)'는 어떤 직무를 전담해서 담당하는 것으로, 관리들이 평상시 주요하
게 종사하는 직무이니, 관상(官常)의 범주에 해당한다.

5) 관상(官常) : 한 관직의 고유한 항시적인 평상시 직무를 말한다.

6) 관성(官成) : 관부의 성사(成事) · 품식(品式), 즉 관리들이 직무를 수행할
때 의거하는 기준의 고사(故事)나 성규(成規)를 말한다. 관성은 관계(官計)를
실시할 때의 법률적 근거가 되며, 관계는 관성에 의거하여 관리들에 대한
회계감사나 치적 심사를 진행한다.

7) 관법(官法) : 관리들이 직무를 수행할 때 지켜야 할 법규를 말한다. 이 관법(官
法)은 예법(禮法) · 법칙(法則) · 표준(標準) · 법률(法律) 등을 포괄한다. 구
체적으로 말하면, 천관(天官) 태재(大宰)의 관법은 육전(六典) · 팔법(八法) ·
팔칙(八則) · 팔방(八枋) · 팔통(八統) · 구직(九職) · 구부(九賦) · 구식(九
式) · 구공(九貢) · 구량(九兩) 등을 포함한 '치상(治象)'의 법을 말한다. 지관
(地官) 사도(司徒)의 관법은 토회(土會)의 법 · 십이교(十二敎) · 토의(土宜)
의 법 · 토균(土均)의 법 · 토규(土圭)의 법 · 십이황정(十二荒政) · 보식육(保
息六) · 본속육(本俗六) 등을 포함한 교상(敎象)의 법을 말한다. 춘관(春官)

· '관형(官刑)'[8] · '관계(官計)'[9]를 통해 본관(本官)의 상하관계와 타관(他官)과의 관계를 명확히 하고 조정하여 상하에 예속(隸屬)관계가 있고, 서로 협력하고 서로 견제하는 분업과 협력의 직관(職官) 네트워크를 형성하여, 합리적인 구조의 체계적인 관료정부 기구를 구성하였다.

국가의 행정구역은 왕기(王畿) 내에 공읍(公邑)과 채읍(采邑)을 설치하고, 왕성(王城) 밖 백리(百里)에 6향(鄕), 왕성 밖 2백 리에 6수(遂)를 설치하였다. 6수가 관할하는 주민 이외의 구역은 공읍이 되고, 채읍은 왕성에서 2백 리 밖, 5백 리까지며 공경대부 녹봉의 채지이다. 향 · 수(鄕 · 遂)는 정교(正敎) · 군사(軍事) · 민정(民政)을 아우르는 지방행정 조직이다. 6향에는 각각 주(州) · 당(黨) · 족(族) · 여(閭) · 비(比) 등의 기층(基層) 행정조직을 설치하였고, 6수에는 각각 현(縣) · 비(鄙) · 찬(酇) · 이(里) · 인(鄰) 등의 기층 행정조직을 설치하여 6향과 6수에 행정장관을 두었다.

6향(鄕)은 향사(鄕師) · 향대부(鄕大夫) · 주장(州長) · 당장(黨長) · 족사(族師) · 여서(閭胥) · 비장(比長) 등 행정장관을 두어 지방의 정교 · 군사 · 민정 등의 사무를 분별하여 관장하였다. 그리고 6수(遂)는 각각 수인(遂人) · 수사(遂師) · 수대부(遂大夫) · 현정(縣正) · 비사(鄙師) ·

종백(宗伯)의 관법은 길흉군빈가(吉凶軍賓嘉)의 오례(五禮) · 구의(九儀)의 명(命) · 육서(六瑞) · 육지(六摯) · 육기(六器)의 법을 포함한 예상(禮象)의 법을 말한다. 하관(夏官) 사마(司馬)의 관법은 방국(邦國)의 구법(九法) · 구벌(九伐)의 법 · 수법(蒐法) · 전법(田法) · 전법(戰法) 등을 포함한 정상(政像)의 법을 말한다. 추관(秋官) 사구(司寇)의 관법은 왕국의 삼전(三典) · 오형(五刑) 등을 포함한 형상(刑象)의 법을 말한다.

8) 관형(官刑) : 관부의 관리들을 대상으로 하는 행정 처벌을 말한다.
9) 관계(官計) : 회계감사 등 관리의 직무 평가와 관련한 규정을 말한다.

찬장(酇長)·이재(里宰)·인장(鄰長) 등의 행정장관을 두어 6수의 정교·군사·민정 등의 업무를 관장하도록 하였으며, 6향·6수의 행정 장관은 모두 6관부(官府)의 규제를 받았다. 공읍(公邑)과 채지(采地)는 6향·6수의 조직 형태와는 다르지만, 왕국 정부의 직접적인 통제를 받았다. 분봉된 제후 방국(邦國)의 구조 역시 왕국의 조직을 따라 건립되어 왕국법령의 통제를 받았다. 이러한 『주례』의 직관제도와 관리규모는 수천 년 전부터 이미 생성되었던 것이며, 직관(職官) 역사에 있어서 최초의 시도이고, 후대 직관제도의 제정과 보완을 위한 기초를 마련하였으며, 또한 후인들이 고대 직관을 연구하는데 상세하고도 귀중한 역사 자료를 제공하고 있다.

❷ 『주례』 중의 예(禮)의 함의(含義)

'예(禮)'는 우리의 삶 속에서 전혀 낯선 개념이 아니다. 사람들은 사회적 교류나 특정한 의식을 행할 때 흔히 '예'를 언급한다.

예를 들면 일면식도 없는 낯선 사람이 거리낌 없이 다가와 우호적이고 친절한 공경의 마음을 표한다면, 대부분 사람은 상대방을 친절하고 예의 바른 사람이라고 느낄 것이다. 그리고 자신이 준비한 물건으로 누군가에게 경의(敬意)를 표할 때 겸손한 말투로 "보잘것없는 약소한 것(禮)이지만, 기꺼이 받아 주시기를 바랍니다."라고 말할 것이다. 또 젊은 남녀가 결혼식을 거행할 때, 하객들은 혼례(婚禮)가 성대하고 장엄하다고 말한다. 여기에서 언급된 세 가지 경우의 '예(禮)'는 각각 다른 의미가 있다. '예의 바르다.'에서 예(禮)는 예의(禮

儀)와 예절(禮節)을 말한다. '보잘것없는 약소한 것(禮)'에서 예는 선물과 같은 예물(禮物)을 말한다. '혼례(婚禮)'에서의 예는 의식(儀式)을 뜻한다. 『주례(周禮)』 서명(書名)에서의 예(禮)의 의미는 현대생활에서의 예(禮)와는 달리 '예의'라는 뜻도 아니고, 단순히 '예물'이라는 뜻도 아니다. 그것은 주대(周代)의 직관(職官)을 중심으로 한 광범위한 사회 내용을 포함한다. 구체적으로는 나라의 통치·토지정책·경제 제도·풍속문화교육·군사·형법 등에 관련된 중요 의례와 같은 내용이다. 따라서 『주례(周禮)』 서명(書名)에서 예(禮)의 의미는 종합적인 개념이다. 『십삼경(十三經)』 중의 『예기(禮記)』·『의례(儀禮)』의 두 경전과 비교하면, 『예기』와 『의례』 중의 '예'는 협의(狹義)의 예로, 고대의 예의(禮儀) 형식을 의미한다. 예를 들면 『의례』의 「사관례(士冠禮)」는 고대 귀족 남성의 성인식 의식을 기술한 것이고, 「사혼례(士昏禮)」는 고대 결혼 의식을 기술한 것이다. 「향음주례(鄕飮酒禮)」·「향사례(鄕射禮)」·「빈례(賓禮)」·「연례(宴禮)」·「빙례(聘禮)」·「사상례(士喪禮)」·「사우례(士虞禮)」·「특생궤사례(特牲饋食禮)」 등에 기재된 내용은 모두 특정한 예의(禮儀) 형식이다. 그리고 『예기』의 주요한 내용은 고례(古禮)의 이론과 사상을 기술한 예(禮)의 이론서이다.

『주례』의 원 명칭은 『주관(周官)』이다. 서한(西漢) 말기 왕망(王莽)이 집권할 때 유흠(劉歆)이 국사(國師)가 되어 이를 예경(禮經)으로 분류하고 『주례』로 명칭을 변경하였다. 『주관』의 명칭에서 알 수 있듯이, 『주례(周禮)』 서명의 '예(禮)'는 사실상 '관(官)'이다. 즉 직관(職官)을 중심으로 한 내용으로 구성되어 있다. 예를 들면 「천관(天官)·총재(家宰)」는 천관 총재 속관(屬官) 및 나라를 다스리는 법전과 법규에 관한 내용을 기술하였다. 「지관(地官)·사도(司徒)」는 지관 사도와 그 속관의 관직, 고대의 토지제도, 도덕, 풍속 교화에 관한 내용을 기술하고 있다. 「하관(夏官)·사마(司馬)」의 경우는 하관 사마와 그 속관의 관직과 고대 군대 체제, 군정 법령, 토지세와 병역 등의 내용을 기재하고 있다. 「추관(秋官)·사구(司寇)」는 추관 사구 및 그 속관의 관직과 고대 형벌 사상 등을 기술하고 있다. 『주례』는 「대종백(大宗伯)」에서 고대 '오례(五禮)'의 의례 형식을 기재한 것을 제외하고는 기타 직관의 내용은 모두 예의(禮儀)와 직접적인 관계가 없다. 따라서 『주례』서명 중의 '예(禮)'의 내용은 풍부한 광의(廣義)의 '예(禮)'임을 알 수 있다. 황수기(黃壽祺) 선생은 『군경요약(群經要略)·삼례편(三禮篇)』에서 내용상으로 『주례』와 『의례』·『예기』를 엄격히 구분하였다. 그는 "『의례』와 『예기』는 가정(家政)의 주요한 항목이며 후대의 『가례(家禮)』에 비유된다. 『주례』는 국정(國政)의 주요한 항목이며 이는 후대의 『회전(會典)』에 비유된다."라고 하였다. 『주례』서명 중의 '예(禮)'의 의미를 명확히 해야만, 『주례』의 '예'를 현대 사회 생활에서의 '예', 『의례』 및 『예기』의 '예'를 구분해 낼 수 있으며, 이를 통해 『주례』의 사상 내용을 한층 더 정확하게 이해하고, 『주례』의 가치를 올바르게 인식할 수 있다.

③ 『주례』의 교화(敎化)

사람이 살아가면서 배불리 먹고, 따뜻하게 입고, 편안하게 살며, 안락한 삶만을 추구한다면, 사치스러운 물질적 향유만을 추구하고, 물질적 욕구에 만족하여 교육에는 관심을 두지 않고 소홀히 할 것이다. 그렇게 되면 사람들은 자신의 가치를 잃고 동물과 별반 다를 바 없는 삶을 살게 될 것이며, 인류는 우매한 야만시대로 퇴보하게 될 것이다. 그러므로 교육은 인류와 동물 간의 생존의 본질적인 차이이며, 인류 스스로가 미개함에서 벗어나 문명으로 나아가는 출발점이다. 교육을 중시하고 교육을 발전시키는 것은 사회발전과 인류 문화의 진보를 위한 필수적인 길이다. 고대의 현명한 위정자들은 모두 교육을 우려하며 교육을 국가의 부흥과 인류를 행복하게 하는 핵심과제로 여겼다.

『주례』의 만민(萬民)에 대한 교화(教化)는 주로 예교(禮教)교육과 도덕교육 및 직업교육 등 3가지 방면의 내용을 포함하고 있다.

1)『주례』의 예교(禮教)교육

『주례』는 12가지 교법(教法)을 통하여 만민에게 예교 교육을 시행하였다. 이 12가지 교법은 다음과 같다.

첫째, 사례(祀禮)로써 공경을 가르치면 백성들이 분수에 넘치는 행동을 하지 않는다. 둘째, 양례(陽禮 : 향사(鄉射)나 음주(飲酒)의 예법)로써 서로 사양(辭讓)하도록 가르치면 백성들이 서로 다투지 않는다. 셋째, 음례(陰禮 : 남녀가 혼인하는 예)로써 친함을 가르치면 백성들이 서로 원망하지 않는다. 넷째, 악례(樂禮)로써 화목을 가르치면 백성들은 서로 어그러지지 않는다. 다섯째, 의(儀 : 군주는 남면(南面)하고 신하는 북면(北面)하고, 아버지는 편안히 앉고 아들은 꿇어앉는 등의 예법)로써 등급을 분별하면 백성들은 월권행위를 하지 않는다. 여섯째, 풍속으로써 편안함을 가르치면 백성들은 구차해지지 않는다. 일곱째, 형벌로써 중용을 가르치면 백성들은 사나워지지 않는다. 여덟째, 맹세로써 남을 구제하는 법을 가르치면 백성들은 게을러지지 않는다. 아홉째, 절도(節度)를 헤아리게 하여 절약을 가르치면 백성들은 만족을 알게 된다. 열째, 세상의 일(사·농·공·상 등)에 맞는 능력을 가르치면 백성들은 생업을 잃지 않게 된다. 열한째, 어짊에 따라 관직을 제재하면 백성들은 삼가 덕행을 하게 된다. 열두째, 용(庸 : 공적(功績))으로써 봉록을 제정하면 백성들은 공업(功業)을 일으키게 된다.

> 一曰以祀禮教敬, 則民不苟. 二曰以陽禮教讓, 則民不爭. 三曰以陰禮教親, 則民不怨. 四曰以樂禮教和, 則民不乖. 五曰以儀辨等, 則民不越. 六曰以俗教安, 則民不愉. 七曰以刑教中, 則民不虣. 八曰以誓教恤, 則民不怠. 九曰以度教節, 則民知足. 十曰以世事教能, 則民不失職. 十有一曰以賢制爵, 則民慎德. 十有二曰以庸制祿, 則民興功.
>
> 『周禮·地官·大司徒』

「지관·대사도」는 교육(教育)을 관장하여 왕을 보좌하고 천하 각 국을 다스리는데, 지방 5곳에서 생산되는 생산물과 백성들이 거주하는 생활 습관에 따라 12가지 교육을 시행하였다.

첫 번째는 제사의 예를 통해 백성들에게 존경(尊敬)을 교육하는 것이다. 『주례』는 제사의 다양한 예절을 규정하고 있다. 예를 들면, 길례(吉禮)로 나라의 천신(天神)·인귀(人鬼) 그리고 지신인 지기(地祇)에 제사를 지낸다. 장작 위에 폐백을 놓고 불을 피워 연기가 상승하도록 하여 천호제(天昊帝)에 제사를 지내며, 장작 위에 폐백과 희생을 올려놓고 불을 피워 연기가 상승하도록 하여 일월성신(日月星辰)에 제사를 지낸다. 그리고 장작 위에 희생을 올려놓고 불을 피워 연기가 상승하도록 하여 사중(司中)·사명(司命)·풍사(風師)·우사(雨師)에게 제사 지내며, 땅에 희생의 피를 떨어뜨려 사직(社稷)·오사(五祀)·오악(五嶽)에 제사를 지낸다. 또 희생과 옥폐(玉幣)를 땅이나 수중에 묻어 산림과 천택(川澤)에 제사를 지내며, 절개한 희생물로 산천과 천곡(川谷), 구릉과 만물의 신들에게 제사를 지내고, 익힌 음식을 올려 선왕(先王)에게 제사를 지낸다. 여름에는 약제(禴祭)로 선왕에게 제사 지내며, 가을에는 회제(禬祭)로 선왕에게 제사 지내고, 겨울에는 증제(蒸祭)로 선왕에게 제사 지낸다. 「대사도」는 이러한 제사의 예절을 통해 천하의 백성들을 교화하여 규율을 따르고 경솔하지 않도록 하였다.

두 번째는 향사(鄕射)와 음주(飮酒)의 예(禮)를 통해 백성들에게 겸양(謙讓)을 교육하는 것이다. 고인(古人)들의 행례(行禮) 중, 제사(祭祀)·빈객(賓客)·상사(喪祀) 등의 예절은 남녀가 모두 참가할 수 있으나, 향사·음주례(鄕射·飮酒禮)에는 남성만 참가할 수 있고 여성은 참가가 허용되지 않았다. 「대사도」는 향사·음주례를 통해 백성들에게 상호 존경과 겸양을 가르쳐 서로 갈등이 일어나지 않도록 하였다.

세 번째는 혼인의 예(禮)를 통해 백성들에게 사랑을 교화하였다. 『주례』에서는 혼인을 관장하는 직관 「매씨(媒氏)」를 설치하였다. 매씨는 백성들의 혼인을 관장하는데, 일반적으로 남성은 30세에 반드시 아내를 맞이하고, 여성은 20세에 시집을 가도록 하였다. 매년 중춘(仲春) 2월은 최적의 결혼 시기로 남녀들이 혼례를 거행하였다. 이 시기에 6예(禮)의 규정을 따르지 않고 혼례를 강행하는 경우도 금지하지는 않았으나, 이유 없이 혼인 예법 규정을 위반하는 경우 처벌을 받게 된다. 「대사도」는 혼인의 예법을 통해 백성들을 교화하여 그들로 하여금 서로 친애하게 하여 백성 간에 원한이 생기지 않도록 하였다.

네 번째는 악례(樂禮)를 통해 백성들에게 화목을 교화하는 것이다. 『주례』는 음악이 인간에게 미치는 감화의 역할을 강조하며 「대사악(大司樂)」·「악사(樂師)」·「태사(大師)」·「소사(少師)」·「전동(典同)」 등의 직관을 두어 음악을 관장 하였다. 「대사악」은 국학(國學)의 교법(敎法)을 관장하고, '악덕(樂德)'·'악어(樂語)'·'악무(樂舞)'를 통해 국자(國子)를 가리켰다. 『주례』에 따르면, 악어(樂語)가 성행하고, 악무(樂舞)가 쇠퇴해지지 않아야 서로 다투지 않고 노하지 않으며, 안정되고 평온한 분위기를 조성하여 화합의 목적을 이룰 수 있다. 「대사도」는 악례(樂禮)를 통하여 백성을 교화하고, 백성 간에 화목한 관계를 형성하여 적대시하지 않도록 하였다.

다섯 번째는 예의(禮儀)를 통하여 상하, 존비의 등급을 명확히 하는 것이다. 『주례』는 제후 대신(大臣)의 '오의(五儀)'와 '오등지명(五等之命)'[10]을 규정하고 있다. 제후의 '오의'는 공·후·백·자·남(公·

___

10) 오등지명(五等之命) : 다섯 등급. 즉 사명(四命), 삼명(三命), 이명(二命), 일명(一命), 불명(不命)을 말한다.

侯·伯·子·男) 5종의 서로 다른 작위(爵位) 예법이며, 대신(大臣)의 '오등지명'은 상공(上公)은 구명(九命)으로써 하고 우두머리(伯)가 되며 국가와 궁실(宮室)·거기(車旗)·의복·예의(禮儀)를 모두 구(九)로써 절(節)을 삼는다. 후와 백은 칠명(七命)으로써 하고, 국가와 궁실(宮室)·거기(車旗)·의복·예의(禮儀)를 모두 칠(七)로써 절(節)을 삼는다. 자(子)와 남(男)은 오명(五命)으로써 하고 국가와 궁실(宮室)·거기(車旗)·의복·예의(禮儀)를 모두 오(五)로써 절(節)을 삼는다. 왕의 삼공(三公)은 팔명(八命)이고, 경(卿)은 육명(六命)이며, 대부(大夫)는 사명(四命)이다. 만약 외지에 봉해지면 각 한 등급을 더하고 국가와 궁실(宮室)·거기(車旗)·의복·예의(禮儀)에도 각 한 등급을 더한다.

제후의 적자(適子)는 천자에게 맹서하고 군(君)을 대신하면 그 군주의 예는 일등(一等)을 내린다. 맹서하지 않으면 피백(皮帛)으로써 자·남(子·男)의 지위로 계승한다. 공(公)의 고(孤 : 고아)는 사명(四命)이며 피백(皮帛)으로써 소국(小國)의 군주를 대하고, 그 경(卿)은 삼명(三命)으로써 하고 그 대부(大夫)는 재명(再命)으로써 하고 그 사(士)는 일명(一命)으로써 하며 그의 궁실(宮室)·거기(車旗)·의복·예의(禮儀)는 각각 그 명(命)의 숫자로써 한다. 제후나 백(伯)의 경(卿)이나 대부(大夫)·사(士)도 또한 이와 같다. 자(子)·남(男)의 경(卿)은 재명(再命)이고 그 대부는 일명(一命)이고 그 사(士)는 불명(不命)이며 그의 궁실(宮室)·거기(車旗)·의복·예의(禮儀)는 각각 그 명의 숫자로써 한다.[11] 「대사도」는 예의(禮儀)로써 상하 존비의 등급

11) 掌諸侯之五儀·諸臣之五等之命. 上公九命為伯, 其國家·宮室·車旗·衣服·禮儀, 皆以九為節. 侯伯七命, 其國家·宮室·車旗·衣服·禮儀皆以七為

을 분별하고, 백성을 교화하여 예(禮)에 어긋나는 행위를 하지 않도록 하였다.

여섯 번째는 그 지역의 전통 풍습으로 백성들에게 안거(安居)를 가르치는 것이다. 『주례』는 6항목의 전통적인 풍습을 추진하였는데, 이 6가지 항목의 풍속은 다음과 같다.

(1) 백성들이 집을 짓게 되면 반드시 견고하고 내구성이 있게 해야 한다.
(2) 동일 종족이 죽으면 반드시 그들 항렬의 나이 고하, 대소, 순서에 따라 함께 매장해야 한다.
(3) 친척과 형제간에는 화목하고 친근한 관계를 유지해야 한다.
(4) 지방의 젊은이들이 서로 연대하여 교육받게 한다.
(5) 친구 간에 서로 신뢰할 수 있도록 해야 한다.
(6) 백성들은 귀천에 따라 같은 옷을 입게 한다.[12]

「대사도」는 이러한 전통적인 풍속을 통해 백성들을 교화시키고,

節. 子男五命, 其國家·宮室·車旗·衣服·禮儀皆以五為節. 王之三公八命,
其卿六命, 其大夫四命 ; 及其出封, 皆加一等, 其國家·宮室·車旗·衣服·禮
儀亦如之. 凡諸侯之適子, 誓於天子, 攝其君, 則下其君之禮一等 ; 未誓, 則以皮
帛繼子男. 公之孤四命, 以皮帛視小國之君, 其卿三命, 其大夫再命, 其士壹命,
其宮室·車旗·衣服·禮儀各視其命之數 ; 侯伯之卿·大夫·士亦如之. 子男
之卿再命, 其大夫壹命, 其士不命, 其宮室·車旗·衣服·禮儀各視其命之數.
『周禮·春官·典命』.
12) 以本俗六安萬民 : 一曰媺宮室, 二曰族墳墓, 三曰聯兄弟, 四曰聯師儒, 五曰聯
朋友, 六曰同衣服. 『周禮·地官·司徒』.

편안히 살면서 즐겁게 생업에 종사할 수 있게 하여 구차한 행위를 하지 않게 하였다.

일곱 번째는 형벌을 통해 백성들에게 준법을 가르치는 것이다. 「대사도」는 향(鄕)에 적용되는 8가지 형벌로 백성들을 규찰하였다. 이 8가지 형벌은 다음과 같다.

(1) 불효한 자를 엄벌하는 형벌
(2) 가족 간에 화목하고 우애롭지 못한 자를 처벌하는 형벌
(3) 혼인 예절에 맞지 않는 자를 처벌하는 형벌
(4) 스승과 어른에 대해 공경하지 않는 자를 처벌하는 형벌
(5) 신뢰를 지키지 못한 자를 처벌하는 형벌
(6) 빈곤한 사람을 구제하지 않은 자를 처벌하는 형벌
(7) 유언비어를 퍼트린 자를 처벌하는 형벌
(8) 백성들의 정상적인 삶을 교란하는 자를 처벌하는 형벌[13]

「대사도」는 이상의 8가지 형벌을 통해 백성들에게 법을 준수하도록 하여 백성들이 반역하거나 폭동을 일으키지 못하도록 하였다.

여덟 번째는 훈계의 언사(言辭)를 통해 백성들에게 공경과 신중함을 가르치는 것이다. 『주례』는 왕궁과 관부에서부터 6향(鄕)과 6수

---

13) 以鄕八刑糾萬民 : 一曰不孝之刑, 二曰不睦之刑, 三曰不姻之刑, 四曰不弟之刑, 五曰不任之刑, 六曰不恤之刑, 七曰造言之刑, 八曰亂民之刑. 『周禮·地官·司徒』.

(遂), 도비(都鄙)에 이르기까지 모두 훈계의 언사(言辭)를 반포하였다. 「대사도」는 각종 다양한 훈계의 언사를 통해 백성들을 훈계하여 감히 나태하고 게을러지지 않게 하였다.

아홉 번째는 제도를 통해 백성들에게 절제(節制)를 가르치는 것이다. 『주례』에서는 재화를 사용하는 9가지 제도를 제정하였다. 이 9가지 제도는 다음과 같다.

(1) 제사에 재물을 사용하는 제도
(2) 빈객 접대에 필요한 경비제도
(3) 상례와 흉년에 드는 경비제도
(4) 국왕의 음식 소비에 필요한 비용 지출 제도
(5) 백공(百工)들이 기물을 제조하는 데 필요한 경비제도
(6) 빙문(聘問)시 증정(贈呈)에 필요한 경비제도
(7) 소와 말을 사육하는 데 필요한 경비제도
(8) 국왕이 신하들에게 하사하는 물품에 필요한 경비제도
(9) 국왕이 연례(宴禮) 때 군신(群臣)들에게 특별히 하사하는 물품에 필요한 경비제도

「대사도」는 이상의 9가지 재화(財貨) 사용 제도를 통해 백성들을 교육하여 그들이 만족을 알게 하였다.

열 번째는 대대로 전해져오는 기예(技藝)를 통해 백성들에게 기능을 습득하도록 교육하는 것이다. 대대로 전해져 내려오는 기예란 사

·농·공·상(士·農·工·商)들 사이에 전해져온 기예를 말한다. 예를 들면 사(士)의 후손은 사무(事務)를 업(業)으로 삼고, 농민의 후손은 농사를 업으로 삼고, 장인의 후손은 공예(工藝)를 업으로 삼고, 상인의 후손은 상업을 업으로 한다. 「대사도」는 이러한 각 업종이 대대로 전해 내려오는 직무를 통해 백성들에게 전문 기능을 습득하도록 교육하여 백성들이 생업을 잃지 않도록 하였다.

열한 번째는 현덕(賢德)과 품행에 따라 작위를 수여하고, 백성들이 덕행을 숭상하도록 격려하며, 서로 선행을 권고하는 것이다.

열두 번째는 공적에 따라 녹봉을 주어 백성들이 열심히 직무를 수행하고 분발하여 공을 세우도록 하는 것이다.

『주례』는 백성들에 대한 교화로 특히 정령(政令)을 읽고 예악(禮樂)을 익히는 것을 강조하였다. 「태재(大宰)」·「대사도(大司徒)」·「대사마(大司馬)」·「대사구(大司寇)」는 각종 제정된 치법(治法)·교법(教法)·정령(政令)·형법(刑法)들을 하력(夏曆) 11월에 방국(邦國) 도비(都鄙)에 공포하여 백성들이 모두 알게 하였다. 그리고 「소재(小宰)」·「소사도(小司徒)」·「소사마(小司馬)」·「소사구(小司寇)」는 이듬해 하력(夏曆) 정월에 다시 공포하여 목탁(木鐸)을 흔들어 모든 관리와 백성들에게 알렸다. 『주례』에 의하면 백성과 백관(百官)이 왕국의 정책 법령을 깊이 이해하게 해야만 나라를 바르게 하고 백성을 조화롭게 할 수 있다. 그리고 예악(禮樂)을 익히는 것은 백성들의 행위와 도덕규범에 대한 훈육과 훈련이다. '12교(教)' 중 예교(禮教)에 관하여

'사례(祀禮)'·'양례(陽禮)'·'음례(陰禮)'·'악례(樂禮)'·'의변(儀辨)'의 다섯 가지 예교(禮敎)가 있는데, 이러한 '예'를 교육의 주체로 삼는 정교(政敎)는 상고시대 통치자들이 '예'에 대한 추앙을 잘 보여주고 있다.

2) 『주례』의 도덕교육

『주례』는 12교법(敎法)을 시행하여 백성들에게 예교(禮敎) 교육을 진행하는 동시에 향학(鄕學)교육의 관법(官法)을 공포하고 도덕교육을 실시하였다.

『주례』에서는 향학교육의 관법인 '향삼물(鄕三物)'을 통해 백성을 가르쳐 인재를 추천하였다. '향삼물(鄕三物)'은 3대 교학 내용이 포함되어 있다. 첫째는 '육덕(六德)' 교육이다. 육덕은 곧 '지(知)'·'인(仁)'·'성(聖)'·'의(義)'·'충(忠)'·'화(和)'이다. 둘째는 '육행(六行)' 교육이다. 육행은 '효(孝)'·'우(友)'·'목(睦)'·'인(姻)'·'임(任)'·'휼(恤)'이며, 셋째는 '육예(六藝)' 교육이다. 육예는 바로 '예(禮)'·'악(樂)'·'사(射)'·'어(御)'·'서(書)'·'수(數)'이다.[14] 「대사도」는 향학(鄕學)의 3가지 교법(敎法)을 6향(鄕)에 반포하여 향(鄕)·주(州)·당(黨) 및 4교(郊)의 학교에서 교학의 주된 내용으로 삼아 인재를 양성하였다. 우수하고 현능(賢能)한 학생에게는 빈객(賓客)을 대하듯 공경하는 예절로 대우하며 국왕에게 천거하였다.

『주례』의 향학(鄕學) 교육은 「사씨(師氏)」와 「보씨(保氏)」가 담당하

---

14) 以鄕三物敎萬民而賓興之 : 一曰六德, 知·仁·聖·義·忠·和 ; 二曰六行, 孝·友·睦·姻·任·恤 ; 三曰六藝, 禮·樂·射·御·書·數. 『周禮·地官·司徒』.

였다. 「사씨」는 '삼덕(三德)'과 '삼행(三行)'으로 왕세자 및 공경(公卿)
· 공경대부(公卿大夫)의 자제를 교육하는 일을 관장한다. '삼덕'은 세
가지 덕성으로 첫째는 지덕(至德)이다. 지덕은 중화(中和)의 덕, 즉
'향삼물' 중 육덕(六德)의 '충(忠)'과 '화(和)'의 두 덕목으로서 인간 품
성(稟性)의 근본이다. 둘째는 민덕(敏德)이다. 민덕은 곧 인(仁) · 의
(義)의 덕목으로 행동의 준칙이 된다. 셋째는 효덕(孝德)이다. 효덕은
사람들이 역악(逆惡)을 저지르는 일을 해서는 안 된다는 것을 깨닫게
한다. '삼행'은 세 가지 품행을 말한다. 첫째는 효행(孝行)이다. 효행
은 부모에 대한 효도이다. 그 역할은 부모를 친애(親愛)하는 것이다.
둘째는 우행(友行)이다. 우행은 사람을 우애(友愛)하며 어질고 능력
있는 이를 높이는 것이다. 셋째는 순행(順行)이다. 순행은 곧 타인을
공손히 대하는 것으로, 이를 통해 스승과 어른을 섬기는 것이다.[15]
「보씨(保氏)」는 재예(才藝)로서 국자(國子 : 공경대부(公卿大夫)의
자제)를 양성하고 그들에게 '육예(六藝)'를 가르치는 일을 관장한다.
육예는, 첫째 오례(五禮)이다. 오례는 바로『주례』중의 길례(吉禮) ·
흉례(凶禮) · 군례(軍禮) · 빈례(賓禮) · 가례(嘉禮) 등 5가지의 예의이
다. 둘째 육악(六樂)이다. 육악은 곧 '운문(雲門)' · '대함(大咸)' · '대소
(大韶)' · '대하(大夏)' · '대호(大濩)' · '대무(大武)'의 6가지 음악이다. 셋
째 오사(五射)이다. 오사는 '백시(白矢)' · '참련(參連)' · '염주(剡注)' ·
'양척(襄尺)' · '정의(井儀)'의 5가지 활쏘기 방법이다. 넷째 오어(五馭)
이다. 오어는 '명화란(鳴和鸞)' · '축수곡(逐水曲)' · '과군표(過君表)' ·

---

15) 以三德教國子 : 一曰至德, 以為道本 ; 二曰敏德, 以為行本 ; 三曰孝德, 以知逆
    惡. 教三行 : 一曰孝行, 以親父母 ; 二曰友行, 以尊賢良 ; 三曰順行, 以事師長.
    『周禮 · 地官 · 師氏』.

'무교구(舞交衢)'·'축금좌(逐禽左)'의 5가지 수레 운전 기술이다. 다섯째 육서(六書)이다. 육서는 '상형(象刑)'·'지사(指事)'·'회의(會意)'·'형성(形聲)'·'전주(轉注)'·가차(假借)의 6가지 조자(造字) 방법, 즉 조자(造字)의 6종(種) 자류(字類)이다. 여섯째는 구수(九數)이다. 구수는 '방전(方田 : 논의 측량)'·'속미(粟米 : 交易賣買算)'·'차분(差分 : 貴賤混合法)'·'소광(少廣 : 평방과 입방)'·'상공(商功 : 工力工程算)'·'균수(均輸 : 배와 수레의 운임 계산)'·방정(方程 : 방정식)·영육(盈朒 : 按分比例)·'구고(句股 : 삼각법)'의 9가지 산술법이다.[16]

'육예(六藝)'는 내용상으로 여섯 가지의 지식 교육을 말한다. 그 중 '오례(五禮)'는 예의 교육이고, '육악(六樂)'은 음악과 무용의 지식 교육이다. 그리고 '오사(五射)'와 '오어(五馭)'는 활쏘기와 수레를 조작하는 기술교육이다. '육서(六書)'는 문자 지식의 계몽 교육이며, '구수(九數)'는 수학 지식의 교육이다. 이상을 통해 보면,『주례』의 향학(鄕學) 교육은 이미 일정한 규모를 갖추고 있음을 알 수 있다. 이는 교육 법규인 '향삼물(鄕三物)'을 제정하는 데 그치지 않고, 다양한 학문 분야를 갖춘 교육 과목을 완전히 구축하고 있음을 나타내는 것이며, 후대 학문의 발전과 학교 교육에 대해 참고 자료를 제공하고 있다.

'육예(六藝)'는 '예(禮)'와 '악(樂)'의 지위를 강조하며, '오례(五禮)'를 최우선으로 두고, '육악(六樂)'이 그다음을 차지한다. 이는『주례』가 도덕교육을 예와 악을 통해 만민(萬民)을 교화하려는 교육사상을 나타내는 것이다.

---

16) 掌諫王惡, 而養國子以道. 乃教之六藝 : 一曰五禮, 二曰六樂, 三曰五射, 四曰五馭, 五曰六書, 六曰九數.『周禮·地官·保氏』.

3) 『주례』의 직업교육

『주례』는 백성들에 대해 직업교육을 매우 중시하였다.

「대사도」는 나라와 지방에 12가지 직무를 반포하였다. 이 12가지 직업을 통해 백성들을 교화시켰다. 그 내용의 첫 번째는 백성들에게 곡물을 심어 곡식을 생산하는 법을 가르쳤다. 둘째, 백성들에게 과수와 채소를 재배하는 방법을 가르쳤다. 셋째, 백성들에게 산과 늪, 물가에서 생산되는 자원을 활용하는 방법을 가르쳤다. 넷째, 백성들에게 새와 짐승을 길러 번식하는 법을 가르쳤다. 다섯째, 백성들에게 금석(金石)과 주옥(珠玉) 등의 기물을 조각하고 제작하는 법을 가르쳤다. 여섯째, 백성들에게 상업에 종사하여 상품을 판매하는 법을 가르쳤다. 일곱째, 부녀자들에게 길쌈하는 법을 가르쳤다. 여덟째, 백성들에게 야생 과일을 채취하는 법을 가르쳤다. 아홉째, 일부 사람들을 공업·농업·상업 분야에서 각기 다른 일시적인 비정규 직업에 종사하도록 돕는다. 열째, 백성들에게 '예(禮)'·'악(樂)'·'사(射)'·'어(御)'·'서(書)'·'수(數)' 등의 재예(才藝)를 배우는 법을 가르쳤다. 열한째, 백성들에게 세대를 거치며 전해진 전문 기술에 종사하도록 가르쳤다. 열두째, 백성들에게 관부(官府)에서 일하는 법을 가르쳤다.[17]

이상 12가지 직업의 공포와 실행은 『주례』가 백성을 교화하는 데 중요한 내용 중 하나임을 알 수 있다. 이는 나라 안의 백성들에게 다양한 직업에 종사하며 안정적으로 생활하고 생업을 즐겁게 영위할

---

17) 頒職事十有二于邦國都鄙, 使以登萬民 : 一曰稼穡, 二曰樹藝, 三曰作材, 四曰阜蕃, 五曰飭材, 六曰通財, 七曰化材, 八曰斂材, 九曰生材, 十曰學藝, 十有一曰世事, 十有二曰服事. 『周禮·地官·大司徒』.

수 있게 하여 왕국의 통치자들에게 순종할 수 있는 수단이 되었다.

『주례』의 현대적 가치

주(周)나라의 문화 중 국가 제도와 통치 사상을 서술한 내용은 주로 『주례(周禮)』에서 구현하고 있다. 이 전적(典籍)은 중국 고대 사회인 하(夏)·상(商)·주(周) 3대 사회의 역사적 환경에서 형성된 특정한 내용을 가진 정치문화 체계이다. 그 내용은 광활하면서도 구체적이며 오래되었지만 새롭다. 주로 국가의 관료 제도에 대해 체계적이고 주도면밀하게 설계하였으며, 각급 관료 체계의 정치적 직책과 상호 관계에 관해서도 자세한 설명과 해석을 하고 있다.

『주례』에 기재된 관직과 그 직책은 완전히 실제 기록에 의한 것은 아니지만, 신뢰할 만한 선진(先秦)문헌과 출토된 주대(周代) 금문(金文)의 기록과 비교하면, 그중 일부 관직은 고대에 실제로 존재했음을 알 수 있다. 다시 말해 『주례』에는 허구의 요소도 있지만, 실제 상황을 반영한 요소도 있다. 전승된 고문헌이 희소한 상황에서 이러한 자료는 선진(先秦) 정치제도를 이해하는 데 매우 소중하다. 또한 『주례』에 기록된 고대 풍속도 상당한 참고 가치가 있다. 예를 들면 「지관(地官)」에서 다음과 같이 말하고 있다.

（매씨(媒氏)는）모든 백성의 짝을 찾아서 맺어 주는 일을 관장한다. 남자와 여자가 태어나서 이름을 얻으면 다 생년월일과 이름을 써서 올린다. 남자는 30세면 장가들고 여자는 20세면 시집가게 한다. 장

가들고 시집가는 일을 다 기록한다. 중춘(仲春)의 달에는 남자와 여자를 모이도록 한다. 이때는 예를 갖추지 않고 혼인하더라도 금지하지 않는다. 만약 아무 사고가 없는데도 명령에 따르지 않는 자는 벌을 내린다. 남자와 여자 중에서 홀아비나 홀어미가 있는지 살펴서 모이게 한다. 딸을 시집보내고 아내를 맞이할 때 폐백은 순백(純帛 : 繒帛)으로 하게 하고 5냥(兩)을 넘지 않게 한다. 부부가 아닌 사람은 함께 장사 지내지 못하게 하고, 시집가지 못하고 19세가 안 되어 죽은 여자는 함께 장사 지내지 못하게 한다. 남자와 여자의 집안 송사는 망한 나라의 사직에서 듣고 그들에게 형벌을 내릴 때는 담당 관속이 처리하게 한다.

掌萬民之判. 凡男女自成名以上, 皆書年月日名焉. 令男三十而娶, 女二十而嫁. 凡娶 判妻入子者, 皆書之. 中春之月, 令會男女. 於是時也, 奔者不禁. 若無故而不用令者, 罰之. 司男女之無夫家者而會之. 凡嫁子娶妻, 入幣純帛, 無過五兩. 禁遷葬者與嫁殤者. 凡男女之陰訟, 聽之于勝國之社 ; 其附于刑者, 歸之于士.

『周禮·地官·媒氏』

또 「하관(夏官)」에서 다음과 같이 말하고 있다.

(방상씨(方相氏)는)곰가죽을 뒤집어쓰고 황금으로 된 4개의 눈을 하고 현의(玄衣 : 검은 상의)와 주상(朱裳 : 붉은 하의)을 입고 창을 잡고 방패를 쳐들고 100명의 노예를 인솔하고, 계절마다 어려움이 있을 때면 허수아비를 만들어서 집안을 수색하고 역질을 몰아낸다. 대상(大喪)에는 영구 앞에 가며 묘지에 이르면 광속으로 들어가서 창으로 네 모퉁이를 쳐서 방량(망량(魍魎) : 도깨비)을 몰아낸다.

掌蒙熊皮·黃金四目·玄衣朱裳·執戈揚盾, 帥百隸而時難, 以索

室驅疫. 大喪, 先柩 ; 及墓, 入壙, 以戈擊四隅, 驅方良.

『周禮・夏官・方相氏』

『주례』의 내용 중 고대 남녀 관계 및 벽사(辟邪) 풍습에 관한 묘사는 모두 소중한 자료이다.

『주례』의 문화적 기원에서 알 수 있듯이 그 정신적 함의는 매우 풍부하고 광범위하다. 국가의 정치를 관리하고, 통치 질서와 각급 귀족들의 행위 규범을 규범화하며, 사람들의 도덕적 가치 취향을 교화하고 형성하는 문제에 중요한 역할을 하였다. 마찬가지로, 오늘날 국가경영에서도 이러한 『주례』의 문화적 기능을 여전히 갖추고 있다. 구체적으로 말하자면, 『주례』는 현대 국가 통치에 사상적인 영감과 계몽을 제공하고 있다.

『주례』에서는 국가의 운영을 6대 조직, 즉 '천관(天官)'·'지관(地官)'·'춘관(春官)'·'하관(夏官)'·'추관(秋官)'·'동관(冬官)'으로 나눈다. 그중 '동관'은 이미 망실되어 「고공기(考工記)」로 보충되었다. 6관(官), 즉 6경(卿)은 정치적으로 왕의 통제와 관리를 직접 받음과 동시에 6관 자체가 각 하부 관료 체계의 최고 지도자이기도 하다. 6관 역시 등급의 고저(高低)와 존비(尊卑)의 선후가 있는데 그중에서 가장 중요한 것은 '천관[18]'이며, '지관'이 그다음이고, '춘관'·'하관'·'추관'·'동관'의 순으로 이어진다.

『주례』 저자의 의도에 따르면 각 경(卿)은 60여 관직을 통솔하고,

---

[18] 천관은 「치관(治官)」으로서 총 63개의 속관(屬官)으로 구성되어 있다. 장관은 태재(大宰)이고 부관은 소재(小宰)이다. 태재는 육관(六官)의 수장(首長)이므로 총재(家宰)로도 불리며, 총재가 속관들을 거느리고 왕국의 정무를 관장함으로써 왕이 각국을 균등하게 다스리는 것을 보좌한다.

6경(卿)은 모두 전국 360여 직관(職官)을 통괄한다. 이 360여 직관(職官)은 각각 명확한 직책과 직무를 가지고 있는데, 그들은 각자의 직책을 수행하고, 중대한 문제에 직면했을 경우 상호 협력과 밀접한 연계를 통해 업무를 처리한다. 그러므로 이는 피라미드식 조직으로 이루어진, 구조가 엄밀한 유기적인 관료 제도로서 각 직관(職官)은 국가라는 방대한 구조물의 중요한 연결 고리와 같은 역할을 하고 있다. 따라서 거대한 국가는 이러한 규율과 규범에 의존하여 원활하게 운영되고 효과적으로 관리되는 것이다.

『주례』의 관직 체계는 후대 국가 조직과 관직 제도에도 중대한 영향을 미쳤는데, 관제(官制) 및 행정 지리적 측면에서 왕망(王莽)이 채용하고 있었음은 이미 인지하고 있는 바이다. 예컨대 한대(漢代)에 이미 관부(官府)를 육조(六曹)로 나누는 것이 일반화되었다. 북주(北周) 시기에는 『주례』의 관명(官名)과 직급의 명칭이 대규모로 사용되었다. 『주서(周書)·노변전(盧辯傳)』에 다음과 같은 내용이 기재되어 있다.

당초에 태조(太祖)가 《주관》을 시행하고자 하여 소작(蘇綽)에게 그 일을 전담하도록 명 했으나 얼마 지나지 않아 소작이 사망하자 노변(盧辯)에게 명하여 완성하게 했다. 그리하여 《주례》에 따라 6관을 설치하고 공·경·대부·사를 두었으며, 조정의 의례, 거복(車服)과 기물의 사용을 규정하였고, 대부분 고례(古禮)에 의거하여 한위(漢魏)의 법을 개혁하고 일을 시행하였다. 지금 노변이 6관을 저술한 것이 편(篇)내에 기록되어 있다. 천관부, 지관부, 춘관부, 하관부, 추관부, 동관부는 역사에는 비록 기재되어 있으나 내용이 많아 기록하지 않았다.

初, 太祖欲行《周官》, 命蘇綽專掌其事, 未幾而綽卒, 乃命辯成之.
於是依《周禮》建六官, 置公·卿·大夫·士, 並撰次朝儀, 車服器
用, 多依古禮, 革漢魏之法. 事並施行. 今錄辯所述六官著之於篇.
天官府(原注 : 管家宰等衆職), 地官府(原注 : 領司徒等衆 職), 春
官府(原注 : 領宗伯等衆職), 夏官府(原注 : 領司馬等衆職), 秋官
府(原注 : 領 司寇等衆職), 冬官府(原注 : 領司空等衆職), 史雖具
載, 文多不錄.

위 인용문은 상세하지 않지만, 북주(北周) 시기의 관제가 거의 『주
례』를 전용(轉用)하고 있음을 알 수 있다. 그리고 『구당서(舊唐書)』에
의하면, 무즉천(武則天)이 당(唐)을 찬탈하고 광택(光宅) 원년에 상서
성(尙書省)과 각종 사관(司官)의 명칭을 변경하였는데, 그 근거는 바
로 『주례』였다. 예를 들면 6부 상서와 시랑(侍郎)을 각각 천관상서(天
官尙書)·천관시랑(天官侍郎)· ······ 동관상서(冬官尙書)·동관시랑(冬
官侍郎) 등으로 개칭한 것이 그 예이다. 수당(隋唐) 이후로는 중앙정
부로부터 지방에 이르기까지 모든 행정조직이 이(吏)·호(戶)·예
(禮)·병(兵)·형(刑)·공(工)의 육부(六府) 혹은 육조의 형태로 정비
되었다.

관명 이외 후대에 정령(政令)을 추진하는 것도 종종 『주례』를 따랐
다. 예를 들면 왕망(王莽)이 도량형을 제정할 때 「고공기(考工記)·율
씨(栗氏)」에 의거하였다.

율씨는 분량을 헤아리는 용기를 만든다. 쇠와 주석을 다시 끊여서
줄어들지 않게 하고, 줄어들지 않게 한 연후에 알맞게 나눈다. 알맞
게 나눈 연후에 수평이 되게 한다. 수평으로 한 연후에 규정에 맞게
주조한다. 규정에 맞게 주조하여 부(鬴 : 6말 4되들이 양기(量器))를

만든다. 그 깊이는 한 자고 안은 네모져서 한 자고, 그 밖은 둥글다. 그 안에 일부(一鬴)를 채운다. 그 밑은 1치에 1두를 채운다. 그 귀는 3치에 1승을 채운다. 무게는 1균이다.

栗氏爲量. 改煎金錫則不耗, 不耗然後權之, 權之然後準之, 準之然後量之. 量之以爲鬴, 深尺, 內方尺而圜其外, 其實一鬴. 其臋一寸, 其實一豆 ; 其耳三寸, 其實一升. 重一鈞.

『周禮・冬官考工記・栗氏』

현재 전해지고 있는 왕망(王莽)의 '가량(嘉量)'은 바로 이 규격을 모방하여 제작된 것이다. 또 송대(宋代) 왕안석(王安石)은 '청묘법(靑苗法)'을 추진하여 백성들에게 대출을 제공하고, 어려움을 구제함과 동시에 이자를 받아 국고를 충당하기도 하였는데, 이것은 바로 「지관・천부(泉府)」와 같은 내용이다.

천부는 …… 외상으로 가져가는 자는 제사를 위한 일이라면 열흘을 넘으면 안 되고 상사(喪事) 때문이라면 3개월을 넘으면 안 된다. 백성 중에 빌려 가는 자가 있으면 담당 관리의 판단이 있고 난 뒤에 가격이 정해지는데 국가에서 정해서 이자를 적용 한다. 나랏일에 사용한 재용은 모두 갖추어 취한다.

泉府 …… 凡賒者, 祭祀無過旬日, 喪紀無過三月. 凡民之貸者, 與其有司辨而授之, 以國服爲之息. 凡國事之財用, 取具焉.

『周禮・地官・泉府』

이상에서 언급된 여러 사례를 통해, 『주례』를 깊이 연구하는 것은 중국 문화와 역사에 대해 이해를 높이는 필연적인 존재임을 알 수 있다.

국가를 경영하기 위해서는 반드시 효과적인 정치제도에 의존하여야 한다. 『주례』에 설계된 일련의 국가 관리 시스템은 매우 정밀하고 정교하다. 이는 주나라 통치자가 국가를 다스리는 과정에서 이미 거대한 국가를 통치하기 위해서는 체계적이고 효과적인 제도, 엄격한 규칙과 규범에 의존해야만 국가를 이상적인 상태로 경영할 수 있다는 것을 설명하는 것이다. 이는 신권(神權)사상이 성행하고 조상과 신령을 최우위로 여기며, 천지자연의 역량을 숭배하던 시대에 매우 이례적인 것으로 이러한 사상은 이성(理性)과 인문주의 색채가 두드러진 부분이다. 어떤 의미에서는 하(夏)·상(商)·주(周) 3대 이래의 천명사상과 신권사상에 대한 큰 진전일 뿐만 아니라 전통적으로 덕치(德治)사상을 강조하는 연약함과 부족함에 대한 수정과 보완이며, 중국 사회 초기의 인문 계몽사상이 녹아 있는 것이다.

『주례』에 포함된 정치와 통치 사상은 매우 풍부하고 다양하다. 예를 들면 생태 윤리와 동물 보호를 비롯하여 덕치(德治)·사회구제·법치·청렴·혜민(惠民)·혼인·교육·인애(仁愛)·민본·내부 통제·재해구호·중민(重民)·외교·화합·공정(公正)·박애 등 도시건설에 이르기까지 그 내용은 매우 다양하고 풍부하다. 이러한 사상은 현대 국가의 통치 이론에서도 다양한 형태로 나타나고 있다.

『주례』 중의 일부 진보적인 사상과 관념은 현대정치에 귀감이 될 만하다. 그러나 『주례』 중 국가를 다스리는 일련의 제도는 극히 이상적이고 정교하지만, 그 구체적인 제도와 규범을 오늘날 사회에 그대로 적용한다면, 그 결과는 일종의 '원리주의' 혹은 '근본주의'의 위험을 면치 못할 것이다. 이는 문화 계승상의 '각주구검(刻舟求劍)'과 다름없음으로 이런 경향은 경계해야 한다. 『주례』의 진정한 가치는 구체적이고 정교한 제도가 아니라, 그 제도 이면의 드러나지 않는 사상과 정신의 치국관념이다. 이 치국관념이야말로 역사와 시공을 초월할 수 있다. 이러한 시공을 초월하는 '보편'의 사상과 정신은 복잡한 오늘날의 국가경영에도 계도(啓導)의 역할을 할 수 있을 것이다. 그리고 이러한 관념은 단순히 오늘날 사회에 영감과 참고가 되는 것보다는 현대 사회를 성장시키고 발전시키는 자양분 역할을 한다고 할 수 있다.

❺ 『주례』의 중요 주석 본과 연구 방향

『주례』는 현재 전해지는 가장 오래되고 가장 중요한 주석 본으로는 당연히 정현(鄭玄)의 『주례주(周禮注)』를 들 수 있다. 정현의 주석 본은 두자춘(杜子春)·정흥(鄭興)·정중(鄭衆)·가규(賈逵)·마융(馬融) 등 여러 유학자의 연구 성과를 종합하여 완성한 것이기 때문에 여러 학자의 설을 인용한 것을 볼 수 있다. 한(漢)나라 이후 당(唐)나라 가공언(賈公彦)의 『주례주소(周禮注疏)』는 정현의 『주(注)』에 '소(疏)'를 지은 것인데, 한당(漢唐) 간의 『주례』 및 정현 『주(注)』에 대한 연구의 총결산을 이루었으며, 『주자어류(朱子語類)』에서는 당나라 사람들의 여러 '의소(義疏)' 가운데 가장 좋은 것으로 칭송된다. 오늘날 『십삼경주소(十三經注疏)』 본에 수록된 『주례』는 바로 정현 『주(注)』에 가공언(賈公彦) 『소(疏)』 본이다. 또한 청(淸)나라 말 손이양(孫詒讓)의 『주례정의(周禮正義)』는 한·당·송·원·명·청 여러 유학자의 성과를 결집하고 통합하여 이루어진 것이다. 그러므로 청나라 여러 경서의 새 주석 중에 가장 추앙받는 서적이다. 이 두 서적은 『주례』 연구에 없어서는 안 될 중요 서적이다.

『주례』에는 많은 관직과 명물(名物) · 풍속 등이 기재되어 있다. 이들 관직은 실제 존재했는지 아니면 허구인지? 명물은 정확히 어떤 모습인지? 그리고 이들 풍속은 어떤 사회적 배경을 반영하고 있는지? 등에 관한 이전 학자들의 연구는 자료와 관념에 상당한 제약을 받았지만, 최근에는 고고학과 문화인류학 · 민속학 등이 크게 발전하면서 학자들은 갑골문 · 금문(金文) · 새인(璽印) 문자 · 죽간(竹簡) 문자에 근거하여 직관을 추정하고, 출토 유물을 통해 명물을 설명할 수 있게 되었다. 그리고 문화인류학의 관점에 근거하여 『주례』에 기재된 풍속을 해석하여 점차 그 성과를 이루어 내고 있다. 그러므로 앞으로의 『주례』 연구는 고인(古人)들의 성과를 넘어 새로운 면목을 보여줄 수 있을 것이라 기대된다.

능인(凌人) 86, 90

ㄷ

단씨(段氏) 205, 206
당정(黨正) 106, 107
대복(大僕) 157, 174, 175
대사구(大司寇) 180, 181, 182
대사도(大司徒) 104, 105, 106
대사마(大司馬) 156, 158
대사악(大司樂) 130, 144, 145
대서(大胥) 144, 146
대어(大馭) 165, 167
대종백(大宗伯) 129, 131
대행인(大行人) 197, 198, 199
도복(道僕) 165, 167
도사마(都司馬) 159, 161
도씨(桃氏) 205, 206
도우(道右) 165, 166
도인(稻人) 112, 114
도인(陶人) 208
도종인(都宗人) 131, 139

ㅁ

마질(馬質) 165, 169
막인(幕人) 86, 91
만예(蠻隸) 194, 195
매사(韎師) 144, 149
매씨(媒氏) 126, 128

맥예(貉隸) 194, 195
멱인(冪人) 86, 91
명씨(冥氏) 194
모인(旄人) 144, 149
목사(牧師) 165, 170
목인(牧人) 125, 195
묘대부(墓大夫) 131, 140
무마(巫馬) 165, 169
무사(舞師) 126, 129
민예(閩隸) 194, 195

ㅂ

박사(鎛師) 144, 149
방상씨(方相氏) 157, 173, 177
방인(旅人) 208
변사(弁師) 173, 176
변인(籩人) 86, 90
별인(鱉人) 85, 88
보씨(保氏) 126, 127
보장씨(保章氏) 151, 154
복불씨(服不氏) 172, 174, 195
복사(卜師) 141, 142
봉인(封人) 112, 114
봉인(縫人) 93, 97
부씨(鳧氏) 205, 206
비사(鄙師) 108, 110
비장(比長) 106

저자약력

공병석孔炳奭

경남 창원에서 태어나 자랐다.

대구한의대학교 한문학과를 졸업하고 성균관대학교 교육대학원과 민족문화추진회(현 한국고전번역원)를 거쳐 대만(臺灣)사립 동오대학(東吳大學)중문연구소에서 중문학석사 학위를 취득하였으며, 국립 대만사범대학(臺灣師範大學)국문(중문)연구소에서 달생(達生)공덕성(孔德成)선생의 지도하에 중문학박사 학위를 취득하였다. 현재 계명대학교 타블라 라사 칼리지 교수로 재직 중이며, 성균관 의례 정립위원회 위원으로 봉사하고 있다.

연구 분야는 경학(經學)과 삼례학(三禮學)이며 저서로는 『공자예학 연구』, 『예기와 묵자 상장사상 비교연구』, 『예기 상례의 인문관』, 『예학강의 — 공자편』 등이며, 「『예기』상장관의 인문의식」, 「『묵자』의 상장관」, 「상례의 이론적 의의와 그 기능 —『예기』를 중심으로」, 「『예기』를 통해 본 중국고대 교육제도와 교학이론」 등 예학(禮學)관련 논문 다수를 발표하였다.

예학禮學강의 －『주례(周禮)』편

초판 인쇄　2024년 6월　1일
초판 발행　2024년 6월 12일

지 은 이 | 공 병 석
펴 낸 이 | 하 운 근
펴 낸 곳 | 學古房

주　　　소 | 경기도 고양시 덕양구 통일로 140 삼송테크노밸리 A동 B224
전　　　화 | (02)353-9908 편집부(02)356-9903
팩　　　스 | (02)6959-8234
홈페이지 | http://hakgobang.co.kr/
전자우편 | hakgobang@naver.com, hakgobang@chol.com
등록번호 | 제311-1994-000001호

ISBN　979-11-6995-502-7　94150
　　　　979-11-6586-384-5　(세트)

값 : 20,000원